HUMAN RESOURCES MANAGEMENT of PRINTING ENTERPRISES

印企人力资源管理实务手册

周熠　李飞　编著

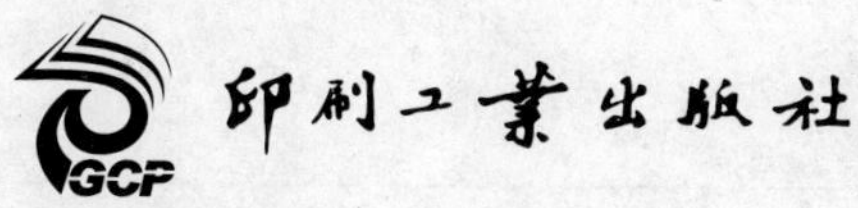

图书在版编目（CIP）数据

印企人力资源管理实务手册 / 周熠, 李飞编著. -- 北京 :印刷工业出版社, 2014.11
（一看就懂）
ISBN 978-7-5142-1120-7

Ⅰ. 印… Ⅱ. ①周… ②李… Ⅲ. 印刷工业－工业企业管理－人力资源管理－手册
Ⅳ. F407.846.15-62

中国版本图书馆CIP数据核字(2014)第228691号

印企人力资源管理实务手册
HUMAN RESOURCES MANAGEMENT of PRINTING ENTERPRISES

周　熠　李　飞　编著

责任编辑：郭　蕊　　责任校对：郭　平
责任印制：冷雪涵　　责任设计：刘　凯
出版发行：印刷工业出版社（北京市翠微路2号 邮编：100036）
网　　址：www.keyin.cn　www.pprint.cn
网　　店：pprint.taobao.com　www.yinmart.cn
经　　销：各地新华书店
印　　刷：北京忆浓世纪彩色印刷有限公司

开　　本：710mm×1000mm　1/16
印　　张：19
字　　数：300千字
印　　次：2014年11月第1版　2014年11月第1次印刷
定　　价：59.00元
I S B N：978-7-5142-1120-7

如发现印装质量问题请与我社发行部联系。直销电话：010-88275710。

HR MANAGEMENT
of PRINTING ENTERPRISES

前言

随着中国经济的全球化发展，企业的竞争正在逐步加剧，曾经的“蓝海”也逐渐变成了“红海”。在当今社会发展中，企业管理水平的高低已经成为决定企业发展周期长短的最重要的因素之一。而管理的核心恰恰在于管人，正所谓“企”离开“人”就“止”了。随着中国劳动力价值的迅速提升，人力资源正朝人力资本方向转变，因此对于一个企业而言，选人、用人、育人和留人就显得尤为重要。选好人就会减低裁员的风险和成本；用好人就能激发员工潜能，提高企业利润；育好人能够增强企业实力，提升企业在行业的竞争；留好人就能降低公司的选聘和培训成本。因此，如何充分调动企业员工的积极性、主动性、创造性，发挥人力资源的潜能，已成为很多企业管理的中心任务，加强人力资源的管理工作迫在眉睫。

鉴于现代企业对解决人力资源问题的困惑，并迫切希望得到解决问题的思路和办法，经过对多年来工作中实际案例和经典案例的总结，有针对性地对先进的人力资源管理经验进行分析总结，系统地对人力资源最实用的员工招聘录用方案、工作分析和人才测评方案、员工培训方案、员工薪酬管理方案、员工激励方案、岗位评估方案、员工福利管理方案等进行综合分析，将抽象的管理理论体现在现实工作的具体操作方案中，重点突出了企业实际问题解决的思路、人力资源实用的管理工具、表格、范例等。这些方案和表格都是经过成功企业的成功实践验证过的，所以具有极大的可操作性和实用性。

本书没有长篇大论的理论阐述，而是通过一个个具体实际的案例和解决方案，以及针对解决方案所阐述的理论知识，让读者既可以迅速掌握各种问题的解决方案，现用现查；又可以从案例中学习人力资源管理的理论知识，从而快速地积累人力资源管理经验，并由此增强自身价值，提高企业管理效率。

本书适合于在企业从事人力资源管理工作的人员以及与之相关的管理人员。此外，本书对于那些从事人力资源管理理论研究工作的学者、大专院校人力资源管理专业的学生以及其他相关人员都有很高的参考价值。本书在编撰过程中，参阅了大量的相关著作和文献资料，对于这些文献的作者、编者，在此表示衷心的感谢！由于编者水平有限，书中难免有不足之处，恳请广大读者批评指正。

编　者

2014年9月

HR MANAGEMENT
of PRINTING ENTERPRISES

目 录

第1章 理解人力资源管理

人力资源管理的定位只是后勤保障吗？

为什么说人力资源管理和人事管理不一样？

为什么人力资源部的价值会被大打折扣？

为什么人力资源部被划分到“后勤保障部门”？

为什么企业人力资源管理工作又难又累？

为什么部门主管认为人力资源管理与他无关？

如何将战略发展与人力资源战略结合起来？

1. 反面案例

人力资源管理的定位只是后勤保障吗？

在大多数印企老板的眼中，人力资源只是一个微不足道的后勤保障部门。他们普遍认为缺了营业部、缺了生产车间，公司就无法存活，但缺了人力资源部则无所谓。对于一个企业的发展，人力资源管理能起到多大作用呢？让我们看看下面的案例。

某民营印刷企业成立于2005年，经过数年的发展，已经从最初只有200人的企业发展成为拥有700名员工的大型规模印刷企业，该公司无论从企业规模和发展速度上在行业内也是比较突出的。

该公司人力资源部有三个员工，一个人事主管，他同时兼任办公室主管、行政主管，由于身兼数职，整日事务繁忙；一个招聘专员，由于公司普工流动性大，再加之招聘专员经验不足，所以她无暇顾及技术工种的招聘，只能应付普工的招聘工作，另外负责新工入职手续的办理和饭卡、厂牌的办理，这些工作使她忙得不可开交；一个社保专员，负责员工社保办理和工伤上报，业务水平并不高。

由于老板的不重视和从业人员专业水平的限制，该公司出现了人力资源危机。首先，面对技术工人的大量流失，生产部门只有依靠闲暇之余自己招聘本部门技工；其次，薪酬的设定完全由老板自己确定，人力资源几乎无权参与，定薪是否根据技能水平，也有待商榷；日常各类培训更几乎是空白。此外，薪酬由财务部计算，人力资源几乎不了解员工的薪酬情况，更谈不上薪酬设计了。

该企业老板认为，人力资源部只能做一些流程性的简单工作，没有指导性价值。人力资源部人数越少就越省成本，只要能完成简单的人事工作就行。说实话，他从根本上也并不指望人力资源部做什么指导性的工作。比如：提到培训，认为有培训时间不如多干些活；提到招聘，认为工资越低越好；提到薪酬，认为发得越迟越好……，结果普通员工不断流失，影响到生产。生产经理多次要求人力资源部快速招聘，暂且不说能否及时地招聘到普工，即使招来了也待不了几天又要跳槽，弄得人力资源部只能埋头苦“招”，无力改变现状。

面对人员的流失，公司从上至下众说纷纭。有人认为工资低是主要原因，有人认为食堂伙食差是主要原因，有人认为一线主管管理方法有问题是主要原因，有人认为80后、90后员工的思维和态度有问题是主要原因……，面对种种问题，没有人意识到如何改变，即使意识到了，也没人敢牵头去管，毕竟自己不是老板，只能放任自流。

面对上述问题，到底该由哪个人去管、哪个部门去管，好像没有人深入想过类似的问题。难道没有人意识到合理的薪酬体系需要人力资源部去进行薪酬调查，并建立有竞争力的薪酬体系？难道没有人意识到一线主管的管理方法需要通过人力资源去培训和改变？难道没有人意识到80后、90后员工的思维和态度需要人力资源通过员工关系管理去安抚和引导？……好像真的没有人意识到。

因为在很多老板眼里，人力资源部只是一个普通的后勤保障部门而已。

问题的引出

■为什么说人力资源管理和人事管理不一样？

■为什么在企业中人力资源部的价值被大打折扣？

■为什么人力资源部被划分到"后勤保障部门"？

■为什么印刷企业人力资源管理工作又难又累？

■为什么部门主管认为人力资源管理与他无关？

■如何将企业战略与人力资源战略结合起来？

因为

■我们并不了解适合中国国情的人力资源应该怎样做。

■我们并不了解人力资源管理都应该做些什么。

■我们并不了解人力资源的真正内涵是什么。

■我们并不了解人力资源部的工作是为企业花钱还是赚钱。

■我们并不了解人力资源部需要公司给予怎样的支持。

■我们并不了解人力资源部的潜在价值是什么。

2. 问题解答

为什么说人力资源管理和人事管理不一样？

很多企业老板都喜欢这样说"人是公司最大的财富""人是公司最宝贵的资源""企业要以人为本"，但是真正做到的又有多少呢？实际上看一个企业老板以人为本的态度，除了看他的盈利能力外，还要看薪酬的分配方法；除了看他关心基层员工的程度外，还要看他对基层员工的主管的教化深度；除了看他对人力资源管理的重视程度外，还要看他对人事管理和人力资源管理不同之处的理解程度。所以，"人性化管理"就是要求企业转变传统的人事管理观念为人力资源管理，转变传统的以基本工资为基础的固定薪酬分配方法为现代的以绩效工资为基础的浮动薪酬分配方法。首先我们先了解一下人力资源管理与人事管理的不同之处。

一、人事管理与人力资源管理的不同之处

人事管理与人力资源管理的不同见表1-1。

表 1-1　人事管理与人力资源管理的区别

<table>
<tr><th>名称</th><th>工作内容</th><th>目前应用的企业类型</th></tr>
<tr><td>人事管理</td><td>核定工资、发工资；
评职称、提拔选用干部；
每月落实奖惩；
员工档案管理</td><td>国有企业、事业单位</td></tr>
<tr><td rowspan="3">人力资源管理</td><td>凭经验操作、根据老板的经验制定相应的人事制度，人力资源兼任人力资源模块专员</td><td>规模比较小的企业</td></tr>
<tr><td>招聘、薪酬、培训、福利相对独立出来，有专人负责，但只完成执行工作，不做长远规划</td><td>制度不完善的中型、大型企业</td></tr>
<tr><td>建立规范系统的人力资源管理体系和制度；
前瞻性的人力资源管理规划；
全员、全面、全方位的培训体系；
开发员工潜能；
协助员工进行职业生涯规划</td><td>制度完善的中型、大型企业、跨国集团</td></tr>
</table>

从表 1-1 可以看出，人事管理和人力资源管理一个本质的区别就是：人事管理以短期的工作居多，如人事档案管理、社保办理、招聘员工、薪酬计算等；而人力资源管理除了做好上述短期的工作之外，还加入了长期性的工作，如配合公司发展战略建立培训管理体系、建立人力资源发展战略，考虑到员工长远发展而进行的薪酬体系设计等工作。

二、“人事管理”转变成为“人力资源管理”的必要性

过去人们常鼓励年轻人“干一行，爱一行”，但事实的情况恰恰相反，“干一行，厌一行”。其实这是正常现象，这被称为“职业倦怠症”。在一个行业或者岗位待久了，由于工作缺乏成就感，就会缺乏创新的动力，于是，越是没有成就感，就会越灰心。久而久之，工作对于员工而言就成了食之无味、弃之可惜的“鸡肋”，再加之工作中难免发生的困苦，就会不时地蹦出“跳槽”的念头，以逃避现有困苦，另寻“性价比”更高的空间。对于这种“职业倦怠症”，人事管理是很难解决的。只有通过人力资源管理，通过对员工潜能的长远性开发和对员工发展空间的长远性规划，才能让“鸡肋”变成“鸡腿”，做得更出色的企业，会使“鸡肋”变成“麻辣香锅”，让企业变成行业内员工梦寐以求的向往之所。总之，人力资源管理实现的是企业与员工的双赢。

为什么人力资源部的价值会被大打折扣？

一、人力资源部的价值被大打折扣的原因

每个企业可能都会存在这样的“意识通病”，就是赚钱都是营业部门的功劳，保障赚钱都是生产部门的功劳，所以销售部 + 生产部 = 一定能赚钱！有谁会在意人力资源部在这个整体过程中的作用呢？在庆功会上永远看不到人力资源部的名字。但是在检讨会或者究责会上，一些

莫名的罪名总少不了落在人力资源部的头上。为什么会是这样？因为企业的成功离不开“人”，企业的失败也离不开“人”。

庆功会上，高管们总会说，我们英勇的营业队伍如何不畏艰难开拓客户、我们的生产部门如何克服困难保障生产……这时有谁会问，是谁帮助生产部克服了困难、帮助营业部招募了勇士？幕后英雄可能尚会有人记起，但是幕后的幕后英雄有谁还会记起呢？

同样，失败也离不开人。在公司会议上经常会看到这样的现象，当生产任务完不成，总经理问责生产部时，生产部常常不会检查自身管理问题如何，而会以目前印刷企业流行性通病“缺人”为由，才导致生产不能顺利完成，将此罪过推到人力资源部身上。如果这是事实，人力资源部自然百口莫辩了，于是人力资源部便成了企业利润下滑的罪魁祸首。都已经是罪人了，还何谈价值啊？

但是，回想刚才的问题，“缺人”这个结果是人力资源部一手造成的吗？人力资源部对于“缺人”的确应负有责任。但有 70% 的人力资源管理工作是需要车间主管直接去完成的，所以当企业主管把“缺人”“培训不好”“薪酬不合理”等过失百分之百地推到人力资源部的时候，这些主管是否考虑到您的人力资源管理工作做到位了吗？

人力资源部是控制全公司人力资源体系的部门，针对不同部门的人力资源管理工作应该是有差异性的，即使是很小的差异。针对这个不同点的管理，人力资源部是配角，部门主管才是主角。否则，人力资源部如果将各部门都能独立地尽善尽美地管理好，那么还要部门主管做什么呢？难道说部门主管仅仅就是个技术骨干加上生产调度的角色吗？

所以说，“人”的问题是最容易找到的借口，也是最简单的卸责方法，但就因为这个最容易最普遍的借口，人力资源部的价值就被大打折扣了。

二、人力资源部的价值如何衡量

总有人说“人力资源部根本不重要，创造不了多大的价值”，事实上好像也的确没有什么直接经济指标可以用来衡量人力资源部的工作创造了多少价值。人力资源部每年忙忙碌碌，一年到头来到底有多少指标能够用经济收益指标来衡量呢，唯有经济指标才是最好衡量业绩的标准，其他指标更多是属于形而上学，笼笼统统的所谓的离职率、招聘达成率、员工满意度等都不能直接说明人力资源部的经济收益体现。

对于人力资源部创造的价值，有人这样拿培训举例，当培训前一个员工的日产值是 100 元，而培训后员工在某些方面得到改善后的日产值变为 130 元。这 30 元的差异就是人力资源部创造的价值。乍一听，好像没错，但细想起来，似乎也不尽然。因为有好多的确是无法用直接经济收益去衡量的，比如像企业文化，企业文化带来的员工凝聚力能够用直接的经济效益去衡量吗？至少在短期内不能。

因此，人力资源部创造的价值不能用直接的经济指标来衡量，但可以用对人力资源的各个职能进行分解和确认考核指标的方式进行价值的衡量。因为对于企业而言，任何一个部门的使命都是要为这个企业创造价值。如招聘、培训、绩效考核等日常工作都与公司的业绩息息相关。良好而准确的招聘能够促成公司高速运转；精心的薪资、福利设计能够让公司既保持人才市场的竞争力，又降低公司的成本运行；高明的组织架构设计更能改善公司的业务流程，使管理简单，实现人与人、部门与部门的良好沟通与协作，从而提高公司竞争力。而且，在人力资源部门日常的绩效考核指标中，很多都可以和企业的业务紧密相连，如人员招聘质量、速度，人员的招聘费用，员工培训效果，人均培训时间，关键岗位薪资等。

为什么人力资源部被划分到“后勤保障部门”？

一、企业对人力资源部普遍存在的误区

误区一：人力资源部是支持性职能部门。

不仅是企业的管理者与员工，就是人力资源管理者都习惯于把人力资源部看成是支持性职能部门。由此造成的结果是，人力资源部在促进公司成长中应有的作用常常被忽视。

人力资源部应该做的事有什么？比如领导能力的开发，设计有效的绩效考评标准与报酬激励体系，培养员工创新的精神，企业文化的协调整合并使之能激励员工承担责任，促进公司各层面富有建设性的开放式沟通等。如果人力资源部门仅将自己局限于一个支持性职能部门，是无法有效组织实施这些活动的。

误区二：人力资源部是成本中心。

一个公司的人力资源经理曾抱怨，他们设计了许多培训课程，到实施时才发现受训人竟拒绝参加。许多一线经理普遍认为人力资源部仅仅提供事务性服务，至于那些领导能力培养与管理培训等，在他们看来仅仅增加了费用预算而并没有创造价值，因此这些活动是可有可无的。

人力资源部也常常陷入这种观念之中，当他们面临预算压力时，他们也开始以成本为基础来衡量管理能力发展等这样的培训项目，而不是考虑它们为企业创造的价值。的确，当不能深刻理解人力资源部是如何创造价值的，就很容易以成本作为衡量标准，而竭力回避其他更有意义的方式。

人力资源部不是成本中心，应树立利润中心的意识。企业与员工是人力资源部的客户，人力资源部必须具备一套全新的思维方式，去考虑“客户”需要什么样的人力资源服务并怎样提供这些服务，借此来创造在企业中的权威。人力资源部要首先改变自己对企业价值贡献的看法和关注的重点，将他们的工作重心从成本意识真正转移到企业成长上来。此外，他们也要寻找一种方式与企业的其他成员进行沟通来接受人力资源部的服务，用具体的方式向他们说明自己在帮助企业成长壮大。

误区三：人力资源部的任务是维持现状。

在许多人力资源部人员的心态里，维持现状、保持稳定是重要的，这意味着他们将注意力集中在那些事务性服务领域，保持公司的一团和气。对他们而言，最不愿意做的一件事就是在

企业中推动剧烈和彻底的变革。他们感到变革是有风险的，就是不去推动变革，公司也不会有人指责他们。变革是有风险，但不变革却是最大的风险。人力资源部应成为变革的推动者，在管理转型和变化方面发挥核心作用，通过设计适当的激励机制和企业文化引导企业进行创造价值的彻底变革。

至于变革的风险应取决于人力资源部对企业的战略与业务了解程度，如果人力资源部对企业所从事的业务了解得很少，很显然变革的风险将非常之大。所以，人力资源部担心变革从另一个侧面透视出他们还没有真正了解业务，真正成为公司的战略伙伴。在许多成功的企业里，变革几乎成为一种持续的现象。所以人力资源部必须将领导变革作为其创造价值的独特方面，领导变革可以通过以下的方式，诸如：在公司中为各层次员工提供技能培训；把那些思想开放、满怀激情和愿意拥护变革的人培养成组织的领导者；积极推进新的绩效考核体系和改革报酬系统等。

二、人力资源部是否做到尽职尽责？

职场中有一种现象——很多人力资源管理者在工作没有成就感，或者管理出了问题之后，或多或少都会抱怨说是“老板没有授权”所致。而比这更有趣的是，老板往往也会“拥权自重”——意即“我为什么要授权给你？你能达到我的要求吗？我想要的你能做到吗？”或者说请给我一个授权给你的理由，结果，下属的工作失误或者管理失职行为就顺理成章地变成老板的问题——是你没有授权才让我无法发挥的！于是，矛盾和责任就开始转移了。殊不知，这是一种谬误，老板更是不知不觉地做了“冤大头”。

要弄清这个概念，我们还得先从什么是职务权力说起。

在 HR（人力资源）管理理论中，管理者的权力其实就是一种“职务权力”，职务权力就来自于职务本身，来自于 HR 管理中的职务设计，不同的职务有不同的权力，必须明明白白地写进《职务说明书》，不管是谁，只要在这个职位上，就必须行使职权，否则就是一种失职。而任何组织只要设计了这个职位，就必须赋予这个职位相应的权力，这是一种管理科学。比方说，一个门卫可以拒绝某些人和某些车辆的进出，一个清洁工也可以制止乱丢垃圾的不良行为，这就是他们这个职务本身就具有的权力。同样，交警要是没有查处违章的职权，交通治理就是一句废话。

遗憾的是，因为不明白什么是职务权力，也不知道职务权力来自哪里，在管理实践中，很多管理者对权力这个东西讳莫如深——要么回避权力，要么抱怨老板不授权。久而久之，很多老板也就真的认为管理者的权力是自己授予的，这就做定了“冤大头”，也为企业中很多的管理失职行为、逃避责任行为埋下了伏笔和隐患。

在任何组织中，《职务说明书》都是一个最为基础的管理文件。它不仅明确了职务本身的基本权力，还界定职务应该担负的基本责任，以及这个岗位的基本任职资格。一个组织要是连标准的《职务说明书》都没有，那管理可能就不是一般的混乱和落后了；一个 HR 管理者要是连《职务说明书》都不去设计，那也不只是专业水平低下那么简单了。而任何一个身在主管岗位的管理者还认为自己没有权力的话，这就绝对是企业的一种悲哀了。

在管理概念中，权力还是责任的保证，所以，权责必须是对等的。也就是说一个人享有多少权力，就必须担负多少责任，一个人回避权力，实际上就是规避自己的责任。当老板真的给你权力的时候，我们是否了解甚至熟练使用人力资源的各个模块呢，而且能够将各个模块与工作实际相联系呢？往往，我们都是要了权力而不要责任，当发生问题时，要么推卸给下属，要么推卸给横向部门，总之把自己摘干净就好，这样做只能背离权力，甚至越行越远。细细想来，有多少 HR 可以做到，为公司设计出一套指标明确，量化到位的绩效考核方案；有多少 HR 可以做到从企业战略角度设计培训体系，而不是为了完成培训计划而培训；有多少 HR 可以做到，结合绩效方案设计薪酬体系，使薪酬促进绩效；又有多少 HR 是真心地将自己“交给”企业，而不是为了每天的 8 小时。也许当企业是我们自己的时候，我们才会真的将人力资源模块运用起来。也正因为如此，我们发现很多中小企业老板没有多么高的学历，但他们却能设计出最实用的绩效考核方案和薪酬管理办法，这难道还不让我们 HR 从业者汗颜吗？所以，如果要让老板为人力资源“投资”，我们需要熟练掌握人力资源各大模块，最重要的是用于企业实际发展，改变企业现状。人力资源的各大模块，可以说每一个模块都深不可测，甚至都可以独立成一个专业，只有深入研究剖析，结合案例才能获取精华，应用于实践。

三、如何改变人力资源部工作现状？

（1）要取得决策层的支持。

（2）要使决策层明白在现代企业人力资源部可以发挥的重要作用。

（3）要使决策层看到改革的光明前景，使其相信经过改革能够发挥其应有的作用。

（4）要使决策层明白改革的困难，说明原来的人力资源部的基础现状。

（5）要使决策层看到具体的改革措施，这样才会有信心，这要建立在深入分析现状、了解各服务对象的需求的基础上。

（6）改革从具体入手，使老板和业务部门明显感觉到改变。

（7）逐步争取战略影响力，先深入了解公司业务，争取到战略的知晓权，提出可行性建议，再逐步争取参与权，凭空要权是不行的。

（8）从选、用、育、留各方面提升部门管理效率，这对于人力资源经理来说应该是驾轻就熟了。

为什么企业人力资源管理工作又难又累？

企业人力资源管理存在的问题很多，比如招聘的人员不能胜任岗位，是人力资源的责任；招聘的人员能够胜任岗位，但与管理人员的脾气秉性不匹配，同样也不行。再比如，人力资源要一手托两家，既要维护企业的利益，也要维护员工的权益，但事实上大多数人力资源必然要站在资方考虑和处理问题。但即使你为了维护公司利益，老板就会喜欢你吗？未必！因为，损害员工利益员工必然辞职或者投诉，此时，老板必然问责人力资源部门，此事人力资源部门里外不讨好，只能哑巴吃黄连。诸如此类的问题还有很多，久而久之，老板就会觉得百无一用是人事，于是人力资源部门越来越被边缘化，甚至被轻视。横向部门也自然不再重视人力资源部门。所以，无论人力资源今后推行任何制度或者改革，都必然非常艰难，推行不动。毕竟人力资源部门只是个推动部门，真正的执行部门都在各个兄弟部门，于是必然导致制度难以落实，改革无法进行，管理天方夜谭，所以公司总经理应该如何用好人力资源，真的该好好反思一下了。综合上述难点，人力资源管理遇到的难点有如下几点。

一、营造文化难

做人力资源管理难，难点在于企业文化的营造。我看过一些调查报告，说中国企业平均只有两年多的寿命，这是令人深思的问题。一般民营企业做不长，做不强，技术和管理问题都是表面的，最根本原因是企业文化和团队没有建设好。企业文化不是一种口号，而是一种要求，是企业主对企业发展的目标和规范准则，也就是企业主的要求和愿望。而这种要求和愿望又是通过企业管理制度、战略目标和行为规范体现在具体的工作中的每一点、每一滴的要求，是企业发展的内在动力，是一种内涵的东西。这要求全员紧紧团结在这种要求下，形成强大的团队凝聚力，这样才能战无不胜，攻无不克，形成王者之师。然而，一些企业内部缺乏团队精神，企业内耗多。重视企业文化宣导，包括战略规划、制度制订、业务推介、各种会务及活动组织开展，都要紧紧围绕企业文化主导思想开展。长久以后，企业文化的宣传潜移默化，员工就会潜意识贯彻和执行企业文化的思想去做事，也会在这种规范的指引下形成一种良好的习惯和准则，形成和创造了公司的文化氛围，从而沉淀文化底蕴，这样才能形成一个企业的文化。在一个拥有良好企业文化的企业，员工的向心力和凝聚力会不断增强，企业的团队精神和拼搏精神也非常明显。

二、协调沟通难

劳资之间存在利益关系，就永远存在矛盾，人事工作只能平衡双方矛盾，寻求最大化双赢，无法从根源上消除矛盾。我刚做人事经理的时候，很多朋友都说，人事经理就是夹心饼，劳心劳力且两边不讨好，怎么死的都不知道。不过，我做了这么多年人事经理，发现劳心劳力没错，但也没挂掉，反而因祸得福变得百毒不侵了。员工勤勤恳恳工作也是为了养家糊口，一般比较看重个人的利益，当个人利益和企业利益相冲突时产生不满，这是无可避免的。人力资源从业者在沟通时也要注意换位思考，就事论事，动之以情，晓之以理，让员工从心底理解公司的做法，接受公司的决策和安排，才不会影响工作情绪。总结起来，要注意沟通的态度、方式和技巧。沟通态度上，要清楚且理解员工的立场，态度尊重亲切，换位思考，与对方坦诚交流，切忌摆领导的架子，一开始就让员工拒之千里之外；方式上，要就事论事，变繁为简，切中要害，切忌做人身抨击或联系到其他事情上；技巧上，沟通前要先了解整件事情，准备事实证据，预测沟通对象的处境、想法和期待值，陈述利害关系，暗示对方不利之处，并准备应变方案。

三、改革执行难

执行首先的难关不在于基层员工，而在于中层管理者的执行力。我曾看过史家评论一个国家的稳定在于中产阶级的团结。看一个国家是否有崩坏的前兆，该看它统治下的中产阶级是否稳定。中产阶级稳定，国家就能稳定。因为中产阶级承上接下，只要他们不乱，下面的人不会乱，上面的人乱不起来。王莽败亡之快，不是他宽厚，而是他使中产阶级乱了。企业亦然，团队精神和执行力、凝聚力建设重要的也在于中层管理者的团结。中层管理者即各部门经理，他们既是企业高层指令的执行者，同时也是基层员工的领导者，企业战略方案能否实施，目标能否达到，关键还是在于各部门经理是否团结一致，上承下达，执行到位。人事工作确实不容易做好，因为代表公司行使职权，最容易被各部门经理“转手”责任。当人事调配各部门工作或资源的时候，经理们会很反感，认为你触到了他的一亩三分地，挑战他的权力；可一碰到员工要加薪的事情，就把责任和矛盾推卸到人事头上。企业中都存在这种情况，部门经理缺乏团队精神，本位主义重，把个人或者部门凌驾于整个组织之上，造成工作协调困难，不利于资源调配。

四、绩效考核难

绩效考核是企业难点之一，这关系到三个方面，一是考核指标和办法制定是否合理；二是考核执行是否到位；三是考核结果的跟踪反馈和改善。

我在公司刚成立时，根据公司的状况和行业特点，制订了高底薪、低提成的考核办法，一下子打开了业务口；到公司两年后发展稳定时，发现原来的考核方式已局限了业务的发展，进行了调整，改为低底薪、高提成，打破了瓶颈。所以，考核目标和方法要根据企业和业务发展而不断调整和改善，才能成为促进业务发展的手段。再者，考核并非人力资源部一方的事，而是需要各部门经理的配合。尤其在考核执行是否科学、客观，就要看部门经理的配合了。许多经理面对人情的压力，都不愿意执行考核制度。跨越人情关的确是一个非常艰难的过程。我以前要当面批评一个人，或者要为他的表现考核评低分的时候，我自己也会很在意。特别是在对方非常努力的情况下，你怎么可以去指责别人做不好？你又有什么权力去否定一个人？在公司准备淘汰一个人的时候，我的内心里面总是会不断挣扎，或许对于管理者而言，淘汰一个员工永远是最痛苦的事，尤其多年后回顾走过的路时。然而，我也不得不面对现实，自己是背负着一个企业人才选拔和培养的任务，一个企业的前途和命运的核心竞争力，所以必须要“结果导向”。在这样一个重压之下，我开始逼迫自己打破这种心理障碍，跳出情义的阴影，让自己变得更专业。如今我在当面批评一个人的时候，心态上已经调整了过来，不会觉得是对不起他。因为我会深入分析其问题的症结，即使让对方在面子上挂不住，在人情上挂不住，但也会慢慢体会出我的诚意，体会到我帮助其纠正错误所花费的心机和努力。因为我自己能够打破，所以我也期待工作伙伴也要打破这个障碍。而且自己也能正视别人的批评，吸取教训不断提升。

五、招人难、用人难、留人更难

如何运用激励措施，吸引和留住人才，已经成为企业必须正视和重视的问题。企业需根据自身实际情况进一步完善员工福利，做好员工激励工作，建立人才储备和内部升迁制度，做好员工职业生涯规划，培养雇员主人翁精神和献身精神，增强企业凝聚力。员工福利政策与薪酬管理相配套是常用的员工激励措施。薪酬仅是短期内因应人力资源市场竞争形势和人才供求关系的体现，所以在各种因素影响下，薪酬是动态中不断变化的；而员工的福利则是企业对员工的长期承诺，也是企业更具吸引力的必备条件。员工激励是福利政策的延伸与补充，福利政策事实上仅是员工激励的组成部分。其物质激励落实到具体政策上即成为员工福利，而员工激励则涵盖了物质激励和精神激励两大部分。做好员工激励工作，有助于从根本上解决企业员工工作积极性、主动性、稳定性、向心力、对企业的忠诚度、荣誉感等问题。

六、劳动关系维护难

以前放任、消极、被动管理行不通了，现在要求企业主动、积极、到位管理。员工关系的重要性将达到新的高度，企业首先要改变意识，重视人力资源配置和管理，注重和谐劳资关系的处理，增加各种活动以提高员工凝聚力。《劳动合同法》对员工的保护力度加大，如何稳定劳动关系、避免劳动纠纷的重要作用，人力资源管理者的专业含金量也将再次提高。此外，要加强证据意识。人力资源部门必须提高自己的证据意识。人力资源部要注意文档管理和制度的建设，在处理劳资关系时注重避免涉及法律责任。

根据以往办案经验总结，企业在劳动争议面前败诉率高居不下的主要原因如下。

(1) 该处理时没及时处理，以致事实理由与证据不充分，如：有一员工，合同期已满，但医疗期未满，如果这时企业没及时在合同期满当天前，与员工签署一份续延医疗期合同的话，企业就需要多支付一笔补偿金了。

(2) 不该处理时，如处理了，而留下了不利证据。

(3) 处理太匆促，没按法律程序进行，以致无法留下有利证据。

所以，人事工作平时注重证据是很重要的，如果引起劳资纠纷，没有证据支持，将有可能使企业在未来的争议中处于不利地位。比如新员工入职时，必须要签订《公司厂规厂纪提示》《员工入职培训签到》《岗位责任书》。在制度颁布时，一定要让所有员工签字，最好要有照片留样。而且《劳动合同》必须要求员工当面签订，而且要在一个月内。试用期解聘时，必须要有试用期考核不合格依据。

人力资源决策流程必须明确和正确。企业要注意员工管理过程中的程序问题，比如制度制定程序，签订劳动合同程序，按程序办事可以降低企业管理成本。以前，许多企业以绩效考核为标准，往往执行末位淘汰制度，新劳动法实施后执行这种政策，要求在流程或者证据方面更加严谨。《劳动合同法》明确要求在淘汰员工时必须提供进一步的证据，证明其不能达到预期目标，否则为违法解雇。

为什么部门主管认为人力资源管理与他无关?

现在很流行的一个课题叫“非人力资源的人力资源管理”。之所以部门经理、主管认为人力资源管理与其无关，主要是因为人力资源没有给他们更多的权力，甚至权力下放很少，让他们没有办法施展自己的管理能力。其次是因为部门主管意识不足，对于很多一线领导，他们潜在的意识是自己做好生产，将产品生产出来就可以了，没必要管人。然后是因为很多一线管理者只会做技术工作，不具备管理员工的能力。所以，企业经常认为谁的工作做好了就能当领导，这个思路是大错特错。有可能他是一个出色的技术骨干，但一旦做到管理岗位便会立刻辞职，因为他很痛苦。

首先，因为直线经理是员工的直接管理人，时时刻刻都能了解员工。其次，员工的能力被挖掘得越多，则为该部门创造的效益越大，部门经理也是直接受益人。最后，该员工的稳定性直接关系到该部门团队的稳定性和战斗力。这所有的一切都和部门直线经理人有莫大的关系，并且管理本部门的人力资源也是该部门直线经理人的岗位职责，部门直线经理人是本部门人力资源的核心。

人力资源的工作是与员工息息相关的，从员工的招聘到离职，都是需要人力资源部门来操作，但是同时也离不开员工的直接上级的参与。比如说招聘，人力资源部门可以负责发布消息、筛选简历、安排面试、办理入职手续等事务，甚至可以包办所有的事情。但是，在招聘前期，人力资源部需要明白要招聘的是什么岗位，需要招聘一个什么样的员工，这个岗位的上级需要一个怎样的下属合作，而人力资源部在这一点很难比用人部门更清楚明白，这就需要用人部门配合。对于招聘结果，若有用人部门参与也会更好。在文职类工作的招聘过程，人力资源部相对比较好操作，但是对于技术专业类部门的招聘就很容易出现问题，人力资源部可以给应聘者测评基本能力，甚至可以运用多种测评办法测出其潜在能力，却难以正确判断应聘者的专业技能，这就需要用人部门出马了。人力资源的其他几个模块也是同理，需要其他部门的参与，若是需要制订新的管理制度，最好先征得其他部门领导人的支持，这样才更容易推广执行。

如何将战略发展与人力资源战略结合起来?

随着国际环境的剧烈变化，企业间的人才争夺变得异常激烈。企业要想在行业竞争中取得优势，就必须将扩展人才资本作为企业发展的重中之重。为此，需要建立科学、高效、健全的企业部门人力资源战略管理机制，帮助企业实现战略目标。

一、人力资源战略的含义

“战略”，属军事术语，出自古代兵法。在字典里，战略的定义是：“一个计划、方法或一系列为获得一个特殊目的或结果的技巧或谋略。”人力资源，指一个国家或地区所具有的能够为社会创造物质、精神和文化财富，从事智力劳动和体力劳动的人口的总称。盖勇在《人力资源战略与组织结构设计》一书中指出“所谓人力资源战略就是指企业根据内部、外部的环境分析，确立企业目标，从而制定出企业的人力资源管理目标，从而通过各种人力资源管理职能活动来实现企业目标和人力资源目标以及维持和创造企业的可持续发展竞争优势的过程”。我们认为：人力资源战略是根据企业内、外部环境和企业发展战略目标，充分考虑员工的期望，制定的关于企业为适应内、外部环境变化和人力资源自身发展需求的纲领性长远规划。它是企业发展战略的重要组成部分，也是企业战略能够顺利实施的保障。

二、人力资源战略在企业管理中的角色演变

人力资源战略指导企业人力资源管理活动，促使企业人力资源管理活动之间能够有效地相互配合，从而达到企业战略目标。它伴随着人力资源管理实践活动出现。纵观人力资源管理的发展历史，分为经验任务管理、科学人事管理和现代人力资源管理三个发展阶段。

第一阶段是经验任务管理阶段。工作的主要任务是确保员工按照企业规定的生产流程进行工作。在这一阶段，“人”被视为“物质人”，在雇主的眼里工人只是会说话、能劳动的工具，完全忽视了工人的心理需求。这一阶段人事管理的主要特点是：招聘劳动工人成为企业人事管理的主要任务，人事管理的内容就是解决企业内部劳动分工与协作的问题。

第二阶段是科学人事管理阶段。欧洲工业革命的爆发使机器时代形成，生产效率的极大提高和劳动分工的进一步明确使得人员管理全面进入科学管理阶段。这一时期人事管理理论和实践有了很大的发展，管理人员与工人出现新的分工，劳动人事部门诞生。这一阶段人事管理和人力资源管理研究都是集中在某一特定领域，并没有形成完整的人力资源管理理论体系，但是这些理论和研究都为日后人力资源管理理论体系的建立奠定了基础。

第三阶段是现代人力资源管理阶段。20 世纪 80 年代以后，传统的人事管理开始转变为人力资源管理。人事管理在企业管理中的作用也发生了很大变化，这种变化不是简单的名称变化，而是管理理念和管理方式的巨大变化。人力资源管理将员工视为组织最重要的资源，重视对员工的长期开发和合理使用。人力资源管理不再仅仅承担单纯性的行政事务性工作，更关注影响组织目标实现的长期战略性工作。从企业的战略高度看，只有人力资源战略与企业战略目标相适应时，才能发挥人力资源管理在企业战略管理中的作用。

三、人力资源战略在企业管理中的作用

1. 人力资源战略是企业战略的核心。目前的企业竞争中，人才是企业的核心资源，人力资源战略处于企业战略的核心地位。企业的发展取决于企业战略决策的制定，企业的战略决策基于企业的发展目标和行动方案的制订，而最终起决定作用的还是企业对高素质人才的拥有量。有效地利用与企业发展战略相适应的管理和专业技术人才，最大限度地发掘他们的才能，可以推动企业战略的实施，促进企业的飞跃发展。

2. 人力资源战略可提高企业的绩效。员工的工作绩效是企业效益的基本保障，企业绩效的实现是通过向顾客有效地提供企业的产品和服务体现出来的。而人力资源战略的重要目标之

一就是实施对提高企业绩效有益的活动，并通过这些活动来发挥其对企业成功所作出的贡献。过去，人力资源管理是以活动为宗旨，主要考虑做什么，而不考虑成本和人力的需求；现在，经济发展正在从资源型经济向知识型经济过渡，企业人力资源管理也就必须实行战略性的转化。人力资源管理者必须把他们活动所产生的结果作为企业的成果，特别是作为人力资源投资的回报，使企业获得更多的利润。从企业战略上讲，人力资源管理作为一个战略杠杆能有效地影响公司的经营绩效。人力资源战略与企业经营战略结合，能有效推进企业的调整和优化，促进企业战略的成功实施。

3．利于企业扩展人力资本，形成持续的竞争优势。随着企业间竞争的日益白热化和国际经济的全球一体化，很难有哪个企业可以拥有长久不变的竞争优势。往往是企业创造出某种竞争优势后，经过不长的时间被竞争对手所模仿，从而失去优势。而优秀的人力资源所形成的竞争优势很难被其他企业所模仿。所以，正确的人力资源战略对企业保持持续的竞争优势具有重要意义。人力资源战略的目标就是不断增强企业的人力资本总合。扩展人力资本，利用企业内部所有员工的才能吸引外部的优秀人才，是企业战略的一部分。人力资源工作就是要保证各个工作岗位所需人员的供给，保证这些人员具有其岗位所需的技能，即通过培训和开发来缩短及消除企业各职位所要求的技能和员工所具有的能力之间的差距。当然，还可以设计与企业的战略目标相一致的薪酬系统、福利计划，提供更多的培训，为员工设计职业生涯计划等来增强企业人力资本的竞争力，达到扩展人力资本，形成持续的竞争优势的目的。

4．对企业管理工作具有指导作用。人力资源战略可以帮助企业根据市场环境变化与人力资源管理自身的发展，建立适合本企业特点的人力资源管理方法。如根据市场变化确定人力资源的长远供需计划；根据员工期望，建立与企业实际相适应的激励制度；用更科学、先进、合理的方法降低人力成本；根据科学技术的发展趋势，有针对性地对员工进行培训与开发，提高员工的适应能力，以适应未来科学技术发展的要求等。一个适合企业自身发展的人力资源战略可以提升企业人力资源管理水平，提高人力资源质量；可以指导企业的人才建设和人力资源配置，从而使人才效益最大化。将人力资源由社会性资源转变成企业性资源，最终转化为企业的现实劳动力。

人力资源战略是实现企业战略目标，获得企业最大绩效的关键。研究和分析人力资源战略，有利于提升企业自身的竞争力，是达到人力资本储存和扩张的有效途径。人力资源战略在企业实施过程中必须服从企业战略，企业战略形成的实际中也必须积极考虑人力资源因素，二者只有达到相互一致、相互匹配，才能促进企业全面、协调、可持续发展。

第2章

定岗定编定员管理

各部门到底该用多少人最为合适？

如何确定公司设置什么岗位？

岗位名称的设计原则是什么？

岗位评估时，如何判断岗位的重要性？重要程度又相差多大？

岗位设置要考虑哪些因素？

如何保障岗位设置不失败？

如何进行岗位设置？

如何进行定编工作？

如何判定某个部门的人员数是否合适？

1. 反面案例

各部门到底该用多少人最为合适?

【案例】某印刷企业决定要搞定编定岗和定员计划。年初人力资源部要求各部门上报当年的定编定岗定员计划，于是各部门开始了轰轰烈烈的定编定岗定员计划。在报上来的当年各部门拟增加人员的数量上，少则几人，多则达到了几十人，数字堪称吓人。各部门也清楚报上去的数字肯定会打折，所以尽量多报，以便有讨价还价的余地。针对各部门上报的增员数量，人力资源部希望能够用科学的测算工具进行评估分析，以便能够既为公司控制人力成本，也能够满足各部门完成现有工作的人员需求。于是，他们利用“三定”工具进行了系列的测算工作，通过一系列的工具使用和测算，终于制定出了标准的适合公司和部门发展的规范人数。得到了公司领导和部门经理的一致认同。

他们究竟是利用哪些人力资源工具的呢？这些工具又该如何使用？不同的工具的使用技巧又有哪些呢？下面的“三定”管理会为您讲述。

问题的引出

- 如何确定公司设置什么岗位?
- 岗位名称的设计原则是什么?
- 岗位评估时，如何判断岗位的重要性？重要程度又相关多大?
- 岗位设置要考虑哪些因素?
- 如何保障岗位设置不失败?
- 如何进行岗位设置?
- 如何进行定编工作?
- 如何判定某个部门的人员数是否合适?

因为

- 因为公司的岗位设置要根据战略制定的，是有步骤的。
- 因为我们曾经和部门主管一样都是拍脑袋来判定人数的。
- 因为我们不懂技术，只能任生产人员信口开河。
- 因为我们没有用到人力资源的专业工具进行评估。
- 因为我们常常得不到相关领导的支持以致功败垂成。
- 因为我们不知道定编的基本流程是什么。
- 因为我们不知道该用什么工具衡量定编。

2. 问题解答

如何确定公司设置什么岗位？

组织战略与“三定”工作的逻辑顺序是：确定组织战略—确定组织结构—部门职能定位—定岗—定编—定员。由此可知三定工作是为了实现公司的组织战略。组织战略决定了公司即将设置哪些部门，设置部门后进而确定岗位、编制以及员工数量，如图 2-1 所示。

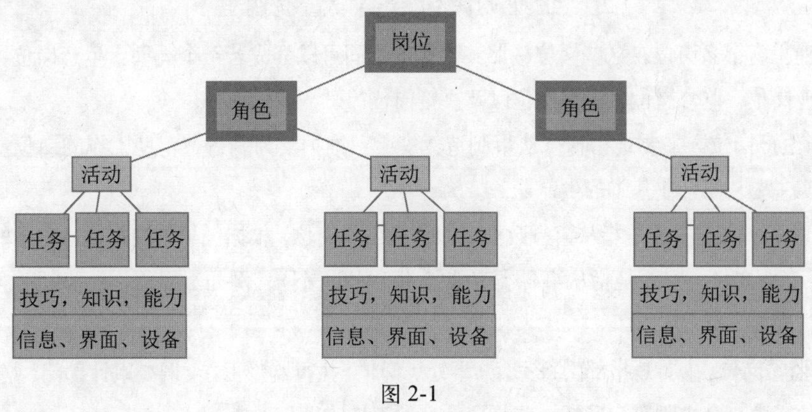

图 2-1

一、“三定”是指什么？

“三定”：定岗、定员、定编 。

1．**定岗**。管理者根据组织战略要求，在调整组织结构并确定部门职能以后，对岗位进行重新设计，确定哪些岗位才能完成组织所赋予的功能的过程。

2．**定编**。根据岗位内容确定每个部门人员的总数量和每个岗位的人员数量。

3．**定员**。确定每个岗位需要什么样的人去完成，让什么人去做。

二、“三定”之间有什么关系？

1．定编、定员与岗位设置的关系。岗位确定过程本身就包括工作量的确定，也就包括了对基本的上岗人员数量和素质要求的确定。

2．定编、定员与岗位分类的关系。工作岗位的数量非常多，而且具体的岗位随着时间发生变化的可能性也特别大。因此，在定编时没有必要对所有具体岗位上的人员配备都进行确定，只需要对一些关键的岗位或者对某几类岗位的人员配备进行确定。

三、什么是岗位设置

岗位设置又称为工作设计，是在工作分析的信息基础上，研究和分析工作如何做以促进组织目标的实现，以及如何使员工在工作中得到满意以调动员工的工作积极性。这既要根据组织需要，又要兼顾个人的需要，是规定某个岗位的任务、责任、权力以及在组织中与其他岗位关系的过程。

1．岗位设计与工作分析是不同的工作，工作分析是对现有岗位的客观描述，而岗位设计是对现有岗位的认定、修改或对新岗位的描述。

2．工作分析也可以为岗位设计提供验证。通过工作分析可以发现岗位设计中的缺陷、问题，从而对原有岗位设计进行调整、修改。

3．岗位设计的中心任务是要为企业提供完成战略目标的保证，并为人力资源管理提供基本的依据，保证事得其人，人尽其才，人事相宜。

四、企业的岗位分类设置有哪些？

企业里有很多岗位，这些岗位按照其性质的不同可以分成若干个类型：生产岗位、执行岗位、专业岗位、监督岗位、管理岗位以及决策岗位等。

1．生产岗位。主要是指直接从事制造、安装、维护及为制造做辅助工作的岗位。生产岗位的员工主要从事企业基本的生产业务。

2．执行岗位。主要是指从事行政或者服务性工作岗位，根据领导的安排执行自己的任务。

3．专业岗位。主要是指从事各类专业技术工作的岗位。例如工程师、经济师、会计或者软件设计师等。

4．监督岗位。主要是指部门科室、办事处等岗位，执行监督工作。例如审计部门、监察部门，或者其他受董事会或股东会委托，监督企业各项工作的人员。

5．管理岗位。主要是指一些部门、科室的主管或者经理，或者是一个单位的负责人。他们的职责是管理一个小的单位。

6．决策岗位。主要是指公司的高级管理层。例如企业的总裁、总经理、副总经理或分管各个业务的总监等。

【案例】很多公司经过多年的发展，通常会遇到两个例外的问题。

情况（1）：行政级别有限，对于很多“技术老员工”在企业中价值和贡献巨大，却因为没有行政职务导致无法享受公司“管理者”的福利。针对此类情况，首先我们要给予“技术老员工”同等的待遇。因此在岗位分类的时候，除了设定行政管理岗位外，还应该设定“技能等级岗位”，比如一个“高级技师”等同于“经理级”，可以享受经理待遇。如此的设置，就不会造成“公司员工想谋福利就必须升官”的局面。

情况（2）：很多公司会设定技术部，有时候技术部是作为技术指导性的角色而归到管理岗位，也有的时候技术部作为研发部门而归到生产部。由此可以看出，岗位设置的时候，一定要想清楚部门和岗位的工作内容和职责。

岗位名称的设计原则是什么？

1．名称真实化原则

岗位名称要能反映岗位工作的真实内容，符合岗位工作内容和组织位置关系的需要，不能因为其他原因太高或夸大。

2. 名称简单化原则

岗位名称设置要力求简单，一般用“性质 +（位置）职务”结构表达，岗位名称要体现和反映的内容和关系非常多，但不能为了把岗位表达清楚而给其赋予一个冗长的名字，岗位名称的字数一般保持在 3 ~ 7 个字之间较为合适。

3. 名称规范化原则

名称规范化原则：岗位名称设置要能符合国家通用标准和行业标准，能和国家通用规定和行业规定相统一。

4. 名称统一化原则

岗位名称设置要保证组织内性质相同或内容相似的岗位名称统一，以便保证整个组织系统岗位的一致性，便于岗位之间横向的流动和对比。

岗位评估时，如何判断岗位的重要性？重要程度又相差多大？

一、岗位评估的方法

常用的岗位评估方法有岗位参照法、分类法、排列法、评分法和因素比较法。其中分类法、排列法属于定性评估，岗位参照法、评分法和因素比较法属于定量评估。

1. 岗位参照法

岗位参照法，顾名思义就是用已有工资等级的岗位来对其他岗位进行评估。具体的步骤是：①成立岗位评估小组；②评估小组选出几个具有代表性、并且容易评估的岗位，对这些岗位有其他办法进行岗位评估；③如果企业已经有评估过的岗位，则直接选出被员工认同岗位价值的岗位即可；④将②、③选出的岗位定为标准岗位；⑤评估小组根据标准岗位的工作职责和任职资格要求等信息，将类似的其他岗位归类到这些标准岗位中来；⑥将每一组中的所有岗位的岗位价值设置为本组标准岗位价值；⑦在每组中，根据每个岗位与标准岗位的工作差异，对这些岗位的岗位价值进行调整；⑧最终确定所有岗位的岗位价值。

2. 分类法

分类法与岗位参照法有些相像，不同的是，它没有进行参照的标准岗位。它是将企业的所有岗位根据工作内容、工作职责、任职资格等方面的不同要求，分为不同的类别，一般可分为管理工作类、事务工作类、技术工作类及营销工作类等。然后给每一类确定一个岗位价值的范围，并且对同一类的岗位进行排列，从而确定每个岗位不同的岗位价值。

3. 排列法

排列法是通过对所有岗位根据工作内容、工作职责、任职资格等不同层次的要求进行排序的岗位评估方法。比较科学的岗位排列法是双岗位对比排列法，具体的步骤是：①成立岗位评估小组；②对企业所有岗位进行两两对比；③在两两对比时，对价值相对较高的岗位计“1”分，对另一个岗位计“0”分；④所有岗位两两对比完后，将每个岗位的分数进行汇总；⑤总分最高的岗位价值最高，依次排序，就可以评估出所有岗位的价值。

4．评分法

评分法是指通过对每个岗位用计量的方式进行评判，最终得出岗位价值的方法。具体做法为：①成立岗位评估小组；②将企业所有岗位的所有岗位职责和任职要求的条款整理出来；③对每个条款的价值进行打分；④每个岗位得到的总分就是该岗位的岗位价值。

5．因素比较法

因素比较法不需关心具体岗位的岗位职责和任职资格，而是将所有的岗位的内容抽象若干个要素。根据每个岗位对这些要素的要求不同，而得出岗位价值。比较科学的做法是将岗位内容抽象成下述五种因素：智力、技能、体力、责任及工作条件。评估小组首先将各因素区分成多个不同的等级，然后再根据岗位的内容将不同因素、不同等级对应起来，等级数值的总和就为该岗位的岗位价值。

二、岗位设计流程和指标设定

【案例】某公司岗位设计流程及指标设定，如表 2-1 所示。

表 2-1　某公司岗位设计流程及指标设定

阶段	流程	
准备阶段	清理职位，列出职位名称目录	组建职位评价委员会 ⇩
	↓↓	
	打印职位说明书	
	↓↓	
	评价前的准备工作	
	↓↓	
培训阶段	与评价委员会成员讨论评价表的因素设计和权重分配	
	↓↓	
	与评价委员会成员讨论基准职位的选择	
	↓↓	
	对评价委员会成员进行培训，并对基准职位中的一个职位进行试打分和分析结果	
	↓↓	
	与评价委员会成员共同确定对结果的评判标准	
	↓↓	
评价阶段	以部门为单位依次对各部门职位进行评价	
	↓↓	
	评价前，人力资源部门介绍该部门内各职位基本情况	
	↓↓	

续表

	对部门内的职位进行评价	
	↓↓	
	对已经进行评价的职位的数据处理结果进行讨论	
	↓↓	
	完成一个部门后，对该部门的职位评价结果进行排序	
	↓↓	
	进行下一个部门的评价	
	↓↓	
总结阶段	完成所有职位评价后，对全部职位进行排序，评价委员会讨论结果	
	↓↓	
	对其中普遍认为不合理的部分职位重新进行评价	
	↓↓	
	完成所有的职位评价工作	
	↓↓	
	公布职位评价结果	

评价工具

（一）得分因素表

得分因素表如表 2-2 所示。

表 2-2 得分因素表

评价要素	权重	细目	细目权重				
知识技能	25%	学历要求	15%				
		专业理论知识精专程度	15%				
		所需知识广度	15%				
		工作经验的要求	15%				
		文字能力要求	15%				
		语言和表达能力要求	10%				
		技能要求	15%				
能力要求	20%	协调能力要求	20%				
		组织协调能力要求	25%				
		分析思维能力要求	25%				
		业务、管理创新能力的要求	15%				
责任与贡献	40%	指导监督的责任	10%				
		人力资源管理的责任	10%				
		决策的责任	50%				
		工作结果的责任	10%				
		工作出错的后果	20%				

续表

评价要素	权重	细目	细目权重					
工作强度	10%	工作复杂度和难易度	45%					
		工作负荷程度与工时利用程度	35%					
		工作环境开放程度	20%					
特殊因素	5%	市场因素	100%					

（二）要素解释与定义

1. 知识技能要求

（1）因素 1：学历要求

定义：指顺利履行工作职责所要求的最低学历要求，判断基准按相当于正规教育的水平

等级 1：高中或中专

等级 2：大学专科

等级 3：大学本科

等级 4：研究生以上

（2）因素 2：专业理论知识精专程度

定义：指在顺利履行工作职责时，对职位相关的理论专业知识的精专程度要求

等级 1：了解与职位相关的理论知识

等级 2：熟练掌握与职位相关的理论知识

等级 3：熟练掌握、运用与职位相关的理论知识，解决职位相关疑难问题

（3）因素 3：所需知识广度

定义：指在顺利履行工作职责时，需要使用多种学科、多个专业领域的知识。判断的基准在广博，不在精深

等级 1：偶尔使用其他学科知识

等级 2：较频繁地使用其他学科的一般知识

等级 3：频繁综合使用其他学科知识

等级 4：职位要求经常变换知识领域

（4）因素 4：工作经验的要求

定义：指工作达到基本要求后，还必须随经验的不断积累才能掌握的技巧。判断基准是掌握技巧所需花费的时间

等级 1：不需要

等级 2：3 个月之内

等级 3：3 ~ 6 个月

等级 4：6 ~ 12 个月

等级 5：1 ~ 2 年

等级 6：2 ~ 5 年

等级 7：5 ~ 8 年

等级 8：8 年以上

（5）因素 5：文字能力要求

定义：指工作中所需要的实际文字能力要求

等级 1：不需处理文字材料

等级 2：常需撰写便条、一般通知、备忘录、简报

等级 3：常需撰写报告、汇报文件、总结（非个人）

等级 4：需撰写全公司性文件或研究报告

等级 5：需拟合同或法律文件

（6）因素 6：表达能力和语言掌握要求

定义：中文进行口头交流和外语能力的要求

等级 1：工作中口头交流不够频繁，对口头交流能力要求不高，无外语能力要求

等级 2：工作中口头交流频繁，需较好的表达能力，需掌握专业英语，工作中偶用英语等外语

等级 3：较好的语言表达能力，英语水平较高，工作中使用外语的机会较多

（7）因素 7：印刷相关技能要求

定义：指工作中所需的操作技能要求

等级 1：印刷相关技能与工作的基本无关联

等级 2：印刷相关技能与工作的关联性一般

等级 3：印刷相关技能与工作高度关联

2. 能力要求

（1）因素 1：人际沟通能力

定义：指在正常工作中与各方面的人打交道，以保证所承担的工作顺利执行

等级 1：工作中仅与本部门同事协调

等级 2：工作中需要与本部门、其他部门员工协调或与客户、供应商打交道，协调属于常规性的工作

等级 3：工作中与其他部门负责人发生联系或与目标客户或与政府部门发生联系，协调是较为广泛的，协调不利会在一定范围产生不利影响

等级 4：工作中与各部门负责人的联系密切。协调频繁或与目标客户、政府部门的联系广泛密切，联系或协调的问题涉及重大问题、重要决策，协调不利会对本企业产生重要影响

（2）因素 2：组织协调能力要求

定义：工作中依据目标作出计划，并以适当的方式调用各种资源达成目标的能力要求

等级 1：工作中无须组织协调

等级 2：工作中承担一定的组织协调职责，范围仅限于本班组

等级 3：组织协调的范围为本科室

等级 4：组织协调的范围为本部门

等级 5：组织协调的范围为整个公司

（3）因素 3：分析思维能力要求

定义：以系统的逻辑思维理解、分析和解决问题的能力要求

等级 1：工作中涉及的问题较为简单，仅需一般的分析思维能力

等级 2：工作中涉及的问题较复杂，需要较好的分析思维能力

等级 3：工作中涉及的问题复杂，需要优秀的分析思维能力

等级 4：工作中涉及的问题很复杂，需要高层次的分析思维能力

（4）因素 4：业务、管理创新能力的要求

定义：工作中发现新事物、提出新见解、解决新问题的能力要求

等级 1：全部工作为程序化、规范化，无须创新

等级 2：工作基本规范化，偶尔需要创新

等级 3：工作中时常需要创新

等级 4：工作性质本身即为创新性的

3. 责任与影响程度

（1）因素 1：指导监督责任

定义：指在正常权力范围内所执行的正式指导、监督责任。责任大小根据所监督、指导人员的数量和层次进行判断

等级 1：不指导、监督任何人

等级 2：担任基层团队副职，协助监督、指导基层员工

等级 3：担任基层团队主要负责人，监督、指导本团队全体员工；或者在管理部门任职，对辖内人员承担指导、监督责任

等级 4：担任部门副职（含助理），对分管工作负有指导、监督责任

等级 5：担任部门正职（含主持工作副职），对承担工作负有全面指导、监督责任

（2）因素 2：人力资源管理责任

定义：在工作中对人员选拔、使用、考核、工作分配和激励等具有的权力与责任

等级 1：对他人不负有人力资源管理的责任

等级 2：仅对一般员工有工作分配、考核、激励的责任

等级 3：对一般员工具有选拔、聘用、管理的责任

等级 4：对班组长以下人员有任免决策权

等级 5：对中层干部有任免建议的权限

（3）因素3：决策的责任

定义：指在正常工作中需要参与的决策，其责任大小根据参与决策的层次作为判断基准

等级1：工作中作出的决定不会影响他人

等级2：工作中作出的决定影响范围限于本部门

等级3：工作中作出的决定影响公司、部门或本专业条线

等级4：工作中需与多个部门负责人共同协商制定大的决策，决策影响的范围涉及集团

等级5：参与最高层决策

（4）因素4：工作结果的贡献

定义：在工作不发生差错的情况下，工作结果对整体经营管理目标的影响程度

等级1：只对个人的工作结果负责

等级2：需对自己所监督、指导的工作结果负责

等级3：对主管科室的工作结果负责

等级4：对整个部门的工作结果负责或对条线的整体工作结果负责

等级5：对整个公司的工作结果负责

（5）因素5：工作中出错的后果

定义：工作出错的后果大小和对整体的影响大小

等级1：工作出错极易发现和纠正

等级2：工作出错能被发现和纠正，及时处理后造成的不良影响较小

等级3：工作出错虽被发现和纠正，但不良后果会明显感觉到

等级4：工作出错的后果较严重，损失较大

等级5：工作出错会影响企业的生存，且无法挽回

4. 工作强度

（1）因素1：工作复杂程度

定义：指在工作的复杂程度和履行职责难易程度。判断基准根据所需要的判断、分析、计划水平而定

等级1：简单、独立的工作，对他人影响很小

等级2：仅需简单的指示即可完成工作，不需计划和独立判断

等级3：需进行专门的训练才可胜任，一般只需要一种专业技能，需少量计划和独立判断

等级4：工作中需运用多种专业技能，经常做独立判断和计划，需相当高的解决问题能力

等级5：工作要求高度的判断力和计划性，要求积极的适应不断变化的环境和问题

（2）因素2：工作负荷程度与工时利用程度

定义：指工作中的负荷与工时利用程度

等级1：工作量较少

等级 2：工作有时忙闲不均，但有规律性，工时利用程度有限，工作总量明显不够

等级 3：工作中虽忙闲不均，工时未完全得到利用，但忙的时间较长，工作总量尚可

等级 4：工作紧张，工作负荷大，工时充分得到利用

（3）因素 3：工作环境

定义：指工作中工作环境的舒适程度、开放程度和自由活动程度

等级 1：工作场所为较舒适室内环境，工作环境较为开放，活动无严格的限制

等级 2：工作场所为较舒适室内环境，工作环境相对封闭，工作时间不能外出

等级 3：工作场所虽为室内环境，但封闭，不舒适，不能外出

等级 4：大部分时间在室外工作

5. 特殊因素

因素：市场因素

定义：指相关的职位在市场上的紧缺程度

等级 1：职位所需人员在市场上有充足的来源

等级 2：职位所需人员在市场上紧缺且该职位属于本公司关键职位

岗位设置要考虑哪些因素？

一、定岗要考虑的问题

（1）这个岗位怎样定位：岗位在部门内存在的理由是什么？

（2）有哪些主要工作：平常这个岗位做哪些基本工作？工作的目标是什么？在各个具体工作之间如何分配时间？

（3）需要怎样的能力：做本岗位工资需要具备哪种条件？知识、学历、能力、品质、人际交往、背景经验等。

（4）汇报关系：该工作向谁汇报？同级是谁？下级是谁？与其他同事的权力和责任划分。

（5）有多少工作量：这个岗位需要处理多大的工作量？如果很多则要考虑编制多少？几个岗位能否合并成一个岗位？

如图 2-2 所示。

二、如何进行岗位设置

（1）明确岗位设置的要求。

（2）了解岗位设置的内容。

（3）认清岗位设置的权变因素。

（4）遵循岗位设置的原则。

在生产实践中，岗位设置至少要满足以下要求：

（1）全部岗位的总和能够覆盖组织的总任务。

（2）全部岗位构成的责任体系能够保证组织总目标的实现。

（3）有助于发挥员工的个人能力，提高组织效率，保证员工在正常情况下能满负荷地工作。

（4）要考虑到现实的可能性。如一个企业需要一名高级财务主管，要求他既能处理国际财务问题，又能作出高风险的投资决策，这就要求既要考虑企业内有无合适人选，又要考虑在社会上公开招聘需要花费多大的代价，进行利弊权衡。如果因为资源约束，一时找不到合适的人选，则应当考虑适当修改职务要求细则。

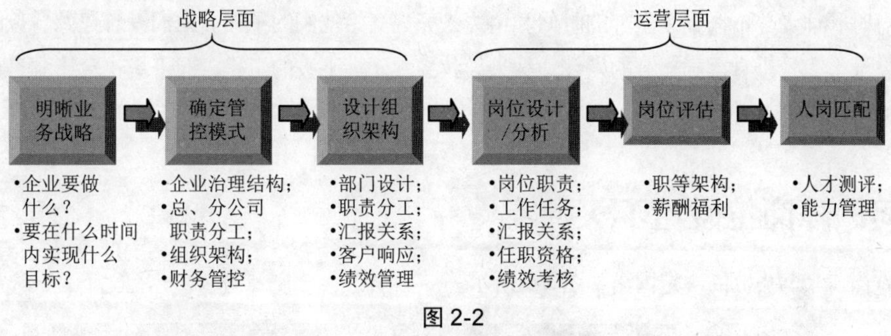

图 2-2

三、岗位设置的原则

1．因事设岗原则

从“理清该做的事”开始，“以事定岗、以岗定人”。设置岗位既要着眼于企业现实，又要着眼于企业发展。按照企业各部门职责范围划定岗位，而不应因人设岗；岗位和人应是设置和配置的关系，而不能颠倒。

2．分工协作原则

在此原则下的岗位设置是对组织细分的过程，岗位成为组织中工作内容自成体系、职责独立的最小业务单元。因此，在分工协作原则下，部门岗位设计的第一步骤为工作内容细分，其表现形式为岗位最小化。

3．最少岗位数和工作量饱满原则

既考虑到最大限度地节约人力成本，又要尽可能地缩短岗位之间信息传递时间，减少“滤波”效应，提高组织的战斗力和市场竞争力。

进行工作关系分析而非工作定量分析，是为一人多岗做准备，其适用于公司发展较快，岗位工作量及职责具有较大的不确定性的情况。在这种不确定下，岗位不适宜合并，而可由工作内容具有相关性的岗位兼任。进行工作定量分析，则是在工作量不饱满的情况下，对职能细分或流程被分割的岗位予以合并。其应用结果为撤岗和并岗。

4．不相容职务分离原则

不相容职务分离的核心是内部牵制。不相容职务是指那些如果由一个人担任，既可能发生错误和舞弊行为，又可能掩盖其错误和弊端行为的职务。

基于不相容职务分离原则的岗位设置需要在岗位间进行明确的职责权限划分，确保不相容岗位相互分离、制约和监督。企业经营活动中的授权、签发、核准、执行和记录等工作步骤必须由相对独立的人员或部门分别实施或执行。

5. 整分合原则

在企业组织整体规划下应实现岗位的明确分工，又在分工基础上有效地综合，使各岗位职责明确又能上下左右之间同步协调，以发挥最大的企业效能。

6. 任务挑战性原则

有时管理者并不需要用全部的时间和精力去完成交给他们的工作。他们没有遇到任务的挑战，就觉得力量没有得到充分的发挥，结果导致经常干涉下级的工作，而下级也会感到自己没有充分的工作自主权。

如何保障岗位设置不失败?

定岗成功与失败的决定因素如图 2-3 所示。

图 2-3

如何进行岗位设置?

一、岗位设置的流程

如图 2-4 所示为岗位责任分工的确认过程，表 2-3 为岗位设置分析与辅助用表。

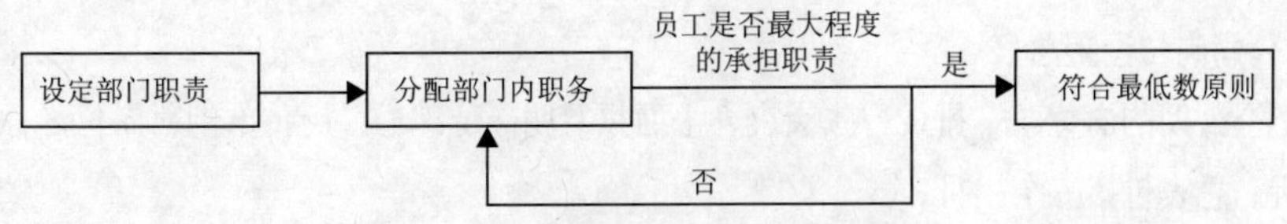

图 2-4 岗位责任分工的确认过程

表 2-3 岗位设置分析与辅助用表

岗位名称	岗位编号
本岗位对企业是否是必需的	是□ 否□ 理由：
本岗位所需人数是否可以减少	是□ 否□ 理由：
本岗位是否发挥了最大的作用	是□ 否□ 理由：
本岗位与其他岗位是否实现了有效配合	是□ 否□ 理由：
本岗位与其他岗位是否分工清晰	是□ 否□ 理由：
综合评估	
备注	

二、岗位设置的方法

岗位设置表是岗位设置工作的最后成果，是企业规范化管理的一个正式的、重要的条件。它通常有部门职位设置表和公司岗位设置总表两种形式。

1. 部门职位设置表的编制

按照各个部门、各个单位的职位分别做的表称为部门职位设置表。这种表主要是介绍部门内有几个岗位，以及每个岗位的工作职责等，每个部门一张表。例如公司一共有 12 个部门，那么就要有 12 张表。其中公司高层，例如公司总经理、各个副总或者总监之间的分工也要有一张岗位设置表。

企业下属单位，例如中心或者实验室也要单独设置一张表。如果是地区公司或者分公司，可以跟总公司一样要有两个层次：一个层次就是分公司的领导要有一张表；另外分公司各个部门要有一张表。

表 2-4 可以作为编制部门岗位设置表的参考。

表 2-4 部门岗位设置表

部门名称			
部门内职位设置总数		部门目前人数	
职位名称（按高低填写）	职位人数	主要职责	
（1）			
（2）			
备注			

2. 公司岗位设置总表

即把全公司的岗位统一排成一张大表，上面只写明岗位编号、岗位部门、岗位名称而不写岗位职责。总表包括三个栏目。

(1) 岗位编号：在规范化管理中，文件前面都有一个英文字母。例如岗位设置用G，G后面的数字表示一个部门，假如公司有10个部门，分别用G-1、G-2……G-10表示，分别表示账务部、生产部等。如第一个部门的第一个岗位是1001，第二个是1002等。这样编的好处是：实现计算机化、信息化管理的时候比较方便。

(2) 岗位部门：每家企业都由若干部门组成，不同的岗位也分别隶属于各个部门。例如生产管理员这个岗位就隶属于生产部。

(3) 岗位名称：首先确定称呼方法，例如公司的最高领导有的叫总裁，有的则叫总经理等。各部门的领导有的叫部长，有的叫经理。部长或者经理之下有的单位叫主管，有的单位叫专员。这样就把公司的所有岗位的名称统一起来，列在岗位设置表里。如下表2-5所示。

表2-5 岗位设置总表

<table>
<tr><th>部门</th><th>岗位编号</th><th>岗位名称</th><th>职位人数（人）</th></tr>
<tr><td rowspan="3">×
×
部</td><td></td><td></td><td></td></tr>
<tr><td></td><td></td><td></td></tr>
<tr><td>部门人数总计</td><td colspan="2"></td></tr>
<tr><td rowspan="3">×
×
部</td><td></td><td></td><td></td></tr>
<tr><td></td><td></td><td></td></tr>
<tr><td>部门人数总计</td><td colspan="2"></td></tr>
<tr><td rowspan="3">×
×
部</td><td></td><td></td><td></td></tr>
<tr><td></td><td></td><td></td></tr>
<tr><td>部门人数总计</td><td colspan="2"></td></tr>
<tr><td>企业部门人数总计</td><td colspan="3"></td></tr>
</table>

【案例】某企业因企业合并以至于两个公司的管理人员合二为一，其中A公司属于股东方新建企业，B公司属于被合并企业，但由于B公司的营业人才和生产人才众多，而且实力相对A公司较强，鉴于此情况，A公司的总经理不敢轻易降低B公司的福利待遇，甚至连B公司领导层的职务名称都不敢更改。原本在B公司的岗位名称就比较混乱，定岗不规范，再加之合并后职位名称不能随A公司更变，导致整体公司的任职名称混乱，比如说开会发通知不能够按照人群发放，因为“总监”还包含着职务名称带着总监的“经理”，福利发放也出现问题，让人资部门很是无奈，曾多次建议公司将“定岗”规范，但迟迟不见改变。

【建议】公司在制定岗位名称的时候必须要做到：

(1) 了解公司的战略发展规划，并根据发展战略确定职能部门。

(2) 确定要设立的组织机构（职能部门）。在设定部门时务必要考虑清楚部门自身的职责和需要完成的任务，以及部门之间的职责界限，否则会造成很多过渡事件无人问津。

(3) 根据部门职能确定下设的岗位，以及岗位的职责、名称和隶属关系。设立时注意设定的原则和方法。如果公司郑重地制定了岗位名称和层级，就不要轻易改变，否则就会造成公司层级混乱，无所适从。

(4) 公司的岗位编制要根据每年公司的实际情况进行修改，不能一劳永逸。

如何进行定编工作?

一、定编定员管理

定编定员，就是采取一定的程序和科学的方法，对确定的岗位进行各类人员的数量及素质配备。定编定员与岗位设计是密切相关的，岗位确定过程本身就包括工作量的确定，也就包括了对基本的上岗人员数量和素质要求的确定。

企业定编定员要做到以下几点：

(1) 各个部门事事有人做，人人有事做。

(2) 岗位不重复，工作不遗漏。

二、定编定员的步骤和流程

企业定编定员的程序在实践中，企业定编定员一般按照以下步骤进行，如图 2-5 所示。

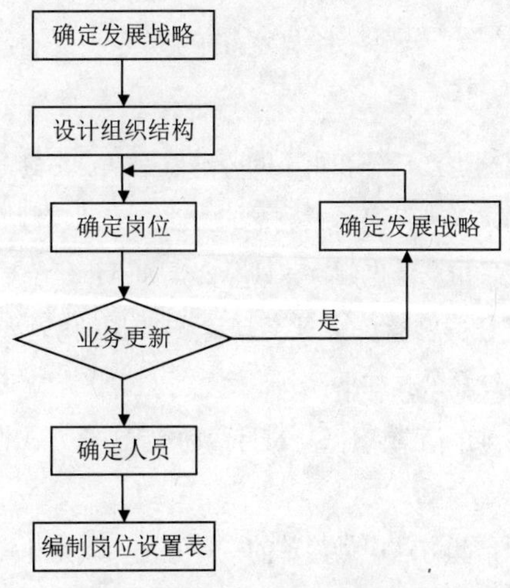

图 2-5 企业定编定员的一般过程

1. 准备阶段

这个阶段主要是收集与分析有关定员方面的各种资料，主要包括：国家以及主管部门规定的定员标准、行业内部的定员资料、企业内部的定员资料、现行劳动定额的贯彻实施与实际完成情况、职位说明书及组织结构图。通过分析这些资料，可以为制订新的定员管理方案打下基础。

2. 制定方案阶段

在对相关资料进行整理与分析后，就可以由专业人士对企业中的人员进行测定、核算，制定初始的定员管理方案。可以采用不同的方法来制定方案，比如劳动效率定员法、设备定员法、岗位定员法、比例定员法等。制定方案时，要结合企业自身情况，选择合适的方法。初步的定员管理方案出来以后，需召集相关人员对方案进行讨论、修改，最终形成正式的定员管理方案。

3. 执行方案阶段

按照制定的定员方案，具体安排企业中的人员。执行过程中，需注意做好员工的思想工作，使他们能积极配合新的定员方案。另外，还须做好一些日常的管理工作，比如制定定员制度、健全各种统计报表、建立员工登记卡片等，这样可以及时掌握各个工作岗位的定员执行情况，从整体上加以把握。

4. 反馈与修订阶段

制定了定员管理方案，并不意味着定员管理工作就可以一劳永逸了。在定员方案执行过程中，要定期地进行统计与分析，这样有利于发现与防范问题。问题要及时反馈给相关定员管理人员，对原始方案进行合理的修订与完善。

如何判定某个部门的人员数是否合适？

一、定编定员的方法

1. 劳动效率法

劳动效率定编法是指根据生产任务和员工的劳动效率以及出勤等因素来计算岗位总人数的方法，即根据工作量和劳动定额来计算员工数量的方法。劳动定额的基本形式有产量定额和时间定额两种。建议生产系统采用产量定额，其计算公式如下：

定员人数 = 计划期生产任务总量 /（员工劳动定额 × 出勤率）

如果采用时间定额，其计算公式如下：

定员人数 = 生产任务 × 时间定额 ×（1-提升劳动生产率）/(工作时间 × 出勤率)

2. 经验预测法

经验预测法是人力资源预测方法中最简单的一种方法，就是用以往的经验（考虑现有的人员数量、业务规模、市场 / 产品 / 服务等变化因素）推测未来的人员数量需求。

经验预测法的优缺点如表 2-6 所示。

表 2-6 经验预测法的优缺点

优点	缺点	基本假设	适用单位或部门
操作简便、方法简单	• 准确性较差 • 不能适应企业的新业务与新岗位等组织变化 • 无法与企业的战略与价值创造联系 • 只考虑企业内部的变化 • 因素	在一定的时期内企业的发展状况没有方向性的变化	一般适用于职能部门

【案例】某公司采用经验预测法进行定编的流程和方法

（1）首先根据公司的发展战略，确定下年的销售收入为 1.62 亿元，盈利为 1500 万元人民币（税前，以下利润均如此定义）。

（2）公司对组织职能进行了调整，对各部门进行了职能定位，公司管理层向大家公布了组织结构图和各部门职能定位图。

（3）人力资源部牵头进行公司岗位的设计和定编定员工作。

（4）上年利润为 1180 万元，公司业务人员总数为 46 人，人均利润为 25.66 万元。今年利润目标为 1500 万元，保持人均利润为 25.66 万元的情况下，公司业务总人数应为 1500÷25.66=59 人。

（5）确定业务团队管理人员的人数，根据历史数据“业务管理人员与业务人员数之比为 1∶9.61”，市场数据为 1∶8.98，则能算出业务管理人员人数为 59÷（1+8.98）=6 人。

（6）该公司的“业务人员与职能人员（除营业以外的所有人员）的比例”上年为 1∶5.23，则今年职能人员总数为 309 人。

（7）如果公司确定了职能人员总数为 309 人（包括除营业外的各级管理人员），管理人员和非管理人员的比例为 1∶15.33，则今年除营业外的管理人员为 309÷（1+15.33）=19 人。

（8）因此该公司今年总编制人数为 59+309=368 人，其中管理岗位为 6+19=25 人。

3．标杆分析法

标杆分析法主要根据行业中有关服务、产品相近的企业的人员编制数据进行标杆分析，并根据标杆分析结果进行人力资源预测的方法。其优缺点如表 2-7 所示。

表 2-7 标杆分析法的优缺点

优点	缺点	基本假设	适用单位或部门
• 关注企业外部的竞争环境因素 • 是检验企业综合竞争力的有效诊断工具	• 没有考虑不同企业的组织架构、工作流程的不同 • 没有考虑不同企业的产品、服务种类不同	行业中的竞争对手是可以比的	财务部、后勤部门（存在较强的市场/产品规范）

4. 行业比例法

行业比例法是指按照企业职工总数或某一类人员总数的比例来确定岗位人数的方法。在本行业中，由于专业化分工和协作的要求，某一类人员与另一类人员之间总是存在一定的比例关系，并且随着后者的变化而变化。该方法比较适合各种辅助和支持性岗位定员，如人力资源管理类人员与业务人员之间的比例在服务业中一般为1∶100。计算公式如下：

M=TR（M 指某一类人员的定员数；T 指服务对象人数；R 指定员的标准比例）

【案例】 某公司约有450人，按照人力资源1∶150的比例，公司HR可有3人。

人力资源定员数M=T服务的总人数450×R定员的标准比例(1∶150)=3人

5. 按组织机构、职责范围和业务分工定员、定编的方法

这种方法一般是先确定组织机构和各职能部门，明确各项业务分工及职责范围以后，根据业务工作量的大小和复杂程度测算岗位的定额时间，结合管理人员和工程技术人员的工作能力和技术水平确定岗位人数的方法。事实上，不同企业对于管理人员的定编，都没有一个定数，都是根据自己企业当时的实际情况确定出来的。管理人员的定编受很多因素的影响：

（1）管理人员个人的因素。本人的能力，下属的能力，受教育程度等。

（2）工作因素。工作的标准化程度，工作的复杂程度，下属工作之间的关联程度。

（3）环境因素。技术，地点，组织结构等。

6. 预算控制法

预算控制法主要根据企业制定的短期业务目标，基于公司历史的经营状况进行相应的人员预测。部门负责人对本部门的业务目标、岗位设置和员工人数负责，在获得批准的预算范围内自行决定各岗位的具体人数。由于企业的资源总是有限的，并且是与产出密切相关的，因此，预算控制对企业各部门人数的扩展有着严格的约束。

预算控制法的优缺点如表2-8所示。

表2-8 预算控制法的优缺点

优点	缺点	基本假设	适用单位或部门
• 根据一定财务数据作预测，准确性有一定的提高	• 无法与企业的战略与价值创造联系 • 只考虑企业内部的变化因素	• 人员的数量与企业的业绩存在相对明确的正向或反向的关系 • 企业的外部环境因素对企业业绩的影响较小	适用于销售、采购、生产等部门

【案例】 公司某部门原有5人，工资总额为14 400元/月，平均是2880元，经过公司的定编考虑和财务预算，决定在工作量不变的情况下削减1人（通常减少人员的工资的80%在定编后员工中分配，而另外20%收益归公司所有），工资总额下降了，但人均工资却有所上升，是个双赢的过程。

注意：在裁员的时候需要考虑：

（1）公司的发展需要什么岗位，不需要什么岗位？

（2）目前这个岗位的工作有人可替代吗？

（3）这些岗位是否经过工作分析，工作量饱满吗？

（4）缺少这个岗位，对公司造成的影响大吗？

（5）裁员后是否会有引起劳动争议的可能？能否进行其他方式的调整？

（6）要做好充足的准备，尤其是文件资料，以应对可能发生的劳动争议风险。

7. 人均利润分析法

通过销售收入减去销售成本、销售费用、营业费用、税前利润等成本最终得出人均利润。其优缺点如表 2-9 所示。

表 2-9　人均利润分析法的优缺点

优点	缺点	基本假设	适用单位或部门
• 计算数据比较准确 • 计算过程比建立经济模型简便	• 需要准确的假设（增值量、投资回报率等） • 不容易在计算过程考量其他变量	企业进行人员配置的前提是投入必须能够带来目标产出	销售、物流和采购公司等部门

【举例】

依据：2013 年人均利润 /2013 年人员数量，2014 年销售收入预算；

假设：2014 年效率提升目标；

推出：2014 年人员数量。

8. 按设备定制与工艺定员的定编方法

通过设备定制或工艺定员图、结合产量与生产节拍确定一定产量下的人员定编规划。

例如每台印刷机配备 3 ~ 4 人、每台折页机配备 1 ~ 2 人等（具体配备人数要结合设备性能和操作人员的技能水平而定），生产一线使用此方法定编最为有效。

如表 2-10 所示为按不同人员分类的岗位定编方法介绍。

表 2-10　按不同人员分类的岗位定编方法

生产系统人员分类			
人员分类		人员工作属性	岗位定编方法
直接人员	直接生产人员	指从事本企业主要产品的零件毛坯下料、零件加工、产品组装以及进行产品测试、现场工序间检查、工序间物流和成品包装的人员	依据设备定制、工艺定员确定相对产量下的人员定编
准直接人员	生产辅助人员	指为本企业主要产品的基本生产过程提供直接服务的人员，分成现场保障人员、物流人员（不含工序间物流）、产品检验人员（不含现场工序间的检查人员）及其他人员	参照设备定制与工艺定员确定人员定编

续表

<table>
<tr><th colspan="2">人员分类</th><th>人员工作属性</th><th>岗位定编方法</th></tr>
<tr><td rowspan="3">间接人员</td><td>管理支持人员</td><td>是指为保证企业生产工作的有效开展而配备的后勤服务人员</td><td rowspan="2">依据岗位职责，测定岗位定额时间，根据定额时间确定人员定编</td></tr>
<tr><td>技术人员</td><td>指为保证企业生产工作的有效开展而配备的技术人员</td></tr>
<tr><td>管理人员</td><td>指为保证企业生产工作的有效开展而配备的管理人员</td><td>依据干部定编与管理幅度确定人员定编</td></tr>
</table>

备注：

直接人员是从事体力劳动，直接制造产品，创造价值。

准直接人员是从事体力劳动，直接为制造产品提供辅助劳动的，也创造价值。

间接人员主要是从事脑力劳动，主要任务是管理人，部分从事体力劳动，但不是为制造产品提供劳动的，只是为人提供服务的，是服务人员。

二、人员编制最终确定的方法

在各种方法中，按效率定编定员是基本的办法。在实践工作中，通常是将各种办法结合起来，参照行业最佳案例来制订本企业的岗位人数。

由于各企业的情况差别和情况的不断变化，很难有一个所谓“绝对正确、完全适用和一成不变”的编制，它主要还是服从于企业的总体目标要求，在不断的变化中调整，是个动态的过程。

定岗定编的硬约束是成本投入。企业的投入在一定时期内总是有限的。在投入有限的情况下，岗位和人数的有限性是不言而喻的。人力资源管理要做的是，在一定时期内，如何运用有限的资本投入获得最佳的岗位和人数的组合。

三、定编常犯的错误

（1）使用定编方法时忽视每种定编方法中的假设前提。

（2）没有科学分析企业内部、外部的人员编制数据。

（3）人力资源预测工作目的不清，缺乏对企业内部各种变化因素的全盘考虑。

【案例】某企业决定要搞定编定岗和定员计划。年初人力资源部要各部门上报今年的定编定岗定员计划，于是各部门开始了轰轰烈烈的定编定岗定员计划。在报上来的今年各部门拟增加人员的数量上，少则几人，多则达到了几十人，数字堪称吓人。各部门也清楚报上去的数字肯定会打折，所以尽量多报，以便有讨价还价的余地。

分析：

1. 你认为该公司在定编定岗定员上存在什么问题？

2. 在人力资源部不了解各部门人员构成及分工的基础上，如何确保各部门所报的人数的确是部门发展必需的人数？

3. 如果你是该公司人力资源部相关人员，当接到各部门上报的虚数时，你怎样处理?

【解决办法】

1. 组织结构

组织结构是定岗的前提，如果组织结构不能确定，部门设置也就出现了问题，定岗只是空谈，失去了意义。所以，当企业的组织架构，即部门职能和管控方式不能适应企业发展时，必须进行再设计。该公司首先应该明确公司的组织结构和战略目标。

2. 关键绩效指标（KPI）

企业 KPI 从上到下分解下去，才能正确引导部门的日常工作，岗位设置也要为此而服务。因此案例中各部门在增加人员的基础上，要增加哪些目标并没有明确。

3. 工作职责分析

企业定岗定编时，组织结构是已经存在的，分析就应该把现有部门职能与岗位职责进行对比。部门职责具体要访谈部门负责人、负责人直属上级和相关领导，而岗位职责是对下属员工的访谈，通过部门职责和岗位职责的对比，就会发现某些部门可能会出现职责重叠，职责漏项，某一岗位承担太多的岗位职责等。案例中的公司并没有对各岗位进行工作分析，否则就不会盲目地增加人手。

4. 工作量分析

工作量分析是定岗的必要步骤，如果很多岗位工作量不饱满，可能就会考虑一人多岗，减少岗位的数量，从而降低企业人工成本。工作量分析通常可以采用工时、计件等量化的方法，但是这主要偏重于工作重复性、单一的部门，比如生产部门、销售部门。而对于二线职能部门，工作量分析采用观察法、访谈法等定性的手段，当然，还要结合部门 KPI 考虑。案例中人力资源应该对各部门各岗位的工作量进行评估后，再探讨定编问题。

5. 工作结构分析

工作结构分析，要检查上报的岗位中有无重复性工作或者工作量极其不饱和的劳动，进行并岗或者撤岗。

6. 工作强度分析

如果某岗位持续每天工作时间在 10 小时以上，且这样的工作日占了全年有效工作时间的 30% 以上，则认为该工作强度分布不均。

7. 通过重新定岗、定编、定员的测评，确定各部门为完成公司的新目标而需求的岗位和人数，再与部门经理沟通协商，最后汇报给总经理。

3. 工作实务

【案例 1】

某印刷公司是一家新成立的公司，总经理想法很多，希望能够在五年内将书刊印刷做到当地同行业第一，很多部门都是新成立的部门，生产一线总在说人员不够，尤其是制版车间。但一个部门到底需要多少人，大家谁也不敢轻易拍板，生产部门总是说人不够，而老板总是说人太多，这些问题都缠绕着人力资源经理，王总找到人力资源部经理，要求他根据“三定”管理，从制版车间开始，开展定岗、定编工作。于是人力资源部通过以下思路和方法展开了定岗、定编工作。

制版车间定岗定编管理方案

一、定岗定编原则及依据

1. 原则

（1）从企业实际发展战略出发，遵循工作需要，因事设岗。

（2）最少岗位数量和工作量饱满原则。

（3）整分合原则。

（4）不相容职务分离原则。

2. 依据

（1）工作分析了解的现有岗位及人员情况。

（2）工作量的统计与分析。

二、定岗方案

1. 岗位的确定及分类

依据工作设计，我们认为制版车间应该具备如下岗位：主任、副主任、领班、质检人员、发排人员、拼版人员、晒版人员，设备维护及卫生清扫人员，库管统计人员共计 9 个岗位。

在确定岗位之后，为了便于以后统一管理，以及进行岗位评价，要将所有岗位划分为不同的类别，按照不同的岗位类别进行评价，设计薪酬及考核办法。

根据通用分类方法，同时结合公司实际，我们将公司所有职位初步分为管理类、技术类、职员类、操作类四大类，那么制版车间的各个岗位应该归属于哪一大类？我们以一种定量分析方法，即因素比较法计算所得出的数据为参考依据，同时结合公司实际情况，将制版车间所有岗位分别归入以上四大类。

2. 因素比较法步骤

（1）在岗位分类中，一般倾向于按各种岗位所要求的能力的共通性（或共同性或近似性）作为依据进行分类。如果两个岗位要求的能力是相近的，那么这两个岗位可以归为一类。

（2）首先将完成每个所需要的能力划分为智力、技能、脑力、责任、工作条件、运动协调程度等几个要素，并为每个要素设置不同的分数，如智力方面，可以由高到低设置为5、4、3、2、1 共 5 个分值。然后根据每个岗位的实际情况（参考职位说明书），从公司选派岗位评定小组打分，将得分汇总就可以得出每个岗位在不同能力要求方面的分数。如表 2-11 所示。

表 2-11

能力 职务	智力	技能	脑力（体力）	责任	工作条件	运动协调
车间主任	3	4	2	4	5	1
车间副主任	3	3	2	3	3	1
质检人员	2	2	1	2	1	1
拼版人员	1	2	1	2	1	1

然后按照下面的计算方式得出 4 种职位的 6 种能力分数差异值：

车间主任与车间副主任能力差距=｜3-3｜+｜4-3｜+｜2-2｜+｜4-3｜+｜5-3｜+｜1-1｜=4

车间主任与质检人员能力差距=｜3-2｜+｜4-2｜+｜2-1｜+｜4-2｜+｜5-1｜+｜1-1｜=10

可以看出车间主任与副主任差距小于与质检人员的差距，如果将每一个职位分别与其他职位相比较，便可以分出能力要求比较接近两个职位，就可以此为参考将两个职位归为一类。

（3）利用这种方法可以先将本部门内部的职位进行归类，然后再与其他部门职位进行比较，就可以将全公司所有职位归为不同的大类，如制版车间的领班算是管理岗位，还是技术岗位，可以分别选择一个标杆进行比较，如设备部的机修人员，这应该属于明显的技术岗位，还有制版车间的晒版人员，这也是比较明显的操作类岗位，与他们进行比较就可以大概得出领班这个职位的类别了。

三、定编、定员方案

1. 工作量统计与分析

确定岗位人员数量的首要依据就是工作量的统计与分析，也就是说我们应该用一种比较科学、相对准确的计算方式统计出完成现有的工作最多需要多少人，只有得出这个数据才能根据现有的岗位情况进行有计划的调整，人员配置太多，必然会加大管理成本，造成人才的浪费；人员配置太少，很多工作无法按时完成，或者是在员工超负荷劳动的情况下完成的，这两种情况均不利于企业的正常发展。因此，首要工作就是对工作量做较为精确的统计，程序如下：

（1）样本选取。从 2012 年、2013 年两年的杂志时效记录中，随机抽取几周作为样本进行统计。在样本的选取过程中，我们尽量既考虑生产旺季，又结合了生产淡季，以增大样本的代表性，且选取的时间记录均是以电脑自动监控为主，人为记录为辅，尽量避免人为操作的偏差。按照这种设想，分别从 2012 年 10 月、12 月，2013 年 6 月、8 月、9 月各抽取一周，其中 2013 年 9 月抽取的是距离目前时间最近的一周。

（2）统计。

A．依据杂志文件传版开始时间、结束时间、出片时间、拼版时间、出版时间，统计出每种杂志使用电脑拼版的大概时间，并将其汇总为时间表。

B．依据每种杂志出片时间段，以时间为纵坐标，杂志名称为横坐标，绘制出每天各个时段需要出片的杂志种类数，也就是每天各个时段活源的密集度，以便于进行工作时间划分及工作量统计。

我们暂且按照 8 小时工作制将工作时间划分三个时间段，即：凌晨 04:00 ～ 12:00，12:00 ～ 20:00，20:00 ～ 04:00，假设按照货源的忙闲情况进行分段，每天任务量最多的时间段是 20:00 ～ 04:00，其次为 12:00 ～ 20 :00 这个时间段。

C．经过统计，得出周四的 20:00 ～ 04:00 是一周内工作量最繁忙的阶段，杂志种类数多达 22 种。那么就以这一天的为准来计算出版工序劳动定员数。

公式如下：

劳动定员数 = 工作量 /（每小时工作量 ×8 小时）

则周四 20:00 ～ 04:00 这个时间段内：

假设工作总量为 320 张对开胶片，而平均每小时工作量大约为 20 张对开 / 每小时 × 人（由工人每人平均 3 分钟一张对开得出），那么计算如下：

拼版定员数 = 320/（20×8）=2 人

即最忙的时间段内按每个人工作 8 个小时，出勤率 100% 计算，所需工作人数为 2 人。

D．由于其他时间段工作量远远不及这个时间段，所需人数必然少于 2 个人，假设以三班倒，那么单就拼版工序而言，24 小时内所需人数总量将远远少于 6 人。

与此相对应，由于拼版、晒版两个工序工作量相同，且两个工序每完成一件任务时间相差不多（拼一张的时间 3 分钟，晒一块版的时间为 1 ～ 2 分钟），那么为一个拼版人员配备一个晒版人员就可以比较顺利完成杂志制版任务。因此同样晒版工序总人数也将远远小于 6 人，总计算出制版车间 24 小时内总人数将远远少于 12 人。此案例是以三班倒为例，但大多数印刷公司目前均实行两班倒，但计算方法是一样的，而且这里面并没有考虑按产量计算工资后人们的工作积极性提高，工作效率提高的问题。

（3）如果车间人员富余，但是为什么车间现在却感觉人手不够呢？一方面在于分工过细，一个人可以完成的工作往往要分成几个人完成，所需人数必然增多。另一方面，从出勤时间来统计，车间人员工作时间远远不及 8 小时（详见制版车间工作时间量统计），平均月工作时间仅 4.7 小时，这样下来人员肯定不够。

2. 拼晒岗位设置

结合工作分析情况、工作量计算情况，考虑到统计偏差，坚持稳妥性原则，我们考虑拼晒岗位设置情况如表 2-12 所示。

表 2-12

时间 项目	12：00—20：00	20：00—04：00	04：00—12：00	08：00—18：00
拼版人员	2	3	1	
晒版人员	2	3	1	
共计	12 人			

备注：

1. 如果是两班倒人数还可减少，计算方式方法不变。

2. 其他岗位也可参照此方案和方法计算。

【案例 2】

某印刷有限公司
定岗定编和岗位定员管理办法

1　范围

本标准规定了公司定岗定编、岗位定员的制定等管理程序。

本办法适用于公司各部门、各单位。

2　术语与定义

定岗定编是指在一定时期内根据公司既定的发展战略、生产规模，对公司的岗位设置和岗位编制进行明确。

岗位定员是采取一定的程序和科学的方法，对确定的岗位进行各类人员的数量及素质配备。

3　管理职能

3.1　人力资源部负责公司机构的设立、调整。

3.2　人力资源部是公司定岗定编归口管理部门，负责按机构的设置及职责权限提出定岗定编及定员方案。

3.3　各事业部（单位）负责提出本单位定岗定编设置建议和岗位定员方案，并按要求提供相关资料。

4　管理内容与要求

4.1　定岗定编和岗位定员的原则

任务目标原则。以战略为导向，强调岗位与组织的有机衔接；以企业的战略为导向，以现状为基础，强调岗位对未来的适应。在进行岗位定员编制时，应明确该组织的发展方向和任务目标，以事为中心，因事设岗，因岗配人。

命令统一原则。在进行岗位定员编制时，应以有利于组织实现统一领导和指挥为原则，建立起严格的责任制，避免职能重叠和无人负责现象，保证全部活动的正常进行。

权责对等原则。在进行岗位设计时，应责任明确，权责恰当，利益合理。

精干高效原则。队伍精干是提高效能的前提。在进行岗位编制时，应遵循精干高效原则，做到人人有事干，事事有人管，保质保量，负荷饱满。

4.2 岗位分类

生产操作人员指按生产工艺过程直接操纵机器和工具，使产品对象表面及结构发生重量、质量、形状大小、物理、化学性质等变化的全部生产人员。

技术管理人员指从事具有一定技术含量岗位工作的人员，如：质量控制、标准化、材料定额、工时定额、翻译、计算机系统管理、职业卫生防护、安全环境管理等。

技术序列人员指专职从事产品设计、工艺分析等工作的人员。

管理人员指各级职能机构中从事行政、生产、经营管理和党群工作的人员。

辅助生产人员指为保证生产操作人员不间断地、顺利地完成产品生产任务提供直接服务的人员，包括动力生产、设备维修、工具制修、仓库保管、运输等人员。

服务人员指为上述人员进行正常生产、工作提供各种服务的人员，包括保洁员、服务员等。

4.3 定岗定编

4.3.1 定岗定编的工作流程

根据本单位（部门）职能和业务工作流程，分析现有岗位设计，提出本单位（部门）的主要职能分工和修订后的岗位设置。第一，对本单位（部门）的职能进行划块，将职能分为几个大的主要部分。第二，根据各个主要职能块，明确各个职能块内岗位存在的必要性并设定岗位。第三，根据职能块的工作量确定岗位编制，填写《岗位设置花名册》(具体格式见附件一)。第四，描述从业人员任职资格，保证岗位之间分工清晰、职能明确，确保部门职能不遗不漏。第五，根据修订后的岗位设置，按照对岗不对人的原则，在部门领导与岗位任职者充分沟通的基础上形成新的岗位说明书（初稿）。第六，成立岗位分析评议项目小组。岗位分析评议项目小组成员包括外聘专家（1 ~ 2人）、人力资源部领导（1 ~ 2人）、该岗位所在部门领导（1 ~ 2人）、岗位分析专员及相关工作人员。岗位分析评议项目小组设正副组长分别由外聘专家和人力资源部领导担任，副组长主持小组工作。第七，岗位分析评议项目小组经过对岗位及其岗位说明书初稿的分析评议，确定正式岗位说明书（具体见附件二），任职者签字确认。

4.3.2 定岗定编的确定

人力资源部根据组织机构设置、职责分工界定和核定的岗位工资水平制定各序列

（包括技术管理序列、专业技术序列、管理序列、辅助服务序列）岗位、档级总体设置方案，提交公司总经理审批或总经理办公会通过后下达。

4.4　岗位定员

4.4.1　岗位定员编制方法

定员编制采用效率定员法，岗位定员法，比例定员法，按组织机构、职责范围和业务分工定员法。

效率定员法，凡是能够计算工作量、能够实行劳动定额的人员，均应按效率定员的方法进行劳动能力平衡，一般用于直接生产人员和部分辅助生产人员。

岗位定员法，分为设备岗位定员法和工作岗位定员法。

设备岗位定员法，主要是指看管设备的岗位，根据其生产过程、班制负荷程度、岗位区域条件和能否实行交叉作业等，在明确岗位责任制的基础上确定定员的方法。

工作岗位定员法，指在一定的工作岗位上，既没有固定设备，也不能实行定额和制定人工指标的人员。

比例定员法，按企业的职工总数（或一定范围人员的总数）的一定比例确定某一类人员数量的方法。

按组织机构、职责范围和业务分工定员法，这种方法主要适用于管理人员和工程技术人员的定员。

4.4.2　岗位定员的管理

任何单位需增加岗位或定员，必须向人力资源部提交相应报告，并提交《岗位设置花名册》和《岗位说明书》（管理、技术、辅助、服务人员）或填写《劳动能力平衡表》（直接生产人员）（具体见附件三、附件四）。经人力资源部核定通过后，方可进行定员变动，未经批准，不得擅自超定员配置。

局部职能调整或岗位整合，导致岗位设置发生变化，由人力资源部组织相关部门制定方案，报公司领导批准后生效。

所设岗位工作量不饱满的，应主动提出岗位调整意见，报人力资源部核定后方可进行岗位调整。

附件一：

岗位设置花名册

单位：　　　　　　　　　　　　　　　　　　　　　　　　年　　月　　日

序号	部门	岗位	编制	定员	现员	工作内容简介	备注
1							
2							
3							

附件二：

岗位说明书

编号：

<table>
<tr><td colspan="2">单位：××××部</td><td colspan="2">岗位名称：</td><td>编制日期：</td></tr>
<tr><td colspan="2">部门：××××部</td><td colspan="2">岗位类别：</td><td>直接主管：</td></tr>
<tr><td colspan="2">班组：×××工段××××班</td><td colspan="2">岗位工资档级：</td><td>职级：</td></tr>
<tr><td rowspan="5">任职资格</td><td colspan="4">学历：</td></tr>
<tr><td colspan="4">专业知识：</td></tr>
<tr><td colspan="4">经验或经历：</td></tr>
<tr><td colspan="4">其他要求：</td></tr>
<tr><td colspan="4">业务了解范围：</td></tr>
<tr><td colspan="5">岗位目的、职责：</td></tr>
<tr><td colspan="5">沟通关系：

内部：

外部：</td></tr>
<tr><td colspan="3">岗位职责范围
按重要顺序依次列出每项职责及其目标</td><td>负责程度全责/部分/支持</td><td>考核指标数量、质量</td></tr>
<tr><td colspan="3"></td><td></td><td></td></tr>
<tr><td colspan="3"></td><td></td><td></td></tr>
<tr><td colspan="3"></td><td></td><td></td></tr>
</table>

部门领导：　　　　　　　　　　　　　　　　　　审核：

附件三：

《劳动能力平衡表（一）》

序号	设备名称	数量	加工内容	工种	单件工时（小时）	月产量（件）	月劳动量（小时）	计划需要人数	实际需要人数	现有人员	人员余缺	班制	班制人数	备注
1														
2														
3														
4														
5														
合计														

附件四：

《劳动能力平衡表（二）》

单位	项目	年产量	平均月产量	定额工时（小时）	月平均总工时（小时）	月平均应完成工时	需要人数	现有人数	富余（+）缺员（－）	备注
合计										

员工培训与学习型组织

难道说培训是在作秀吗?

为什么新入职的员工不能尽快适应企业环境?

为什么工伤事故频发，控制难?

为什么老员工在岗位上停滞不前，无所创新?

为什么各部门不能提供准确的培训需求与分析?

为什么制订的培训计划不适合公司自身?

为什么印刷企业的培训工作不好推动?

为什么培训后很难看到培训效果?

为什么印刷企业很难调动培训课堂气氛?

为什么上级不愿意培育下属?

为什么外聘培训讲师提供的方法行不通?

如何使企业保持长久的发展动力?

培训应考虑什么问题?

某印刷企业 2011 年度培训工作实施流程

难道说培训是在作秀吗?

某印刷公司成立于2003年，经过8年的发展，该公司已经从最初仅有400人的小企业，发展成为拥有1000余名员工和众多现代化印刷设备的大型印刷企业，其实力在行业内也得到了大家的公认。但由于近两年公司内部人员管理的“僵化”，员工的频繁流失已成为常态，以至于造成“招了走、走了再招”的情形，甚至新招进的人员今天来明天走。

不仅如此，由于车间的一线主管人员大都学历较低，仅因其为工作积极的老员工或作为建厂初期的“功臣”而被提拔，其生产经验丰富而管理理论知识几乎为“零”，个人综合素质也参差不齐。这些一线主管面对少量员工时能力尚可，但随着员工数量的增加，各种问题逐渐暴露。主管们沿用的老办法，在面对新员工，新情况，尤其是今天的“80”后、“90”后时，甚至没有效果或起到了反作用。另外，企业规模的扩大，对员工的综合素质要求也不断提高，部分忠心耿耿的老员工已难以适应现状，如何安置他们也成了头痛的问题。

结果员工抱怨、主管发愁，甚至有的管理及技术骨干也认为在企业前途渺茫而产生离职的念头。由于技术人员的频繁流失，使得生产部门军心动荡，质量事故频发，客户投诉和事故扣款大量增多，以至于员工的工资也因此受到“连累”，营业人员每天的工作也从最初的市场开发变成了到客户那“赔礼道歉”。继而又陷入员工对公司信心不足，频频流失，恶性循环的现状。

一开始，公司管理人员对这些问题并没有引起重视，只是将问题归结到管理方法不对，新生代员工不能吃苦及员工性格问题上。使得上述问题也不能及时得到解决。

人力资源部部长王先生见此现状，提出通过培训提高员工素质和技能以改进质量的想法，得到了公司高管的赞成，并要求王部长拿出具体的计划和方案。王部长根据培训的流程要求各部门一周内上交本部门的培训需求，并制订年度培训计划。一周后，在人力资源部连催带赶的“逼迫”下，各部门终于上交了培训需求。看到结果，令王部长哭笑不得。各部门上报的培训需求分析大多是“提高员工安全意识、素质”之类的模糊内容，并无细节描述及计划。于是王部长带领人力资源部对各部门进行了走访调研，并针对各部门问题制订出了公司的培训计划。

接下来的年度培训预算多少合适，让王部长犯了难。为何？印刷行业现处于“微利”时期，暂且不说眼下公司的财务情况，即使在公司发展的好年头，也难以拿出较多的培训费用。再三核算，王部长拿出了预算方案，并凭借自己的理由和信心，说服公司拿出了资金作为培训经费。

没想到，令王部长更加头痛的事还在后头。确定了培训课程，请来了培训老师，但在培训实施过程中，却经常因为生产过忙导致培训延期或者搁置，而且很多本应该参加培训的人员总是因为工作原因无法按时参加，即便来了，也常将培训课堂当成了睡觉和带薪休息的地方。

一年下来，参加过培训的员工又离职了许多，新入职的员工却有待于培训。不仅如此，大多数员工对于培训要么觉得是在浪费时间，要么觉得学而无用，而且竟达成共识地认为：花钱培训只买来了一时的“轰动效应”。有的员工甚至认为，这场培训，是人力资源部在花单位的钱往自己脸上贴金！

公司在年终总结给培训工作下的定论是，培训钱花不少，但效果不大。

面对这种状况，王部长则感到十分委屈：在一个有着传统意识的老企业，给员工灌输一些新知识怎么会效果不理想？在活到老、学到老的社会大环境下，为什么企业的培训却不受欢迎？难道说培训真的只是在作秀？他百思不得其解……

问题的引出

- 为什么新入职的员工不能尽快适应企业环境？
- 为什么工伤事故频发，控制难？
- 为什么老员工在岗位上停滞不前，无所创新？
- 为什么各部门不能提供准确的培训需求与分析？
- 为什么制订的培训计划不适合公司自身？
- 为什么部分印刷企业的培训工作不好推动？
- 为什么培训后很难看到培训效果？
- 为什么印刷企业很难调动培训课堂气氛？
- 为什么上级不愿意培育下属？
- 为什么外聘培训讲师提供的方法行不通？
- 如何使企业保持长久的发展动力？

因为

- 我们并不了解公司和部门的病根在哪里。
- 我们并不了解培训究竟能为企业和员工带来哪些好处。
- 我们并不了解各部门对于培训的态度和接受程度。
- 我们并不了解如何使员工更加主动地学习。
- 我们并不了解员工更需要学习什么和得到什么。
- 我们并不了解员工的职业发展规划是什么。

2. 问题解答

为什么新入职的员工不能尽快适应企业环境？

印刷企业用人数量多，但入职的门槛较低，没接触过印刷的人员稍加培训就能胜任多数岗位的工作。在许多印刷企业里都会出现新进人员“今天来，明天走”的现象。

为什么？因为他们不能尽快适应企业的环境。他们在找工作时不知道企业的福利待遇、不知道企业的历史与文化、不知道企业的领导是谁、不知道工作及食宿环境、不知道将来的发展空间甚至不知道印刷是如何做的……

造成这么多“不知道”的原因很简单，新员工入厂之后，在人力资源部办完手续就下车间，除了认识给他办手续的人力资源部的同事外，就只认识车间主管了，其他的一概不知。他们不知道公司吃住条件好不好、一个月会发多少工资、主管领导会不会很苛刻、要在这工作多久、什么情况的发生是我离开的底线等。不知道就会打听，于是便有了一些老员工将多年积压的、夸大的、所谓的“抱怨”传递给了新员工，在缺少分析的情况下，部分新员工便“闻风而逃”。

那么新员工应该从哪些渠道去获得上述的正确信息呢？这就是新员工的入职培训。而且应该做到 100% 的入职培训率。

新员工入职后，第一件事就是进行入职培训。新员工通过入职培训可以进一步了解企业，对企业的发展情况、企业文化、工作流程、管理制度、行为准则等都可以进行全面的了解，可以使员工进一步坚定自己的选择。同时，入职培训也能使企业更多地了解应聘者，验证招聘者在招聘过程中的各种说法。因此，新员工的入职培训对企业来说显得特别的重要。

一、印刷企业在新员工入职培训中的四点误区

1. 只讲历史大事，不讲酸甜故事；只讲制度规定，不讲制度成因

很多企业在新员工入职培训中都会讲到企业发展历史中的重大事件，却很少讲企业发展中经历的困难挫折，其实企业真正的核心价值观就是隐藏在这些代表性的故事中。企业规章制度的成因也要讲清楚，了解了来龙去脉，执行中才不会有情绪。

2. 培训时间随意安排

有些企业人手不足，为赶生产任务，常常将新招到的员工马上分配到各工作岗位，认为新员工培训无关紧要，入职培训可以在生产不忙时进行。其实这样的培训不利于新员工角色的迅速转换，既给人力资源部增加了工作量，同时也加大了企业用人的风险。当员工进入企业心里还不踏实的时候，越急切地安排他走上生产岗位，他越容易找不到自己的位置，这样就容易导致新员工的离职。

3. 培训内容针对性不强

很多企业把新员工入职培训当作一个简单的“行政步骤”，培训时，只把一些口号式的观念给员工一念，根本无法与企业文化相联系。新员工也就无法深入了解企业，更无法理解这些

观念在工作中的具体体现。入职培训突出的其实不在于不准做什么，重点在于将企业文化和经营理念进行展示。入职培训还包括上岗前的基本技能及知识培训，以使员工能尽快进入角色。

4．培训的形式过于呆板

大部分企业在入职培训中只是以宣讲的方式进行。搞得员工疲惫不堪，对所讲的内容也是一知半解，甚至张冠李戴，拿反例当了“真理”。入职培训要注意培训形式、课时安排。以“讲故事”的形式将规章制度贯穿于案例当中是较好的形式，基本技能的培训则最好是进行操作演示。案例要注意引用恰当，形式要穿插进行，这样培训过程才不会死板，要不断通过提问和案例将培训参加者的思维带入到培训讲师的思维中来。此外，课时安排其实是很有科学依据的，因为人的注意力集中的时间段一般不会超出 60 分钟，对单个的系统思维的注意程度应该不会超出 90 ～ 120 分钟。

二、要进行合理的培训内容设计

培训内容可结合企业自身的实际情况进行设计，通常应该包含以下几部分内容。

1．公司级培训——前景规划、规章制度、工作流程指引、安全知识

必须要详细地给新员工讲述企业的基本情况，企业文化，团队建设等内容，可通过多媒体或引导参观的方式将企业硬件环境展示给新员工。以使员工在进入工作岗位前对企业业务、生活环境、企业使命、企业中远期目标及企业精神的精华部分有比较详细的了解，否则员工在进入工作岗位前无法找到要将自己的事业交给企业的理由，自然新员工的流失率也就无法降下来。

第二步就是员工手册、企业制度及政策，以及印刷产品的生产概述、设备生产线、试用期的规定、员工发薪的日期、假期及法定节假日，缴纳社保的情况等。只有当员工都了解清楚了这些信息，疑虑都解除了，工作起来才能踏实，也会更快地进入角色。

在印刷企业的新员工培训中，安全生产及消防安全教育必不可少且十分重要。应根据企业本身或同类企业常发生的事故等实际情况编制培训重点。印刷企业还应该加入器械安全等，重点强调违章作业的危害及安全防范和发生事故后如何应急处理（包括逃生、报警、呼救等）以减少事故损失等。

2．部门级培训——工作职责

工作职责包括工作的地点、任务、安全要求等内容，最重要的是要了解本部门和其他部门的关系是什么，把这些都明明白白地写下来，以免不知道每一件事该找谁、找哪个部门。要让新员工在培训中对企业工作流程进行详细的了解，特别是涉及员工日常工作过程中需要知道的流程，如请假程序、报销程序、离职程序、工作时间、用餐时间以及本部门管理的工作重点和管理特色等。培训要使员工明白每一个问题对应哪个人或哪个部门。当然企业所涉及的流程很多，涉及的岗位流程应由部门主管进行在岗培训。

3．岗位培训——岗位知识与技能

通过对新员工岗位知识及技能、操作安全的培训，使其达到“上岗”的基本要求。这部分培训可以由新员工所在机台实施。机长要告知新员工哪些地方可以碰，哪些地方不能碰，不能碰的原因是什么，会有哪些潜在危险，最好配以案例说明。

需要注意的是直接主管对新员工的影响。新员工进入某一具体部门工作后，由于工作关系，与之接触最多的就是其部门主管。通常，部门的主管和业务骨干对新员工能极大地发挥影响和带动作用。有很多新员工的离开不是因为不适应工作岗位，而是不适应直接主管的管束方式。

三、新员工入职培训中锦上添花的内容

1. 把新员工介绍给别人并带领他参观厂区或企业

把新员工介绍给部门主管、同部门的老员工、别的部门相关的人等。

最后，在新员工入职培训过程中应该注意的就是一些细节方面的问题，比如说：举行新员工欢迎仪式、及时配置安全防护用品等。从这些方面员工可以感受到企业对新员工的重视程度，让员工有一个家的感觉，这样就更加有利于新员工的稳定。

2. 用特别的形式进行培训效果评估——安排新员工与公司高管对话

在新员工工作一个月后，有必要安排一个公司高管与跟新员工的座谈会，回答他们一些问题。在对新员工进行企业文化的培训过程中，企业应利用一切手段，大力宣传企业精神和经营理念，促使新员工在思想与行动上与企业保持一致，能主动积极地融入企业中。新员工如果能尽快地融入这样一个团结协作、爱岗敬业的团队中，其协作精神和敬业精神必能逐步得到提高。

为什么工伤事故频发，控制难？

近年来印刷企业的工伤事故比较多，部分是因为用工荒的问题。企业招不到人，就容易出现一个人干几个人活的问题。如果不培训就直接上岗，也直接导致了工伤事故的发生。

一般来说，造成印刷企业安全事故因素主要有：

- 不良的个人操作习惯；
- 不遵守生产操作规范；
- 同一岗位员工生产配合不默契；
- 设备设计的缺陷；
- 企业安全培训不到位。

这五个方面被称为印刷安全的“五大杀手”。其中最主要的原因是员工个人操作问题和设备故障。据统计，人为因素导致的事故占 80% 以上。因此，要确保生产安全，预防事故发生就必须控制人为的不安全因素。

事故预防主要通过挑选合适的人员从事合适的工种，并提高人员安全意识，规范操作等途径进行。选拔人员和岗位配置主要通过职务分析、职业适应性测试、职业选拔测试等方法以保证人的特性与所从事的职业或工种更加匹配。提高人员安全意识的方法主要是宣传、教育。预防员工不安全操作的方法主要是技术培训，也包括利用各种规章制度来规范员工行为，如安全激励措施、纪律处罚措施、组织管理措施、企业文化的影响等。具体实施措施有：

（1）组建安全领导班子，明确领导责任，制定严格的奖惩措施。有制度可以做到有法可依，严格奖惩可以激励警示。很多企业出现工伤事故，对月薪过万的领导的处罚仅仅是每次扣款十元，这种处罚对于领导来说，不疼不痒。反之，如果将工伤事故直接与领导的年终奖金或者扣除月薪的百分比挂钩，那么安全生产足以引起各部门领导的重视。

（2）加强宣传教育，营造安全生产氛围。将新入职工入职教育、特种作业教育和全员教育作为基本的教育形式。各车间对新员工进行三级安全教育。公司利用高层领导会议、各部门经理会议、生产部门各车间主任每天生产会和有关专题会议强调安全生产。遇有事故及时召开紧急会议通报情况，从中引以为鉴。在极易发生或者曾经发生工伤事故的机台或场所张贴警示标志或警示标语。结合行业的安全生产特点和存在的薄弱环节经常性开展“安全生产月”“百日安全”等活动，营造安全生产气氛。

（3）排查隐患，及时整改。公司至少每半个月组织一次全面的安全大检查，重点部位做到每周必查。各部门要对自己车间电器线路的情况，对易燃易爆危险品的管理情况，对电机设备的保养维护情况，对消防器材的配置情况，对安全生产规章制度及操作规程的制定情况，对有无存在危房的情况以及外来员工岗位培训情况等，时时进行自查，发现问题，及时整改。

为什么老员工在岗位上停滞不前，无所创新？

一、“老员工心态”

“老员工心态”其实是每个企业内的常见现象，经历过公司创业期的公司老员工，或多或少都会有一些居功自傲的心态，具备这种心态的员工很难在工作中有所创新，甚至会成为公司发展的绊脚石。企业面对激烈的市场竞争，需要老员工的经验和能力，但绝不需要“老员工心态”，一个正在不断发展壮大的企业，无论是高层管理者或普通员工都应每天保持“新鲜”状态。

二、如何让老员工跟上新形势

企业初创的时候，规章制度并不健全，管理的弹性很大，可以说是一种情感管理的模式。随着企业的发展，各种规章制度也逐步完善。这些制度在保证企业正常运转的同时，势必和老员工在最初的管理模式下形成的思维定式和行为习惯之间产生冲突。在这种情况下，照顾老员工的情绪是必要的，但不能一味迁就他们，重回到情感管理的老路上，而是应该和他们加强沟通，引导老员工调整心态，使他们适应新的形势，为公司发展作出新的贡献。

1．建立竞争上岗机制，能者上，庸者下

竞争无处不在，无论企业还是个人都无时不处在竞争之中。为了激励员工，应该建立严格的奖惩及竞争制度，必要时可实行末位淘汰或换岗机制，让老员工和所有人一样，处在同样的竞争压力之下，有一定的危机感，这样，才能促使他们不断进步，和公司的发展保持一致。

2．心理引导和职业培训非常重要

老员工常有倚老卖老的心态，吃老本，从而落后于企业的发展步伐。心态上，一方面是安于现状，厌新怀旧，放松了对新知识的学习；另一方面与个人的眼光与职业素养很有关系。轻视学习造成专业知识及技能落后，落后又不主动学习进步，恶性循环，以致不能也不愿进步，阻碍了企业的发展。要让公司员工始终能与公司的发展保持一致，既要引导员工在思想上认同企业的发展远景，又要花大力气对他们进行培训，提高他们的业务能力和职业素养。

3．不断更新岗位职务说明书

随着企业的不断发展和业务的拓展增加，对员工的技能要求也不断更新。相应的岗位职务说明也要不断更新，并严格按照新的职务说明执行。另外，岗位职务必须与绩效考核挂钩，并配合实行“绩效淘汰制”，这样就会逼迫老员工主动学习新业务，增长新知识。并且要让老员工明确一点，加薪与奖励并不只是“忠诚度”的奖励，更多的是个人能力的提升对企业所作的贡献的增加。良好的绩效是公司生存与发展的根本，在绩效考核面前，没有人可以搞特殊，无论是老员工还是新人。

4．把“努力工作”与老员工的“内在需求”联系起来

让员工了解，“努力工作”是解决“内在需求”的一种重要方法，并把这些“内在需求”表面化、可视化、可衡量化。例如，告诉他们：“更好的收入，让家庭的生活更美好。主动负担更多的工作，就可以学到更多的东西，就有更多的升职可能，晋升到更高级别职位，就意味着更高的收入。如果在本企业服务年限越长，能够获得的福利项目就越多，工作技能水平提高了，就能找到薪水更高的工作。”

为什么各部门不能提供准确的培训需求与分析？

培训需求分析就是要通过培训需求调查发现钱要花在哪个地方，如何花钱。培训既要让员工学到东西，又要让老板感觉到培训的效果，这也是让人力资源部经理很苦恼的问题。

一、企业培训需求与分析的常见通病

1．重点不突出，面面俱到

分析调查了太多的课程，等于提高了员工的培训期望，但企业培训只能将有限的钱花在有限的地方，不能做到全面照顾。

2．培训项目未必满足老板需要

企业培训的内容是人力资源部根据培训需求分析得到的结果，未必对老板的胃口。一般情况下，比较多的是老板会比较看重部门间的协作或者给员工洗脑，因为老板总觉得员工跟不上自己的思路，无论是中层还是基层员工。这样的情况就需要对培训需求分析做足功课，要对企业负责，而不是老板。

3. 培训内容与实际需求有偏差

很多搜集的培训需求根本没有经过中层的深思熟虑，而只是收到了中层领导交的“作业”而已，根本不符合企业实际情况。

二、如何搜集准确的培训需求分析

1. 清楚培训需求在做什么

培训需求分析，就是要知道“公司高管希望员工有什么样的改变”“公司中层希望员工掌握什么技能”“公司员工希望哪些方面得到提高”，做到了这些，那么培训需求也就相当明了了。具体来讲，培训需求要从以下三个方面考虑，如表 3-1 所示。

表 3-1

了解层面	具体了解内容	向谁了解	主要运用方法
组织层	企业的未来发展需要员工具备怎样的能力； 管理层希望员工具备哪些能力，差距在哪； 员工现状与企业发展有什么差距	高管层	高管会议及访谈法
工作层	为达到经营目标，员工还需要学习哪些方面的知识和技能 公司需要强化哪个部门的功能； 在实际工作中遇到的困难是什么	管理中层	问卷调查法
个人层	员工在绩效方面有哪些差距； 员工的工作技能有什么欠缺； 用什么培训方式缩小这种差距	员工	车间主管运用现场观察法

通过上述三方面的了解，可以找出三者的共同需求，这便是公司亟待培训，而且会得到公司上下一致认可的培训项目。

2. 培训需求的搜集方法

对于如何了解表 3-1 提出的具体内容，在这里介绍四种常用方法：

（1）人员访谈法

运用对象：公司高管。

运用要点：如表 3-2 所示。

表 3-2

挑选合适的对象	要确定从你所要找的人口中得到你需要的信息
安排不受干扰，能单独谈话的环境	避免谈话的终断或者打断谈话人连续的思路
使用肢体语言	口头语言、面部表情、身体动作
问题由浅入深、由易到难	先问简单的，再问复杂的
使用复述技巧	要确定与核实对方的信息
专心聆听，做记录	快速提炼和记录要点
要适时鼓励对方发言	适时学会表扬和赞美

表 3-3 人员访谈法案例说明（人力资源部周经理、生产部黄总关于培训需求的对话）

人物	谈话记录	结构评论
周经理	黄总，不好意思，花您一点时间。	营造合适的沟通气氛
黄总	哪里哪里，人力资源工作，我们大家都要支持。	
周经理	去年培训工作下了很大力度，但我觉得做的还不够，您站在生产部角度看看今年我们有哪些方面更能够协助生产部。	开放式提问，让黄总畅所欲言，并进行必要的引导
黄总	我是搞技术出身的，我觉得现在公司技术人才还是欠缺。尤其是入职不久的人员，我觉得今年得加大技术培训。	
周经理	您想得很远，黄总你觉得，技术培训的主要内容是……	
黄总	目前生产部存在的问题是很多机长倒是会开机，但是纯凭经验，一旦设备出现故障或者快要出现故障，他们就傻眼了，束手无策。这主要是因为他们不了解印刷机构造和理论知识，所以今年的技术培训要以实操结合理论进行，我看培训的内容就定为印刷机故障排除与设备保养吧。	
周经理	这个提议好！不过这样的培训讲师只能请业界的专家了。	
黄总	其实，我们公司也有很多人才，比如技术顾问和设备经理，他们都有很深的理论知识，还有好多老师傅对设备构造也很清楚，可以人力资源部培训中心的名义请出他们。	
周经理	我怕他们太忙，请不动啊……	
黄总	我可以帮忙请，你也可以辅助一些激励手段嘛，重金之下必有勇夫。	
周经理	还是黄总的眼界宽，您的想法真不错。除了技术培训您觉得还需要得到哪些培训？	
黄总	如果再有机会，我希望能为我们基层主管做一些现代管理的案例培训，我觉得基层人员流动与他们的管理艺术是否到位有关。	
周经理	我也正有此意，而且培训的形式我都想好了，讨论式培训。案例嘛，就用咱们公司发生过的。	
黄总	好的，可以将这些案例编写成册，作为公司的培训教材。	
周经理	其他的还有什么呢？	
黄总	基本就是这些，我觉得今年完成这两个培训就可以让生产部效率大增。	谈话收尾
周经理	好的，谢谢黄总，我今天跟您学了很多，收获不小。	

（2）问卷调查法

运用对象：公司高管、中层管理。

运用要点：问题要有层次性，从易到难，问题数量在 18 题左右，可采用记名或者不记名方式进行，问题可采用选择或开放式问答都可以。

（3）现场观察法

运用对象：各层面管理者可以针对部属的情况运用。

运用要点：最好由人力资源和部门主管共同在员工正常工作状态下进行观察。观察前列出要观察的指标和项目，对员工的工作细节进行分析，最后得出定性或者定量的结论。

（4）记录分析法

运用对象：绩效不足的部门或者员工。

运用要点：如表 3-4 所示。

表 3-4

要点清单	具体解释
挑选分析的项目	明确要解决什么问题
资料是否完整与正确	要有数据支持与证明
可用管理工具进行分析	5W、甘特图、鱼骨图、6σ
找出重要关键点	哪些是重要的、哪些是次要的
界定问题	定量或者定性

为什么制订的培训计划不适合公司自身？

一、人力资源部制订培训计划时普遍存在的误区

（1）误区一：重书面安排，轻实际执行。

某些培训计划可能非常细致，将每季度、每月甚至每周的培训都安排到了。但由于实际生产存在诸多变化，从而导致了这种凝结了培训经理诸多心血的计划与实际生产相冲突，常常得不到决策层和员工的赏识，甚至造成周周计划、周周落空的情形。

（2）误区二：重调查汇总，轻分析取舍。

由于时间限制，或者是各部门因完成生产任务而不能全力支持调查，人力资源部通常会采用简单的统计问卷来汇总各部门的培训需求。这种方法也是国内企业使用最为普遍的方法之一，能够简单明了地了解各部门的期望，再经过人力资源部的总体把握分析，可以比较迅速地完成得出计划。另外，这样得出的培训计划往往只是问题的汇总和罗列，在实际执行中会受到各方面的阻碍，与实际需求脱节，使培训效果脱节。

（3）误区三：重共性，轻差异。

成功的企业培训，必然要覆盖不同的受众人群。当然，企业的高层管理者、中层管理者、骨干员工、新员工等不同的人群所需要的培训内容是不一样的，甚至适用的培训方法也应该有所差异。也就是从整个培训阶段来讲，前期需求分析，培训，后期评估都要考虑其差异，而不是现实中通常所见的所谓不同，只在培训主题上有所不同。我们从诸多跨国公司的实践中看到，培训一定要因人而异，因群体而异，要走向精细化的“小灶”。

二、制订培训计划要考虑的因素

印刷企业的生产活动随机性强，培训计划制订前要做充分的准备，即使不能全面进行，也需要有重点地对关键岗位进行深度调查，以免培训计划与生产安排相冲突。

制订培训计划要考虑的因素包括培训对象、培训内容、培训时间安排、培训师资安排、培训场地和器材准备等。当然，在制订全年培训计划的时候，首先要把培训工作的目的写在前面，而且前后培训内容要有衔接。重点在培训内容方面，应该包括心态培训、管理理念培训、执行力培训、团队意识培训、职业技能培训等，以及建立与之相适应的考核标准等。

三、如何量身打造培训计划

以下的逻辑框架可以帮助人力资源部制订适合公司实际的年度培训计划，如表 3-5 所示。

表 3-5

	明确事宜	作用	注意事项
1	企业年度培训的背景	抓住总经理的思路，把培训与其他重要的企业经营主题结合起来	突出企业经营战略对于培训的指导意义
2	年度培训的重点与目的	确立年度培训的重点及方向	注意与企业经营战略以及人力资源规划结合
3	各类人员的年度培训方案	突出重点的培训项目，体现培训对于企业重点人群的作用	根据企业的经营重点，确定重点人群（如销售团队、中层经理、新员工等）的培养内容与培养形式
4	年度培训任务汇总	明确本年度所有培训任务	根据特定的分类标准进行分类，如：按能力属性分：管理能力与专业能力；按各部门分；按职务划分
5	年度培训工作安排	是结合计划与执行的重要部分	时间安排；预算估计；培训形式；培训讲师……

为什么印刷企业的培训工作不好推动？

培训工作开展得好坏，与企业领导及员工的支持密不可分。印刷企业中，追求利润是排在第一位的，生产最为重要。如果领导认为培训是在浪费金钱，员工认为培训是在浪费时间，那么培训工作也就无法开展。只要能让老板看到培训有利可图，员工看到培训能为自身带来好处，那么培训工作也就容易推动了。

一、讲清培训的好处，老总全力支持

只要培训能为企业带来利润和发展动力，老总就乐意花钱培训，当然，培训也要产生能看得到的实际效果才行。培训能为企业带来的好处如表 3-6 所示。

表 3-6　培训对企业的好处

培训好处	解释说明
为公司培养人才	企业的竞争是人才的竞争。培训可以满足企业当前和将来的需求，可以为企业储备人才，为企业实现更高的目标提供保障
提高产品质量，减少工作成本	技能不高的员工，工作质量难免有问题，通过培训可以提高员工处理问题的能力，提高了产品质量，减少了废品率。培训可以使员工融入团队，更好地开展工作，同时也可以减少生产管理上的成本，使主管可以更多地考虑企业的长远发展
产生满足感和安全感，降低人员流动	新员工进入企业，培训可以使其更好地融入；技能和管理培训可以提高员工综合水平。员工技能和水平的提高，会增强其自信，也能感到企业对他们的关心和重视，使员工产生归属感及成就感，能够看到自己更远的将来，减少了其流动性

续表

培训好处	解释说明
建立优秀企业文化，塑造企业良好形象	培训能使企业价值观和行为深入员工心中，培训中的交流互动增强了员工凝聚力，可形成企业内部统一的企业文化。在外部也可以树立不断进取的良好企业形象

二、认清培训的价值，员工踊跃参加

培训是对自己的培训，学习也是为自己学习。员工参加培训时通常认为企业在浪费个人时间，所以大多数员工并不看好企业对自己的培训。主要原因是他们看不到培训为他们个人带来的好处。培训为个人带来的好处如表 3-7 所示。

表 3-7　培训对个人的好处

培训好处	解释说明
长本事才能拿高薪	员工从入厂时的生手到熟练工，唯一的途径是学习，而培训可以加速这一过程。有了技能就有了升职和加薪的基础。积极上进，也会得到领导青睐，成为潜力股
培训为了战胜对手	没有人愿意一辈子做学徒工，那么面对数百学徒工，你如何才能战胜其他对手呢？归根到底还是要本事长得快。如何长本事，就要靠学习培训
有利于自身发展	知识结构、技能得到更新，进而产生创新生产方式和管理方式动机，员工内在需要在更高层次上得到满足，在工作中又找到了自我，有利于长远发展

为什么培训后很难看到培训效果？

张主任是某公司的培训主管，他对自己的培训能力还是相当自信的。几年的培训经历让他不仅锻炼了语言表达能力和沟通能力，更重要的是还锻炼了他的课堂掌控能力和互动技巧；而这些足以保证张主任的课堂始终是充满活力的。同时，丰富的轮岗机制让他更知道基层工作需要的是什么，员工的期待是什么。所以，张主任始终能将自己的课程设计得符合员工的需要。

某一次的培训源于财务部的要求，财务经理连月来发现，对于财务要求的报表和统计数据等，很多统计员都不能按时上报，导致财务报表迟出。究其原因，是统计量较大和统计员不能熟练使用 Excel。所以，财务部向人力资源部提出了培训需求后，即得到了张主任的支持。为此，财务部还专门和人力资源部沟通了一次，说明这次培训任务的重要性及相应的注意事项，张主任随即开始着手准备。首先是找财务部主管和统计员座谈，听了一下他们的反馈。通过这些培训需求分析调查，张主任断定员工欠缺的是 Excel 实操能力，还有就是主动学习能力，员工只凭好态度是不能达到绩效要求的。

为此，张主任认真设计了 Excel 使用技巧的培训课程。这个课程中，张主任更注重实用性，尤其是对于一些 Excel 实操的分析。在课堂上，张主任也采取了讨论式、实操式对大家常用的工具进行演示。张主任和员工都对培训过程感觉非常满意，大家也觉得收获很大。

但在培训结束的两周后，财务部主管找到了张主任，他反映，虽然培训了，但员工的Excel的实际应用能力并没有明显提升。张主任特意关注了那些参加培训的员工对于上报报表的时间，发现在她们的提交时间并没有明显的改变。据说，财务经理已经将此事汇报给总经理，总经理认为此次培训失败。张主任很不解……

很多企业都会遇到这样的问题，培训前和培训后员工表现一个样，没什么改变，老板于是会质疑，培训做了些什么？

一、如何让公司肯定培训显现的效果

公司要进行Excel知识培训，培训前我们可以就Excel的应用熟练程度对相关岗位进行抽样测试，假如得出一个结论，公司人员Excel的使用熟练程度较低，根据是Excel测试平均分数不及格。于是，人力资源部对Excel进行培训，培训中对Excel知识点讲得很明白，员工也很高兴，但是工作效率似乎没有明显的提高。

作为HR，首先我们要清楚培训效果分为显性和隐性两种。所谓显性，是指立竿见影就能看出效果。隐性效果是一个长期的过程，很难立刻看出，其形成是每次培训效果叠加而成的。因此，Excel知识培训的显性效果就是应该立刻再对员工进行抽样测试，以直接的测试结果作为培训效果的体现。那么隐性效果就在于员工在工作中的学以致用，这可以作为绩效考核中业务熟练程度指标进行季度考核。这样老板就不会说他的钱白花了，也不会产生培训没有效果的说法。

所以说，每次培训必须让公司看到显现效果，哪怕只是一点点微不足道的改善，都要显现，都要坚持。并不断给老板以信息，培训对企业的发展所起到的作用，是一个累积的结果。

二、注意哪些问题能让培训效果更好

为了使培训效果更好，在从始至终的每个环节中应该注意以下几个问题，见表3-8。

表 3-8

了解培训需求	目前工作中存在哪些问题？哪些可以通过培训来解决？
确定培训目标	哪些人和群体出了问题？是否认识到了问题？大家接受哪些培训方式？要明确培训的目的是什么，明确员工接受培训后达到什么样的程度。
制订培训计划	如何开展培训？培训时可能遇到什么问题？如何评估？
培训实施	多站在学员的角度上考虑问题，多从实际工作出发；与学员做好交流互动，用心讲课，注意调节课堂气氛；对表现积极的学员进行表扬，适当激励（如主动发言者可得到一个小奖品等）。
培训总结	采用填表的方式对学员做一个培训内容及讲师讲课技巧的跟进调查；与一些学员进行交流；在休息时要回忆自己讲课时的情景，从中找出优缺点，再进一步完善培训教材。保证下一次的培训能更加到位。
培训效果评估	一级评估：课后评价——学习感受 二级评估：考试评估——学习效果 三级评估：工作检验——行为改变 四级评估：业绩评价——业绩变化

为什么印刷企业很难调动培训课堂气氛？

很多印刷企业在培训的时候，会出现这样的情景，培训讲师一人在台上拼命讲，下面员工却毫无反应，甚至大睡，几乎没有课堂气氛可言。培训效果也就难以保证。

一、培训课堂气氛沉闷的原因

分析培训课堂气氛沉闷的原因有以下几点，如表 3-9 所示。

表 3-9

导致课堂气氛沉闷的因素	具体因素分析
培训讲师因素	需求调研不足，教法单一、呆板，不了解学员情况，情绪和体力不好，责任心缺乏
学员因素	彼此不熟悉，上司在座，个性保守、内向，疲倦，接触培训较少，被动参加
空间因素	太大、空旷，人数少，距离远
设备因素	光线不好，座位安排问题，音响 BASS 过强，幻灯片设计不活泼
行政准备因素	后勤问题，设施准备不足
时间因素	中午或下班后时段，连续培训

二、如何营造高效的培训气氛

很多人力资源书籍都会写到“如何营造良好的培训气氛”。“良好”不等于“有效”，但良好的氛围有助于员工对培训内容的掌握。因此，有必要运用一些手段营造高效的培训气氛。

（1）培训前让公司主要领导作开场白，为培训助威。在开场白里要强调培训的重要性，可带些“下岗”“调资”“评级”“选拔”“张榜”之类的刺激词，告知培训后要考试，考试成绩与考核挂钩，把气氛搞紧张一点。

（2）培训时，语速控制好，重点突出，穿插提问，要求作答。

（3）要对回答问题的员工给予适当的表扬，以示鼓励。

（4）培训的时候，要注意他们的注意力，及时调整，适当发问，做题，复述。

（5）将 PPT 制成多图少文字的样子，附加一些音乐和案例吸引员工。

（6）培训前，将培训主要内容及大纲打印出来发给培训的员工，并要多留出空白，以使员工记录要点、体会。

为什么上级不愿意培育下属？

案例：某公司生产部经理离职，公司决定内部选拔一个经理去接替。他们物色了许久，觉得品管部王经理业务能力出色，接替比较合适。但问题是王经理平时不注重培养下属，如果将王经理提升至生产经理，那么品管部的力量就削弱了，这也会影响企业的正常生产。为了给王经理提供机会和进行有效激励，人力资源部建议对外招聘品管部经理，但即使新品管部经理来了，也至少需要半年以上才能掌握企业的具体情况。经过再三研究，并报总经理批准，决定先空缺生产部经理的位置，并给王经理安排一个副手，在半年时间内，让王经理带出这个副手后，再提拔王经理为生产部经理。所以，王经理最快也得半年后才能走马上任了。

思考：王经理有机会提升，却没能迅速提升，到底是谁的过错？传统的教会徒弟饿死师傅的说法，看来要重新认识了。

一、教育下属的必要性

培育下属的好处如表 3-10 所示。

表 3-10

培育下属的好处	解释说明
能够产生较好的工作绩效	经理的业绩建立在下属业绩的基础上，下属的能力增强、业绩提高，经理自然业绩出色
有精力考虑更重要的事情	下属能力提高，可以独立解决更多的事情，经理就可以不必事必躬亲，可以集中精力思考企业的长远工作
得到下属的支持和信任	培育下属，可以让下属有一颗感激的心去工作，而且在培育的过程中，可以树立个人威信，又加强了下属对自己工作的支持

二、为什么上级不愿意培育下属

上级不愿意培育下属的原因如表 3-11 所示。

表 3-11

心理原因	解释说明
不愿意花时间培养	有培育下属的时间自己都做完了，而且做完后，下属还会夸赞经理的能力强、效率高，于是经理就这样一次又一次地高效率工作下去
留住杀手锏，担心长江后浪拍倒前浪	不愿意将业务技巧告诉下属，怕被取而代之
整天只顾救火，无暇培育下属	经理整天处在“救火”状态，下属只能“观火”，因为不会救
下属愚笨	经理不愿意花费时间雕“朽木”
教会了就跳槽，白费力气	不愿意花费时间和精力在有风险的培育下属的事情上

三、培育下属的两种方法

1. 心态启发法

适用于老员工观念和态度的改变、思维的开发和调整。心态启发法的应用流程如表 3-12 所示。

表 3-12

操作步骤	解释说明
选择适时的机会	下属的思维与企业经营理念相违背的情况下
提出问题	用开放式或者追问式的问题

续表

操作步骤	解释说明
聆听想法	让下属畅所欲言，充分了解其想法，以便针对其不足进行调整
反馈知道	将下属的问题从深度、广度上进行分析，让其看到自身不足，使下属的错误想法得到更正
确认鼓励	重新确认新观念，总结并鼓励下属进步

2. 技能操作法（OJT）

适用于新入职员工培训、转岗培训和岗位技能培训。技能操作法的应用流程如表 3-13 所示。

表 3-13

操作步骤	解释说明
说给你听	阐述即将培训的事项、操作要点及操作步骤，从原理到实际操作，越详细员工越容易接受，解说也要从简单到复杂，逐步进行
做给你看	示范演示，一次一个动作，使下属对于培训内容有潜在的认识和印象
你试试看	让下属独立操作，并在操作时积极地提问，可以为下属做启发式的回答
我来检查	让学习者再做一次，边操作边说明要点、步骤、原因，确保下属从根本上掌握方法和要点

为什么外聘培训讲师提供的方法行不通？

案例：某民营中型企业外聘一个管理专家到公司内进行管理制度标准化的培训，当专家滔滔不绝地讲解完理论知识后，又以诸多世界 500 强企业案例对他讲的理论知识进行论证。培训结束后，专家向各主管问道：“我讲的你们都听明白了吗？”主管们都无奈地说：“听是听明白了，但我们不是世界 500 强啊，您讲的我们用不上。”

管理方法没有最好的，只有最适合的。如何针对企业特点进行培训是培训中的关键问题之一。其实在公司内部有许多知识点：如企业文化、技术知识、各项规章制度、管理体系等，这些都是内部知识点，外聘老师根本无法替代。

每个员工身上都有一种以上技能，如果利用内部交流和传播，就会使每个人至少有两项以上技能。这种内部交流与传播就要靠建立内部培训讲师来实现了。

一、建立内部培训讲师的优势

(1) 注重工作实际，使培训与企业实际情况相联系；

(2) 可以根据生产任务，灵活安排培训时间；

(3) 培训时可用企业内部“沟通术语”，知识更易掌握；

(4) 企业文化背景相同，容易达成共识。

二、内部讲师建立流程

内部讲师的建立流程如表 3-14 所示。

表 3-14

建立流程	解释说明
1．说服公司各管理层	管理层包括直接上级、总经理，首先要谋求管理层的支持和达成共识，降低建立内部讲师的阻力
2．进行讲师规划	可以通知有专长的人员报名，也可由人力资源部根据级别和业务技能水平列出候选讲师，由各部门从中推荐，前提是要符合讲师的要求和条件
3．内部讲师筛选	要依据公司对讲师的要求进行有条件的筛选
4．针对性的训练	如何编写教案及制作课件（目前存在什么问题、怎么解决、常见案例分析）；如何进行授课（语速音调的控制、肢体语言的运用等）
5．建立内部讲师管理制度	明确内部讲师的职责、范围、授课次数、评估水平、激励制度（制定课时费）、淘汰措施等
6．进行信息反馈	实施培训后，要通过培训效果评估将情况反馈给老师，以便于改进

三、建议内训与外训的比例分配

内训与外训的比例分配如表 3-15 所示。

表 3-15

培训对象	内部讲师	外部讲师
一般员工	100%	
一线主管	60%	40%
中层管理	20%	80%
高层主管		以外聘专家为主

如何使企业保持长久的发展动力？

外界环境瞬息万变，竞争不断加剧，多数印刷企业在很多方面都需要不断改革创新以革除弊端，顺应形势。这包括了“硬件”和“软件”两方面的问题，素质也好，技术也罢，都需要在学习中改进，在学习中提高，在学习中发展。怎样才能使企业具有持久的竞争力和发展后劲呢？答案是勤于学习，自我超越，善于借鉴，使企业处于一种不断学习、不断创新的良性循环之中。

一、学习型组织

企业的竞争最终是人才的竞争，能适应竞争的企业，将是使全体员工全心投入并善于学习、持续学习的组织——学习型组织。其核心是企业拥有的人力资源的数量和质量，以及如何对人力资源进行开发、培养、使用和提高。企业应以打造学习型组织为目标进行人力资源管理，鼓励员工不断学习，更新知识结构，最大限度发挥潜能，是当前印刷企业参与知识经济时代竞争的必然选择，也是在激烈的市场竞争中立足并取胜的重要保证。

学习型组织具备的特征有：企业员工拥有共同的目标和理想；企业拥有多层次的，富有个性的学习团队；企业拥有鼓励学习的文化氛围；企业员工拥有自主管理的能力。

二、构建学习型组织过程中应处理好的几个关系

构建学习型组织过程中应处理好如下几个关系：

教育培训与日常工作；理论知识与实际技术相结合；培养专门技术人才和复合型管理人才相结合；德育培训和才识培训相结合；学历教育和能力培养相结合。

培训应考虑什么问题？

1．培训

培训是指组织为开展业务及培育人才的需要，采用各种方式对员工进行有计划的培养和训练，不断地更新知识，开拓技能，使其适应新的要求，更加完美地胜任现职工作或担负更高级别的职务，以此来适应新技术革命带来的知识结构、技术结构、管理结构等方面的深刻变化。培训是人力资源开发和管理的基本核心。

2．培训方式

在职培训（入职教育，在岗技能训练等）+脱产教育培训

3．培训内容

知识培训+技能培训+态度培训

4．培训原则

（1）有针对性，学以致用。

（2）专业知识技能和企业文化并重。

（3）全员培训和重点提高相结合。

（4）严格考核和择优奖励相结合。

5．培训程序

需求分析（组织分析，工作分析，个人分析）→目标设定（具体明确，便于操作，考虑全局）→计划实施（拟定方案，组织实行，科学安排）→效果评估（选定标准，测试评估）

6．员工培训后的4个阶段

员工经过培训，要经历4阶段：（1）自我约束阶段，不做不该做的事，强化职业道德；（2）自我管理阶段，做好应该做的事，加强专业技能；（3）自我激励阶段，不仅要做好自己的工作，而且要思考如何为企业作出更大的贡献，从自我转移到团队；（4）自我学习阶段，学海无涯，随时随地都能找到学习的机会。

3. 工作实务

某印刷企业2011年度培训工作实施流程

步骤一：结合公司制定的战略目标，设计培训需求调查表

结合公司的战略发展，将2011年定为稳定提升年。分别针对技术、管理、素质等方面填写不同的培训需求调查表。以管理培训需求调查表为例，见表3-16。

表3-16 某印刷企业2011年管理培训需求调查表

部门名称				部门人数	
序号	希望培训的内容	请在下面的空格内打“√”			
		详细讲解	解说重点	只讲要点	不需要了解
1	管理的基本知识				
2	时间管理的技巧				
3	有效沟通技巧				
4	目标管理与计划				
5	如何激励部属				
6	如何创建学习型组织				
7	如何打造高效团队				
8	企业战略与管理				
9	非HR的HR管理				
10	绩效考核方略				
其他需求：					

注意：1. 本表适用于公司各部门主管和经理，请于2010年11月30日前上交人力资源部；

2. 全部问卷收上来后，打“√”较多的作为2011年的重点培训项目。

表3-17 培训需求访谈记录表

访谈对象	
访谈时间	
访谈内容记录	

注：此表适用于企业高管人员。

步骤二：拟定培训规划课程

对企业培训需求分析后，为拟定纳入培训计划的项目提供备选课程，如表3-18所示。

表3-18

中层经理培训规划课程			高层经理培训规划课程		
序号	内容	课时	序号	内容	课时
1	PDCA 循环	3	1	PDCA 循环	3
2	5S 现场管理	6	2	5S 现场管理	6
3	激励员工的技巧	3	3	人力资源管理	12
4	如何打造高效团队	5	4	降低成本的策略	6
5	人际沟通的技能	4	5	高层经理的决策思维	2
6	主管如何进行绩效管理	8	6	学习型组织建设与企业文化	1

续表

序号	内容	课时	序号	内容	课时
7	如何制定流程标准化	3	7	企业管理体系建立	5
8	如何制订工作目标与工作计划	2	8	如何进行战略化管理	2

步骤三：从备选课程中对课程进行安排协调，制订年度培训计划

年度培训计划如表 3-19 所示。

表 3-19　×××印刷有限公司 2011 年培训计划

月份	培训内容	培训对象	课时	预算
1	纸张适性对印刷的影响	采购部、仓储部、印刷车间	3	500
	5S 现场管理	各部门经理及车间主任	6	1000
2	新员工入职培训	各部门新入职员工	8	0
	人力资源管理	各部门经理级以上管理人员	12	2000
3	PDCA 循环	各部门经理及车间主任	3	600
	健康安全知识讲座	各部门安全卫生宣传员	2	100
4	激励员工的技巧	各部门经理及车间主任	3	400
	ISO9000/ISO14001 体系培训	各部门经理、内审员	8	1600
5	如何进行战略化管理	各部门经理级以上管理人员	3	800
	学习型组织建设与企业文化	各部门经理级以上管理人员	5	1200
6	如何打造高效团队	各部门经理及车间主任	4	400
7	企业管理体系建立	各部门经理级以上管理人员	2	200
8	印刷设备常见故障排除	设备管理部维修人员、印刷机长	4	600
9	人际沟通的技能	各部门经理及车间主任	8	700
	降低成本的策略	各部门经理级以上管理人员	6	1200
10	印刷色彩学培训	制版中心电分调图、色彩管理小组	8	1800
11	高层经理的决策思维	各部门经理级以上管理人员	2	500
	主管如何进行绩效管理	各部门经理及车间主任	3	600
12	如何制定流程标准化	各部门经理及车间主任	3	400

步骤四：通过年度培训计划细化月度培训计划

月度培训计划如表 3-20 所示。

表 3-20　×××印刷有限公司 2011 年 1 月培训计划

日期	时间	内容	培训师	地点	参加人员
6 日	1 课时	纸张的印刷适性	技术部经理	培训室	采购部、仓储部、印刷车间
7 日	2 课时	纸张的印刷适性	技术部经理	培训室	采购部、仓储部、印刷车间
18 日	3 课时	5S 现场管理	副总经理	培训室	各部门经理及车间主任
19 日	3 课时	5S 现场管理	副总经理	培训室	各部门经理及车间主任

注意：由于印刷企业生产周期问题，培训时间的安排需要充分考虑生产部门的安排，多与生产部门进行沟通，避免时间冲突。

步骤五：按照培训计划对培训工作进行准备和实施

1. 准备工作

（1）培训室桌椅数量的查点、摆放的距离和形式。

（2）音响、话筒、写字板、板笔、投影设备的准备。

（3）课件的显示清晰度及室内灯光的设置。

（4）培训室内的环境卫生。

（5）《培训签到表》的打印。

（6）与培训讲师的时间沟通和内容沟通。

（7）讲师课件的准备。

（8）学员培训大纲的准备。

（9）入场音乐及投影显示内容。

（10）发布培训通知（注明培训内容、参加人员、培训时间、地点等信息）。

（11）培训效果一级评估（课堂效果评估）问卷准备。

2. 具体实施

（1）组织培训人员签到；

（2）介绍培训讲师（背景、资历）以及本次培训的目的和要达到的效果、评估方式和奖惩办法等；

（3）配合老师做好现场记录和人员反馈；

（4）做好培训效果一级评估（一级评估指标可参考《为什么印刷企业很难调动培训课堂气氛？》一节）。

步骤六：对培训效果进行五级评估

对培训效果的评估层次如表 3-21 所示。

表 3-21　培训评估的层次与相关指标

培训评估层次	正面指标	负面指标	评估方法
1. 现场吸引力	准时、参与度高、不断有笑声、点头、鼓掌、赞许	离席、早退、抱怨、打瞌睡	现场观察、现场记录
2. 内容吸收度	记住、清晰、明白、讲得出	混乱、模糊、讲不出	答卷测试、提问
3. 可操作程度	实用、解渴	与现实脱节	问卷调查
4. 行为改变度	改掉坏习惯、转变态度和思维	依然故我，毫无改变	观察受训者的行为改变
5. 投资回报率	客户满意度、成本降低率、业绩提升速度	成效不佳，毫无改变	部门绩效评估、个人业绩记录

步骤七：撰写年度培训总结报告

年度培训报告主要内容包括本年度共进行了多少次培训，分别包括哪些内容。参加人数有多少，其中新员工参与比例有多少、基层管理人员参与比例有多少、中高层参与比例有多少。培训后各级评估有怎样的反馈，结合公司战略，为企业带来了哪些改善，值得借鉴的做法有哪些，不足和有待改进之处有哪些，以及对明年培训工作的建议等。

工作分析与职务说明书

职务说明书只是为了应对 ISO 9000 体系认证吗？

为什么要进行工作分析？

工作分析的程序是什么？

工作分析的信息收集有哪些实际操作方法？

如何利用工作分析进行岗位职务说明书的撰写？

1. 反面案例

职务说明书只是为了应对ISO 9000体系认证吗?

【案例】 某上市公司在接管一家有着10余年发展经历的民营企业之后，决定沿用公司原有职能机构，但运营一段时间后发现，由于体制的不同，导致很多职能部门的工作内容和原有工作内容发生变化，而这些工作了十余年的习惯于遵循守旧的老员工，实在不愿意再学习和接受新的工作内容，于是他们还是自主地完成原有工作，根本不考虑企业的发展需要。而且原单位的各个部门对下属的分工也不明确，可以说，闲的闲死，忙的忙死。薪酬的导向又不完全公平，这让很多员工怨声载道。

见此情景，人力资源部决定，按照职务说明书进行考核，实行绩效工资，以逼迫这些守旧的老员工主动地学习和接受新知识。但人力资源部张经理在查阅了人力资源部的制度后，大失所望，现存的编好的职务说明书原来只是为了应付ISO 9000体系而编订的，根本没有实际意义，更不要说去约束员工了。于是张经理决定，按照上市公司的体制和公司发展需要，重新编写岗位说明书，希望通过这个手段，使忙闲不均的现象得到解决，同时用薪酬导向奖勤罚懒。

那么到底该如何测评一个员工的工作饱和程度，测评方法又有哪些呢？科学的测评之后，又该如何撰写岗位说明书呢？带着这些问题，让我们一同进入本章的知识学习。

问题的引出

- 为什么要进行工作分析?
- 工作分析的程序是什么?
- 工作分析的信息收集有哪些实际操作方法?
- 如何利用工作分析进行岗位职务说明书的撰写?

因为

- 公司在设定某一个岗位前就要避免人力资源成本的浪费。
- 招聘岗位前就要想好该岗位具体做哪些工作，职责是什么，配以相应的奖惩是什么。
- 工作分析作为人力资源的一个模块，它对撰写岗位职务说明书起到准备和铺垫的作用。
- 岗位职务说明书不是拍脑门写出来的，而是分析出来的。
- 工作分析有很多可操作的方法，它很重要，但不要陌生。
- 只有工作分析做好了，才不会造成人力成本的浪费，才会实现精益化人力资本。

2. 问题解答

为什么要进行工作分析？

当员工在办公室里盯着电脑，显得忙忙碌碌的时候，是否说明他的工作量就一定饱满？

当员工抱怨说工作忙不过来的时候，确实是因为他的工作量超负荷还是因为他本身工作效率低下？靠什么说得清楚？

每个人都会强调自己本身工作的重要性，那么究竟应该如何看待员工工作的重要程度呢？

大家都是每天出勤 8 小时，甚至是 12 小时。在有限的出勤时间里，如何保障工作的有效性呢？再者，如何靠工作的内容而区分薪酬的差别呢？

某个岗位其实一个人就能做完，而我们总是靠“拍脑门”“空想象”设置了两个甚至三个闲人。员工在抱怨个人工资低的同时，公司的薪资总额却并不低，为什么？

再者，是否还有如下的现象呢？见表 4-1。

【案例】

表 4-1

现象陈述	此公司中员工存在此现象的人数比例
有的员工工作量很大，做也做不完	
有的人工作重叠，争功时互不相让，追究责任却无人问津	
新招聘的员工，不知道自己该做什么。因为他总说“我是新来的”不熟悉公司流程，而变成了“算盘珠子”，没人去考核，也不知道该如何考核	
员工不能完成工作目标，公司也无法做到奖勤罚懒	
部门主管总是难以评估下属员工的工作成绩是好是坏	
员工总是抱怨说，某人的工作那么闲，工资却不比我低，而我做那么多工作，我得到了什么。公司不公平！	

上述问题存在的主要原因是没有对公司员工的工作进行具体分析和明确职责。

一、工作分析的定义

工作分析又称职务分析，是确定完成各项工作所需技能、责任和支持的系统过程。它以组织中特定的工作岗位为研究所象，收集有关工作职责、工作任务、任职资格要求、工作流程和工作环境等信息，进行整理、分析，进而确定该工作岗位特性、所要执行的工作任务及制定执行该工作时所必须具备的资格条件，以便为管理活动提供各种有关工作方面的资料。

工作分析的直接结果是产生职务说明书（或称职务描述书），同时对工作岗位设置、岗位评价、岗位等级确定、工作再设计、定员定编具有直接的指导意义。

工作分析的实质，就是要从不同个体的职业活动和职业生涯调查入手，顺次找出工作群、职务、职责、任务与要素的过程，并由此确定工作的内容范围、属性关系、繁简难易程度与所需要的资格条件。

工作分析大体包括三个方面：

(1) 对每一个工作岗位都必须给予完整而正确的鉴定。

(2) 对每一个工作岗位中所包括的事项都必须给予详细而确实的描述。

(3) 必须详细而确切地指出担任某一特定工作岗位的员工所应具备的条件或资格。

严格地说，企业组织中系统的工作分析都应依照下列方式来进行，即按照“工作分析公式”提出并回答下列的问题：

- 工作人员完成什么样的体力和脑力活动？
- 工作将在什么时候完成？
- 工作将在哪里完成？
- 工作人员如何完成此项工作？
- 为什么要完成此项工作？
- 完成工作需要哪些条件？

二、工作分析的作用和意义

工作分析是人力资源管理所有职能工作的基础和前提。只有做好了职位分析与设计工作，才能有效地完成人力资源管理的其他工作。具体地讲，工作分析可以从以下几个方面为人力资源管理工作提供依据。

1．制定人力资源规划

工作分析是人力资源管理的基础，只有对每个岗位的特点和需要的人员特点有了准确把握，人力资源需求和供给才能做到实处。可以先根据组织要求分析需要设置哪些工作，如原有的工作哪些需要保留，哪些需要去除，哪些需要重新设置等，再分析每项工作所需要人力资源的特点。通过对部门内各项工作的分析，得到各部门人员的编制，继而得到人力资源的需求规划。另外，在工作分析的过程中可以将相近的工作归类，合理安排，统一平衡关系，提高人力资源规划的质量。

2．合理进行人员招聘、选拔和配置

工作分析可以为选拔应聘者提供客观的选择依据，明确地指明哪个工作岗位需要什么样的人才，提高选择的可信度和选拔效率，降低人力资源选择成本。工作分析完成后可以得到各项工作的要求和责任，掌握工作任务的静态和动态特点，提出对任职人员的心理、生理、技能、知识和品格的要求，在此基础之上确定选拔和聘用的标准，才有可能通过潜质测评和工作绩效评估，选拔和聘用符合工作需要和要求的人员。

可以尽量减少“大材小用”或“小材大用”的现象。企业组织在招聘和晋升中也可以使最适当的人员得到最适当的工作职位。

3．科学地进行绩效评估

为绩效考评标准的建立和考评的实施提供依据。工作分析可以明确从事某项工作所应具备

的技能、知识和其他各种素质条件。可以使员工明确企业对其工作的要求目标，以工作分析为依据对员工工作实绩进行评价就比较合理、比较公平，从而达到科学地评价员工工作实绩的目的。

4. 员工培训

工作分析后得到每个岗位的任职条件。这些要求和条件并非人人都能满足和达到，需要对员工进行不断的培训。因此，可以根据工作分析的结果设计和制定培训教育方案，根据实际工作需要和参加人员的不同情况有区别、有针对性地安排培训内容和方法，以通过培训促进工作技能的发展，提高工作效率。

5. 科学进行薪酬管理，改善劳资关系

工作分析可以明确工作的价值，为工资的发放提供可参考的客观标准。由于工作分析明确了工作的责任，因而该工作在企业中的重要程度也得以明确。即工作的相对价值得到确认，以工作分析为依据制定的薪酬福利就比较容易实现相对公平，减少员工之间的不公平感。可以减少劳资双方的摩擦和员工与组织管理人员之间的争议，有利于改善双方的关系。

6. 有效地激励员工

工作分析可以为人员的培训、职业开发、安全、工资、奖金、人际关系、员工咨询等方面提供建设性意见，组织可以在工作分析基础上了解到员工工作的各方面的信息，以便全方位地、有效地激励员工。工作分析也可以使员工清楚自己工作的发展方向，便于员工制订自己的职业发展计划。

另外，工作分析除了对人力资源管理本身具有重要的意义外，还对企业的整体管理有一定的帮助。

(1) 有助于员工本人反省和审查自己的工作内容和工作行为并解决工作中存在的问题。

(2) 企业人力资源管理人员能够充分地了解企业经营的各个重要业务环节和业务流程，从而有助于公司的人力资源管理职能真正上升到战略地位。

(3) 企业的最高经营管理层能够充分了解每一个员工岗位上的人目前所做的工作，可以发现职位之间的职责交叉和职责空缺现象，通过职位的及时调整，从而有助于提高企业的协同效应。

工作分析的作用可以从图 4-1 中较为直观地表示出来。

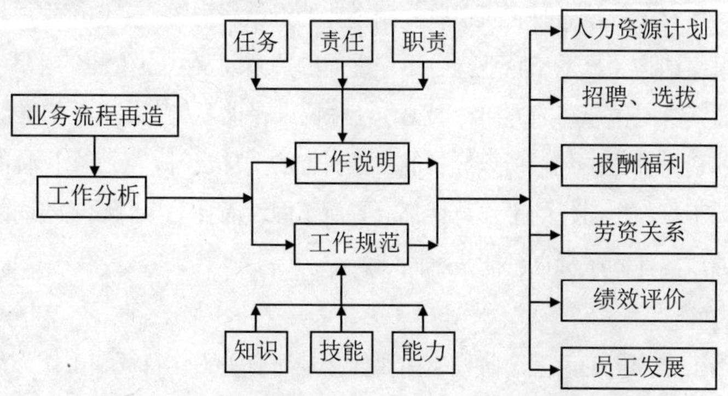

图 4-1 工作分析与人力资源管理中其他活动的关系

工作分析的程序是什么？

一、工作分析的四个阶段

工作分析是一个全面的评价过程，这个过程可以分为四个阶段：准备阶段、调查阶段、分析阶段和完成阶段，这四个阶段相互联系、相互影响。

1. 准备阶段

准备阶段是工作分析的第一个阶段，主要任务是了解情况，确定样本，建立关系，组成工作小组。具体工作如下：

成立工作分析小组。可由总经理牵头，由人力资源副总或总监作为执行组长。以部门为单位，按照拟定岗位和工作流程编写工作分析的工作计划。督导项目小组的组员可由各部门主管担任，具体执行工作分析计划。包括资料的收集、流程的讲解以及问卷的下发、回收和汇总，以及职务说明书的编写工作。如果工作分析的目的是编写工作说明书和决定人员的任用，就可以用面谈法向员工了解他们所从事的工作任务是什么，以及他们自己所负有的责任有哪些。如果需要分析的工作有很多而且它们之间又比较相似，例如对流水线上的工人所做的工作进行分析，或者说对所有的工作一个一个地进行分析，必然非常耗费时间。那么，有必要选择有代表性的工作进行工作分析。

2. 调查阶段

调查阶段是工作分析的第二个阶段，主要任务是对工作的整个过程、工作环境、工作内容和工作人员等主要方面作一个全面的调查。具体工作如下：

（1）编制各种调查问卷和提纲。

（2）灵活运用各种调查方法，如面谈法、问卷法、现场观察法、参与法、实验法、记录分析法等。

（3）广泛收集有关工作的特征以及需要的各种数据。

（4）要求被调查的员工对各种工作特征和工作人员特征的重要性和发生频率等作出等级评定。

在收集与工作有关的信息时，可以收集到企业的组织结构图、工作流程图、培训手册和工作说明书等。组织结构图显示出企业内各工作之间的关系以及它们在整个组织中的地位。在组织结构图中只能获得工作流动的方向，而工作流程图则提供了与工作有关的详细信息。

任何现成的资料都很难包括所要分析的工作岗位的全部资料。每一个岗位的环境是不一样的，在不同环境下每一个岗位的工作特性都会有所不同，而且很多时候在不同的组织中，名称完全相同的职务，其具体职责也可能是不同的。

3. 分析阶段

分析阶段是工作分析的第三个阶段，主要任务是对有关工作特征和工作人员特征的调查结果进行深入全面的分析。具体工作如下。

职务名称分析：命名准，要有美感和自尊感。

业务内容分析：工作目的，工作内容。

工作环境分析：物理环境（温湿度、照明度、噪音、粉尘、油渍、接触时间）。

安全环境：危险性、可能发生的事故、容易患的职业病。

工作资格分析：上岗资格证（如高压电工、叉车工、食堂员工），必备的知识、经验、技能及心理素质。

4．完成阶段

完成阶段是工作分析的最后阶段，前三个阶段的工作都是以达到此阶段作为目标的。本阶段的任务就是根据规范和信息编制出“工作描述”和“工作说明书”。有时两者分开编写，有时则合为一个文件。

当然，工作说明书的内容只有经过不断的反馈和修正，才能把工作分析的误差降到最小。有些企业往往忽视这个阶段的工作，导致岗位说明书的内容存在漏洞或不合理，容易引起其他工作的混乱和员工的不满。同时，要注意总结岗位研究调查工作中的问题和经验，以便于在适当的时间进行调整和修正。

【案例】某公司工作分析进度表，如表 4-2 所示。

表 4-2 某公司工作分析进度表

所有工作项目	日期（2013 年 1 月）																负责人
	1	2	3	4	5	6	7	8	9	10	11	12	13	14	15	16	
成立小组																	
编写计划并明确分工																	
收集工作分析的资料																	
小组讨论需要分析的职位																	
分析对象填写问卷调查表																	
收集调查表																	
汇总工作分析和问卷总表																	
与被分析者沟通确认																	
与被分析者上级沟通确认																	
资料整理，编写岗位职务说明书																	
被分析者上级确认岗位职务说明书																	
总经理签字批准																	

二、工作分析所需信息的类型

为了成功地完成工作分析，需要收集大量的资料与信息。而这些信息又取决于工作分析的性质、目的与用途。总体来说，工作分析所需的信息包括工作活动、员工活动信息、工作中使用的设备、绩效标准、工作环境、人员条件等。

1. 工作活动

- 工作活动和过程；
- 活动记录；
- 所采用的程序；
- 个人责任。

2. 工人的活动

- 人的行动，如有关工作的身体动作和沟通；
- 需分析的基本动作；
- 对身体的工作要求，如体力耗费。

3. 所采用的机器、设备、工具和辅助工作

4. 与工作相关的有形的和无形的内容

- 所涉及或应用的专业知识；
- 加工的原材料；
- 制造的产品或提供的劳务。

5. 工作业绩

- 失误分析；
- 工作标准；
- 工作计量，如完成任务的时间。

6. 工作环境

- 工作日程表；
- 物质和非物质激励；
- 工作条件；
- 组织和社会的环境。

7. 工作对个人的要求

- 个人因素，如个性和个人兴趣爱好；
- 所需要的学历和培训程度；
- 工作经验。

工作分析的信息收集有哪些实际操作方法?

一、工作分析的信息收集方法

记录工作信息，其目的是确定工作分析的内容，什么岗位需要员工具备什么要求。这些信息来自于工作基层，需要人力资源管理人员做好调查研究。收集信息的方法很多，主要有问卷法、观察法、实验法、参与法、面谈法和关键事件法等。

1. 问卷法

问卷法就是工作分析者向研究对象分发印好的表格或卷子，要求选择或填写答案，然后收回整理研究，从而获取有关的工作信息的方法。根据具体的工作要求，编制有关调查问卷，要求被试者填写，来获取有关工作的信息，这是一种快速而有效的职务分析的信息调查研究方法。一般要求被试者对各种工作行为、工作特征和工作人员特征的重要性或频率评定等级，通常分

为很重要、较重要、一般、不太重要、不重要等。

下面以一般工作分析问卷法为例。

一般工作分析问卷法适合于各种工作，问卷内容具有普遍性。表 4-3 和表 4-4 是一般工作分析问卷的例子。

【案例】

表 4-3 一般工作分析问卷（部分）

1．职务名称______。
2．比较适合任此职的性别是______。 A．男　B．女　C．男女均可
3．最适合任此职的年龄是______。 A．20 岁以下　B．21~30 岁　C．31~40 岁　D．41~50 岁　E．51 岁以上
4．适合此职的文化程度______。 A．初中以下　B．高中、中专　C．大专　D．本科　E．研究生以上
5．此职的工作地点在______。 A．本地市区　B．本地郊区　C．外地市区　D．外地郊区
6．此职的工作主要在______（指 75% 以上的时间）。 A．室内　B．室外　C．室内外各一半
7．任此职者的一般智力在______。 A．90 分以上　B．70~89 分　C．30~69 分　D．10~21 分　E．9 分以下
8．此职工作信息来源主要是______。 A．书面材料（文件、报告、书报刊和其他各种材料） B．数字材料（包含各种数据、图表、账务数据的材料） C．图片材料（设计草图、照片、地图等） D．模型装置（模型、模式、模板等） E．视觉显示（数字显示、信号灯、仪器等） F．测量装置（气压表、气温表等各种表具）

【案例】

表 4-4 某公司工作分析问卷调查表

姓名			工号		
部门			职务		
直属上级			直接下级		
职位的作用	请按如下说明阐述				
编号	做什么	怎么做（流程及动作说明）	发生频率	重要程度	所用时间
1					
2					
3					

2．观察法

观察法是观察人员在旁边观察被分析人员的工作情况。

注意事项：不要事先通知被分析人员，借用工作日志记录员工的工作情况，连续观察一段时间，看工作情况的规律性，然后总结分析。

适合人员：对岗位工作职责不清晰的人员。

（1）观察法的操作原则

①观察的工作应相对静止。在一段时间内，工作内容、工作程序不会发生明显变化。

②适用于大量标准化的、周期短的、以体力劳动为主的工作，不适用于以脑力劳动为主的工作。

③注意工作行为样本的代表性，有些行为在观察过程中可能没有表现出来。

④观察人员尽可能不引起被观察者的注意，至少不应干扰被观察者的工作。

⑤观察前要有详细的观察提纲和行为标准。

在运用观察法时，一定要有一份详细的观察提纲，这样在观察时才能及时记录。表 4-5 是观察提纲的一个例子。

【案例】

表 4-5　某公司工作分析观察

被观察者姓名：________	日　　期：________
观察者姓名：________	观察时间：________
工作类型：________	工作部门：________
观察内容：________	
1．什么时候开始正式工作？______。	
2．上午工作多少小时？______。	
3．上午休息几次？______。	
4．第一次休息时间从______到______。	
5．第二次休息时间从______ 到______。	
6．上午完成产品多少件？ ______。	
7．平均多长时间完成一件产品？ ______。	
8．与同事交谈几次？______。	
9．每次交谈约______分钟？	
10．室内温度______℃。	
11．抽了几支香烟？______。	
12．喝了几次水？______。	
13．什么时候开始午休？______。	
14．出了多少次品？______。	
15．搬了多少原材料？______。	
16．噪声分贝是多少？______。	

（2）观察法的步骤

①　明确观察的目的和意义（在观察中要了解什么？收集哪些方面的事实材料？）。确定观察对象、时间、地点、内容和方法。

②　收集有关观察对象的资料，对所要观察的内容有基本的认识。

③　编写观察提纲，对观察内容进行明确分类，并确定观察的重点。

④　实施观察。

⑤　记录并收集资料。

⑥ 整理分析资料，得出结论。

表 4-6 是某企业制定的核心业务观察活动计划的一个样例。

【案例】

表 4-6 某公司观察活动计划

工作分析观察活动计划

通过有目的、有计划地对员工正常工作的状态进行现场观察获取工作信息，进一步了解关键业务的工作内容与工作流程，以及部门之间信息的传递过程，以便为工作分析提供基础数据。观察内容包括被观察者在做什么、怎样做以及为什么做。而要进行现场观察的部门涉及销售部、供应部（含原材料仓库）、生产部（含成品仓库）、物流部和客户服务部等。初步考虑观察时间为 1 天，具体安排如下。

时间	部门	×××	地点	备注
上午	销售部	×××	办公场所	
下午	客户服务部			
上午、下午	物流部	×××	办公场所和随车送货	
上午	供应部	×××	办公场所	
下午	生产部		生产车间	

3. 实验法

实验法是指人力资源管理人员通过控制一些工作变量，引起其他相应变量的变化来收集工作信息的一种方法。

实验法的操作原则：

①尽可能获得被试者的配合。

②严格控制各种变量。

③设计要严密。

④变量变化要符合实际情况。

⑤不能伤害被试者。

下面是实验法的一个具体操作例子。

包装车间 4 人合作对 1000 本书进行打包，可用 20 分钟完成。实验法中，可先由 2 人合作，再 3 人合作，再 5 个人合作，任务都是对 1000 本书打包。看结果各用了多少分钟，哪一个组合效率最高。其中合作人数的变化是自变量，打包时间的变化是因变量。

4. 参与法

参与法是指工作分析人员通过直接参与某项工作，从而细致、深入地体验、了解、分析工作的特点和要求。

参与法的优点是可以克服一些有经验的员工并不总是很了解自己完成任务方式的缺点，也可以克服有些员工不善于表述的缺点。另外，可以弥补一些观察不到的内容。

但是参与法的缺点也是明显的，因为现代企业中的许多工作高度专业化，工作分析人员往往不具备从事某项工作的专门知识和技能，因此就无法参与。

参与法适用于一些比较简单的工作的工作分析，或者与其他方法结合起来运用。

5．面谈法

面谈法是由分析人员分别访问工作人员本人或其主管人员，来收集信息资料的方法。面谈可能是用来确定各种工作所需要的任务、责任和行为的最普遍的方法。一般来说，按访谈对象不同，访谈法主要有三种。

（1）对被分析职位的每个雇员进行个人访谈。

（2）对做同种工作的雇员群体进行群体访谈。

（3）对完全了解被分析职位的主管人员进行主管人员访谈。

面谈法的具体操作，可以是与员工个别面谈，也可以是分小组谈话，也可以将两者结合起来进行。工作分析人员须先拟好面谈提纲，做好面谈记录。表 4-7 列举了工作分析中常见的面谈问题。

【案例】

表 4-7　某公司工作分析中的面谈问题以及一次情景面谈

面谈问题清单
1．你向谁报告？ 2．谁向你报告？ 3．你的主要职责是什么？ 4．你每天怎样安排你大部分的工作时间？ 5．你的工作中最具挑战性的是什么？ 6．工作之前必须完成哪些准备工作？ 7．你觉得有哪些工作是重要的或不重要的？ 8．你必须遵循什么原则、规定、政策等以达成你的职责？ 9．在采取行动之前，有哪些决策必须请示上级或必须通知你的下属？ 10．这个工作对你的创意和解决问题的能力有什么样的挑战？ 11．你和公司内或公司外哪些人有定期的接触？这些接触的频率如何？ 12．你的接班人在知识和经验上必须具备哪些资格才能完成你现有的工作？

【案例】

问：你能不能谈谈你的工作范围以及经常和哪些人接触？

答：我是做市场销售的，主要和财务部还有储运部的人员接触。

问：有没有出现过差错，这种情况大概频率是多少？

答：出现过，但是影响度很小。

问：你在什么情况下应该向本单位的领导或主管汇报工作呢？

答：接到订单或签订合同的时候。

问：你自己决定事情的时候一般情况下影响不影响其他人？

答：影响，但是这种影响很小。

问：你能不能举一个例子？

答：比如说我们决定给一个客户发货，这样只影响储运部，其他部门影响不到。

问：就是发货的时候要跟储运部打招呼，如果你自己做决定可能会影响储运部的计划。比方储运部原本没准备发货，这个时候就要进行沟通。

答：对。

6. 工作日志法

工作日志法也叫记录分析法，它是让员工按照时间的顺序记录其工作过程，然后经过归纳、整理、提炼，得到所需工作信息的方法。它要求各岗位员工填写工作日志表，对每件事情进行详细记录，不论这些事情是本职工作范围内的还是本职工作范围外的。一般来说，以记录1周(7天)的时间为宜，由工作分析人员对工作日记进行工作内容分类、整理、抽象，然后将抽象出的工作范围确定为该岗位的职责。

在实践中，真正做好工作分析，往往是多种方法综合应用的结果。一般应用比较多的方法是面谈法、工作日志法和问卷法，三种方法相互补充和完善。要核实工作信息的准确性，根据收集、核实的工作信息，编制书面的工作描述。同时，根据组织内、外部环境对工作要求的变化因素，不断地更新。工作信息的更新是十分必要的。表 4-8 是某企业会计统计员所记录的工作日志。

【案例】

某单位财务部有 5 个人：一个经理，两个会计，两个出纳。两个出纳中：一个是银行出纳，一个是现金出纳，他们两个的工作有时交叉。60 多个人的公司有 5 个财务人员，有点多。但是没有根据，不知减掉谁才对。公司就用工作日志的办法，进行调查。记录他们每天都在做什么，看工作是不是饱满，或者说工作有没有重叠等。财务部的5个人每人拿一个本子，把自己每一天的工作全都记下来。例如几点到几点做什么，连续记两周。

通过记录发现，出纳的工作确实很紧张，有一个出纳因为提款一天去了四次银行。问他为什么一天去四次呢？能不能去一次就把款提了。他说不行，因为公司规定一次提款现金量不能超过一万元，另外公司需要的现金量大，经常是这样。因为公司工作计划性差，造成出纳很忙。找出问题后，如果能够改进，出纳就可以从两个人减为一个人。

【案例】

表 4-8 某公司工作日志表

填表日期：______

姓名	张 ××	所属部门	财务部	所在岗位	会计统计员
直接上级	李 ××	直接下级		从事目前岗位时间	1 年
请您认真、详细地填写当天所从事的工作以及所花费的时间。					

续表

时间			工作内容
	开始时间	结束时间	
上午	8：00	8：30	清理办公室卫生
	8：30	10：40	复印资料，复核销售单据
	10：40	11：30	复核销售单据
	11：30	12：00	复印资料，复核销售单据
下午	13：30	14：00	核对账目
	14：00	14：30	向部长汇报工作
	14：30	15：00	复核销售单据
	15：00	17：30	对账汇款

7. 专家讨论法

专家讨论法是指请一些相关领域的专家或者经验丰富的员工进行讨论，从而进行工作分析的一种方法。这种方法适合于发展变化比较快，或者工作职责还未定型的企业。由于企业没有现成的观察样本，所以只能借助专家的经验来规划未来希望看到的职务状态。

专家讨论法可以采用以下工作程序进行：

（1）确定调查目的，拟定调查提纲。首先必须确定目标，拟定出要求专家回答的问题的详细提纲，并向专家提供有关的背景材料，包括职位名称、预测目的、期限。调查表填写方法，以及其他希望和要求等说明材料。

（2）选择一批熟悉本职位的专家，一般为 20 人左右，包括理论和实践等方面的专家。

（3）以电子邮件、函件或电话等方式向各位专家发出调查表，征询意见。

（4）对返回的意见进行归纳综合、统计分析后再寄给有关专家，如此反复，待意见比较集中后进行数据处理与综合，得出满意的答案。

需要指出的是，上述这些方法既可以单独使用，也可以结合使用。由于每种方法都有自身的优点和缺点，所以企业应根据自身的具体情况进行选择。无论选择哪种方法，最终的目的都是为了尽可能详尽地获得真实的职务信息。

8. 任务清单法

任务清单法是一种利用职务结构调查表分析职务的方法。任务清单是职务分析调查表的一种形式，是某一职业领域范围内的任务目录。任务清单有两种特征，一是所研究职业领域的任务目录，二是对每一任务作出某种反应的尺度。任务目录中包括了职业领域范围内在职者承担的全部或大部分工作。也有个别任务说明只包括用语言叙述职务完成什么，而不包括如何和为什么等说明。

在任务清单中使用两类反应尺度，第一类是职务的承担者参与每一任务的情况说明；第二类是对任务以判断和看法表示某种反应。第一类反应尺度又被称为“主要评定因素”，可以使用的尺度有：重要性、完成、完成频数，时间消耗等。第二类反应尺度又被称为第二任务评定因素，使用的评定因素有：任务的复杂性、任务的关键性、学习任务的困难程度、在职人员学习任务的场所、反应者认为应学会任务的场合、从事任务所必需的特种训练（量）、学会任务所必需的时间、执行这一任务的难度、任务执行中要求的技术援助、任务执行中要求的监管、任务执行中的满足程度等。对第二评定因素的反应是由职务的在职者作出的。

二、工作分析的结果运用

工作分析的最终目的就是编写工作说明书，将现有职位进行标准化，以便选用最合适的人去做最合适的事情。就像我们在招聘一个新员工一样，我们如何知道要他做什么，怎么去做呢？这个人在公司的价值有多大，工作量又有多少呢？他能帮助公司解决什么样的问题和困难？目前我们公司在业务流程上面还有哪些“空白”没有人去做呢？这些都可以通过职务说明书看清楚，说白了，职务说明书就是公司所有员工工作量和职责的清单，是进行绩效考核的基础性资料。

一份完整的职务说明书包括以下内容。

该职位的基本情况：名称、职位等级、所属部门、编制。

该职位存在的价值和意义是什么。

对该职位的要求有哪些要素，如规划、组织、审核、创新等。

如何定义该职位的责任和权力。

该职位与其他部门机构及人员的互动关系。

该职位需要什么上岗资格和证件，以及是否需要使用仪器。

该职位的工作环境和地点。

该职位的上下级关系是怎样的，以及互为服务的对象。

胜任该岗位的人员所需要的基本素质以及技能和经验要求。

如何利用工作分析进行岗位职务说明书的撰写?

很多员工抱怨自己的工资比某某同事低，但工作量却比别人大很多；还有的员工会说，我的作用比别人大多了，为什么工资却比别人低，公司不公平。再有的同事说，这件事是该张三做的，凭什么让我做，他的工资又不分给我……这些常常是员工在管理者面前抱怨的话语，但是作为管理者而言，如何解决这些问题呢？唯一的依据就是《职务说明书》。

一、职务说明书的作用

（1）员工工作的操作指南。

（2）公司职位管理的重要依据。

（3）为员工薪酬、招聘、绩效提供考核依据和参考依据。

二、职务说明书的撰写

(1) 职位名称：可参考同行业同岗位的职务名称编写，也可对本职位的名称进行概括编写。

玫琳凯公司的销售人员叫做“美容顾问”，这是根据该岗位的工作内容而言的。大多数企业的人力资源部员工被叫做“人事专员”，这是根据参考比较而得来的名称。

（2）职位等级：可根据职位登记表或者人员架构表来填写，表明该岗位的晋升通道。

（3）定岗定编：即是对该岗位的如人员的定员人数和定编人数的要求。

（4）主要职责：对岗位所做的事有针对性地提出“要求”，达到什么样的标准、目的算是完成任务。

（5）业务内容：该岗位员工为了达成目标，完成职责所需要做的具体的事情（工作）。填写内容时，一定要简洁明了，采用“动词＋名词”的形式。另外，还要注明做这件工作的周期，如“每周上报人事报表”还是“每月上报人事报表”，一定要明确工作内容。

（6）使用的设备：要求员工对固定资产进行管理。

（7）环境地点：说明此职位的具体物理环境。

（8）任职资格：写明对该岗位的任职有什么条件要求、素质要求，具体包括学历、专业、知识技能、工作经验、品行、能力的要求。

三、注意事项

（1）让员工先提交，然后交给部门经理审核修改，最后交给人力资源部审核，公司发布。

（2）工作分析也并不是一成不变的，需要根据组织任务发生的变化、组织战略目标的改变而灵活应用。所以，一个组织的工作分析要做到科学合理就要不断地进行调整分析，并不断地补充新的内容。在制定工作分析时，需要注意的是所设计的管理职能的跨度不能太大。

（3）直线部门的工作是对组织目标实现起直接作用的部门，如生产部门、营销部门等。横向部门主要是起辅助作用的部门，如人力资源管理部门、行政职能部门等。每项工作分析都必须有严格的工作范围，不可交叉重叠设置，否则可能谁也不管，或谁都管；也不可以出现职责的空白区。所以，每项工作的管理跨度设置要适度，太窄或太宽都不好。几大类的工作要规定清楚。例如，企业产品质量下降，关键是进行工作分析，分析有哪些影响因素，组织目标往往决定组织结构。

3. 工作实务

某印刷企业人力资源部招聘培训专员一名，他的直接上级主管人力资源部经理。他的任职条件：学历要求大学本科以上，经验要求是一年以上大中型印刷企业或外资企业的相关岗位工作人员。这是要求他做过一年培训，不是在人力资源行业做一年，而是要求他做过一年的培训专员，而且要求是在大中型企业或者是外资企业工作过。他的专业知识要求懂得人力资源管理、员工培训管理以及行政管理；他的业务了解范围要了解国家的有关政策法规、本公司人力资源管理的体系和职能，国内人力资源管理的新政策，行业内新的发展趋势。还有就是要完成培训专员最基本的职能工作。

表 4-9 培训专员岗位职责说明书

编号：00356	拟制：	审核：	批准：
职位名称	培训专员	所属部门	行政人力资源部
职级	D-2 级	定编人数	1 人
主要职责	提高培训频率，缩短培训周期，增加员工学习的次数，提升员工素质和技能		
工作关系	向上负责	行政人力资源总监、人力资源经理	
	平行协作	招聘专员、薪酬福利专员	
	向下指导	培训助理	
应熟悉的内部制度	行政人事管理制度		

培训专员岗位职责

序号	职责名称	职责内容	考核要素 / 衡量标准
1	日常工作	1．负责新员工常规入职培训及档案建立。 2．负责培训物资管理：负责培训用具、教具等物资的整理与保管。 3．负责培训档案的建立与管理：负责完成培训档案包括教材、试卷、照片等资料的整理、保管、归档。 4．负责集团大事记的整理与记录。 5．负责培训前期准备工作：包括培训场地的准备、签到表、培训意见反馈表、培训记录、培训学员通知等。 6．负责培训需求调查：根据计划完成各岗位、各部门的培训需求的调查与统计工作。 7．按要求定期更新集团总部企业文化宣传栏、集团企业文化宣传网站相关内容。 8．负责培训讲师团档案、培训学分制档案、导师档案的整理、归档与更新。 9．协助完成活动及会议的前期准备工作。 10．了解最新的法律法规文件，以及文件的解读和讲解。 11．完成其他临时交代的工作任务。	执行能力 沟通能力 协调能力

培训专员职务风险和绩效要求

职务风险	1．不能完成培训课时数目。 2．员工对该工作的抵触会导致效果不佳。
绩效要求	1．履行本岗位工作职责。 2．培训人数和课时数较上一年度增长 3%，直至达到集团要求的标准课时数。
职业操守	1．热爱、关心、认同企业，对企业诚实守信。 2．敬业爱岗、勇于承担责任、具有奉献精神。 3．遵循民主集中制原则，重大问题集体决策。 4．廉洁自律、不索贿、受贿。 5．保守集团、公司商业秘密。

续表

<table>
<tr><th colspan="4">培训专员任职资格</th></tr>
<tr><td>序号</td><td>资格名称</td><td colspan="2">资格内容</td></tr>
<tr><td>1</td><td>学历</td><td colspan="2">工商管理类、人力资源类或其他相关专业大专以上学历</td></tr>
<tr><td>2</td><td>职业经验</td><td colspan="2">一年以上大中型企业或者外资企业专职培训工作经验</td></tr>
<tr><td rowspan="7">3</td><td rowspan="7">专业知识</td><td>知识维度</td><td>要求掌握的程度</td></tr>
<tr><td>人力资源管理学</td><td>了解人力资源管理的基本内容</td></tr>
<tr><td>劳动法规</td><td>了解国家与地方的人事、劳动法律、法规及政策</td></tr>
<tr><td>培训管理</td><td>掌握培训基本知识</td></tr>
<tr><td>档案管理</td><td>掌握档案管理的法律要求及归档方案</td></tr>
<tr><td>计算机知识</td><td>掌握计算机操作，熟练使用常用的 OFFICE 软件</td></tr>
<tr><td>4</td><td>业务了解范围</td><td colspan="2">熟悉印刷行业知识，熟悉人力资源管理相关工作</td></tr>
<tr><td>5</td><td>心理素质</td><td colspan="2">强烈的责任心、事业心和奉献精神，有良好的自我控制力和忍耐力；为人正直，情绪稳定</td></tr>
<tr><td rowspan="4">6</td><td rowspan="4">能力</td><td>能力维度</td><td>能力水平</td></tr>
<tr><td>沟通能力</td><td>具有较强的沟通能力，能很好地与相关人员沟通</td></tr>
<tr><td>协调能力</td><td>具有强的内部、外部公共关系协调能力</td></tr>
<tr><td>执行能力</td><td>贯彻执行各种计划，完成预定目标能力</td></tr>
<tr><td>7</td><td>身体条件</td><td colspan="2">身体健康，体力充沛，能连续工作</td></tr>
</table>

上面的案例只是一个例子，其他岗位照旧如此即可，但值得我们注意的是还有很多需要我们预防的事情，通过多年的人力资源管理经验以及与业内人士的交流，总结经验如下。

1. 由于管理流程的不规范，或管理者本身的行为不规范等问题，使得企业存在职责不清、工作任务随意性较大、出现问题互相推诿等管理问题，不少企业只关注岗位说明书的结果或形式，使得岗位说明书成为现实工作流程的“再现”。

2. 有些企业由于缺乏岗位说明书编写的专业技能或培训，所以也存在描述不规范，用语不准确的现象。不少企业的岗位说明书在描述用语的选择上，笼统地使用“负责、管理”等词语，导致岗位职责的描述“千岗一面”，使岗位职责描述过小或者过大。岗位说明书的编写应是一个由上而下的过程，涉及企业各个层面。编写岗位说明书的目的就是要使员工明确自己的工作责任、作用及基本要求等，所以，在编制过程中应得到全体员工的支持和参与。但是不少企业或各级管理者把该项工作作为“作业”来应付，并没有与员工充分交流，甚至在岗位说明书形成之后，忽视了任职人的“反馈”或“确认”环节，所以作用不大；有的由于宣传不到位，员工不知道岗位说明书的作用，有些员工误认为岗位说明书编写就是要“定员、定编”，这对员工显然是一种威胁，由此出现员工不理解、不利用、不执行的情况，使岗位说明书变成可有可无的摆设。例如，在对任职人资格进行界定时，有些员工感到恐慌。若按照行业通行的标准对岗位任职人资格进行界定，很多老员工的学历或者技能达不到企业要求，因此他们就会认为岗位说明书是企业给他们设置的障碍，由此产生敌对思想。

3. 工作定位不明晰。不少企业把编写岗位说明书的工作定位于优化企业的工作流程，解决多头领导现象，改善现有的职责划分等。但是在实际工作中常常会面临两难的选择：是对企业各个岗位工作的现状的描述还是对目标状态的描述，即“是什么”和“应是什么”的问题。若选择后者“应是什么”，则在界定各个岗位职责时必须对现存的职责交叉、职权不明的现象进行调整，这将导致一部分员工的工作职责和权限的变动，可能招致抵制的阻力。与此同时，我国的一些企业，特别是一些民营企业管理极不规范，工作任务的分配通常取决于员工个人的工作能力和领导的意志，使得基层员工疲于应付上级的命令，“忙的忙死、闲的闲死”，造成“工作无计划、管理打乱仗”的现象。

4. 岗位说明书修订不及时。随着企业经营环境的变化和企业的发展，企业中工作业务流程也在不断变化，由此部门职责及岗位工作内容与要求也会不断地发生变化，尤其是网络时代的新兴行业更是如此。一般而言，岗位说明书应不断修改，修改的频率应根据行业的发展和职责的变化情况灵活进行选择。因此当企业发生重大组织变革和战略调整时，企业应及时修订岗位说明书。然而，一些企业的岗位说明书并没有随着企业的发展而变化，使得原有岗位说明书在新形式下已失去价值，岗位说明书的规范和指导作用也难以发挥。

招聘与测评管理

招来的员工入职后不能履行应聘时的承诺

如何粗浅地判断招聘的员工是否合适？

招聘是简单地对应聘者提几个问题的事吗？有流程吗？

为什么有的公司开通了很多招聘网站却招不到人？

招聘的关键性环节是什么？怎样做？

面试前要做哪些准备工作？

看简历都看什么？

对于面试者，招聘主考官通常用哪些方式对其进行测评？

面试方法有哪些？如何将这些方法进行有效运用？

如何将要考核的能力转化成所提问的问题？

如何设计提问问题？面试官通常会提出哪些问题？

作为主面试官，也会导致面试的失败，其原因是什么呢？

1. 反面案例

招来的员工入职后不能履行应聘时的承诺

【案例一】某印刷公司最近招聘一名公共事业部副经理，王先生前来应聘。招聘的时候，人力资源部张经理依照岗位职务说明书对他进行了面试，了解了如下信息：写作水平如何？是否具备制定公司各项规章制度的能力？组织能力如何？企业文化的推广和宣传水平如何？王先生一一回答：他以前经常在业内期刊发表文章，做过制度的修正和制定工作，而且原来兼任企业的公关部部长，主要负责公司的企业文化宣传。但王先生入职公司三个月以来，各方面的表现不尽如人意，使总经理对于人力资源部的招聘效果生疑。

为什么会出现这样的问题？问题出在哪里？怎样去补救？

【案例二】某北京大型印刷企业在建厂之初，招聘了一个外地生源的人事专员，并签订协议五年服务期协议，解决了北京市户口，协议约定如果服务期未满离职需要索赔公司损失。该人事专员在企业工作之初，积极努力，协助人事经理建立了相关的人事制度。但在她工作第三年的时候，突然提出辞职，而且拒绝索赔公司，并将公司告上法庭。最终，员工以败诉告终。

虽然公司胜诉，但是遇到一个这样的员工，招聘时应该注意哪些问题可以规避此类的风险呢？带着上述的疑问，我们进入招聘与甄选的学习。

问题的引出

- 如何粗浅地判断招聘的员工是否合适？
- 招聘是简单地对应聘者提几个问题的事吗？有流程吗？
- 为什么有的公司开通了很多招聘网站却招不到人？
- 面试前要做哪些准备工作？
- 看简历都看什么？
- 对于面试者，招聘主考官通常用哪些方式对其进行测评？
- 面试的方法有哪些？如何将这些方法进行有效运用？
- 如何将要考核的能力转化成所提问的问题？
- 如何设计提问问题？面试官通常会提哪些问题？
- 作为主面试官，也会导致面试的失败，其原因是什么呢？

因为

- 招聘效果的好坏与否会为企业带来无形的成本。
- 招聘的主导者既是人力资源部门同时也是用人部门。

- 招聘不是简简单单地随意问问题，而是要经过针对性的设计！
- 合理地利用招聘渠道会事半功倍。
- 招聘的关键环节是要通过问题的设计引出你想要的结果。
- 看简历既要快又要准，不需要通览，只需要抓住关键点。
- 我们需要招的员工不一定是最好的，但一定是最适合的。
- 作为主面试官，我们要懂得招聘的关键点。
- 面试是一项技术工作，而不是简单地靠表达。
- 对于每一次面试我们都需要总结经验。

2. 问题解答

如何粗浅地判断招聘的员工是否合适？

如果招聘到的员工，对于你安排的工作总是需要经理人的督促、提醒甚至是斥责、批评，那么说明招聘是失败的。招聘进来的员工需要培训才能上岗，但如果招聘不当的话，就好比让一个游泳冠军去参加举重比赛，即使你对他进行了大量的培训又能如何呢？

一、企业为什么招人？

企业为什么招人如表 5-1 所示。

表 5-1

需要的人才类型	需要的时间点	分析说明
现实的需要	职位产生空缺	辞退、退休、异动时产生空缺。
	增加生产时	购进新设备或者工时调整，比如由两班调成三班。
长远的需要	人才进行储备	在企业发展壮大时，对管理与技术两方面都要进行人才储备。
	增加新的工种	引进配套的新设备，需要储备专业技术人才。

二、对待空缺如何选才？

选才的原则是公、忠、能。

公，要求做事公正，看待大局而不糊涂。对待一件事，一个问题，心态要端正，尤其是人力资源工作者本身，不能有任何顾忌，尤其不能偏向自己的亲信和朋友，看待问题和事情要一分为二，不要带着固化思维去看待任何人和事。否则将打破平衡，无法端正心态。私心重的人不适宜从事人力资源工作，即使从事了，也终究会因私心而误入歧途。

忠：对企业要有忠诚感。要以企业为荣，增强企业的自豪感和荣誉感，只有这样才能对企业忠诚。

能：要求所招聘的人员要有能力去完成工作任务。

三、大多数印刷企业面临的招聘现状

大学生招聘：实习期来10个实习生，毕业后剩下5人，再过半年剩下3人，一年后剩下1人，两年后招聘的大学生几乎全军覆没。

普工招聘：招聘时来了30人，3天后只剩下15人，两个月后几乎走光。一年计算下来，“存活率”几乎只有10%。

四、人员流失对企业带来的危害

通过下列人力资源专家对流失人员的调查分析得到的结果：92%的员工是企业希望留下的；100%的员工是会想办法带走相关的技术与客户；招聘成本是员工工资的5倍左右；15%的员工辞职时想暗地里做点坏事。

由数据分析可见，员工的大量辞职会对企业发展造成严重影响，稳定的员工会带来企业产品与服务的稳定，并最终带来忠诚的客户，所以员工的稳定与忠诚间接地促进了客户群的稳定。从成本的角度分析，员工流失给企业带来的影响包括：直接成本和间接成本。

1. 直接成本

（1）员工招聘成本。招聘准备工作，广告宣传，筛选简历，面试成本，录用准备成本，办理录用手续等。

（2）培训成本。岗前培训准备，培训资料，培训管理成本等。

（3）内部员工填补空缺成本。内部员工填补空缺成本，需要额外加班的成本，主管人员协调完成空缺岗位工作的成本等。

（4）新员工适应工作岗位期间所付出的成本。员工到一个新的工作岗位上，要有一个适应期，而在这个期间，公司仍需支付工资，这无疑增大了公司成本。

2. 间接成本

（1）人员流失使团队士气涣散的成本。据有关机构估算，一个员工离职会引起大约3个员工产生离职的想法，照此计算的话，如果企业员工离职率为10%，则有10%×3=30%的企业员工正在找工作；如果员工离职率为20%，则60%的企业员工正在找工作。

（2）人员流失造成企业后备力量不足的成本。频繁的人员流动，使企业今后在选拔中层管理人员时面临后继乏人的困境，进而使企业出现人才断层的现象，影响到企业人才梯队的建设。

（3）人员流失造成企业核心机密泄露的成本。包括技术泄密、客户资源流失、经营管理思想的再利用等。如果这些离职员工特别是关键技术岗位上的人员流失，带走的资料和信息流入到竞争对手，后果将更加严重，可能直接威胁到公司的生存。

（4）人员流失造成企业声誉被破坏的成本。一方面，离开企业的员工，自然会对企业存在的问题有些自我的评价，并且大多数是对企业负面的评价；另一方面，企业内外人员会对企业的这种现象有些猜忌和传言。这些评价、猜忌和传言会逐渐破坏企业名声。人们在选择加入企业时，总能打听到关于企业的一些情况，这使企业面临着很难再次招聘到合适人才的尴尬局面。

五、专业的招聘行为

表 5-2 直线主管与人力资源经理在招聘中如何分工

用人部门	人力资源部门
1．提出人员需求	
	2．招聘计划的制订与审批
3．提出招聘岗位的职务说明书（提出面试测试方案）	3．人力资源部提供资质类的测试方案（如九宫格素质测试题等）
	4．发布招聘信息
	5．通过各种渠道（如网络）搜集应聘资料
	6．应聘者申请登记、资格审核，对应聘者进行初步筛选，确定参加面试人员
	7．电话或者邮件通知参加面试的人员
8．面试及实操考核	8．面试及笔试
	9．确定录用人员，通知面试结果并核实个人资料
	10．确定试用期的工资待遇及转正时间
	11．准备入职手续（体检及安排住宿等事宜）
	12．办理入职及签订试用期合同
13．部门、车间及机台培训	13．新员工培训（厂规厂纪、安全培训）
	14．试用期考核
	15．签订转正后正式的劳动合同

表 5-3 招聘者与应聘者应该注意的表现行为

招聘者不喜欢的应聘者行为	应聘者不喜欢的招聘者行为
穿着邋遢	态度高傲
没有礼貌	长时间等待
不礼貌、夸夸其谈	总爱问别人的隐私
故作高人	不尊重应聘者
发型奇特、穿着各异	不能提供良好的安静的面试环境
反复提要求	招聘行为不专业
不认真对待	招聘现场凌乱
所答非所问	中途总是接打电话
一脸傲气	不介绍公司情况
假学历	不给对方提问的机会
不能准时参加应聘	故意找茬，甚至对应聘者发脾气
面试迟到	不能客观评价应聘者
首先就关注待遇问题	让应聘者感到紧张或者害怕

专业的招聘行为可以让应聘者减少招聘成本。可以减少招聘的次数，进而去节约时间和工作量。二是招对人可以少培训，省去部分培训费。如果招到合适的人，可以立刻创造绩效，马上

上岗。还可以创建多思维的员工队伍，对公司的创新有所帮助。所以作为一名专业的招聘者应该注意的事情包括：

(1) 穿着是否整齐？

(2) 手机是否关机或者调成静音模式？

(3) 态度有亲和力吗？

(4) 是否让应聘者等待很长时间？

(5) 是否做到换位思考，对应聘者表达了尊重呢？

(6) 介绍自己的职务及姓名了吗？

(7) 介绍自己的公司概况了吗？

(8) 招聘现场的秩序混乱吗？

(9) 给应聘者提问的机会了吗？

(10) 面试中是否有任何影响面试过程的干扰？

(11) 对于对方的态度是否合适？

(12) 最后感谢应聘者前来参加应聘了吗？

招聘是简单地对应聘者提几个问题的事吗？有流程吗？

典型的人员招聘流程如图 5-1 所示。

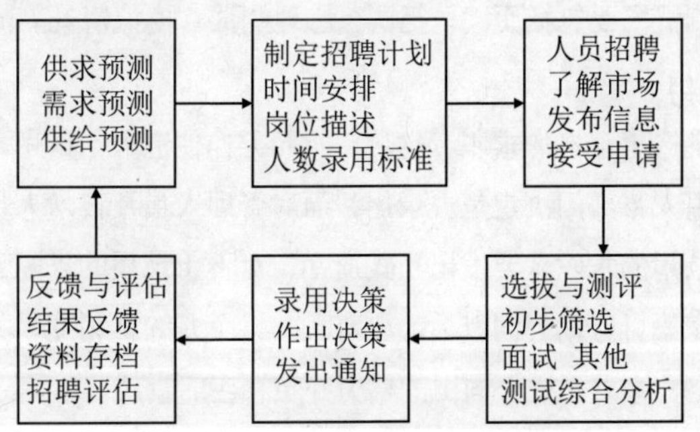

图 5-1 典型的人员招聘流程图

员工招聘工作是一个复杂的、系统的而又具有连续性的程序化操作过程，包括确定招聘需求、制订招聘计划、征召、筛选、试用和正式录用、招聘评估这六个阶段。

1. 确定招聘需求

招聘之前，首先要明确以下几个问题：是否存在岗位空缺？存在多少岗位空缺？需要多少人来填补岗位空缺？所需人员应该具有何种经验、知识和技能？企业所能给予的待遇条件是什么？这些岗位空缺可能是由于组织结构调整或业务变更产生了新的岗位，也可能是由于组织内部人员流动而产生的岗位空缺。这项工作需要在人力资源规划中完成。

2. 制订招聘计划

确定了招聘需求之后，需要结合对外部环境的分析考虑，制订完善的招聘计划。招聘计划应包括三项内容：确定人员征召渠道，确定人员选择方法，拟定招聘预算。

（1）确定通过何种渠道征召到足够数量的候选人员

如果需要内部招聘，就要从现有员工中挑选出能够满足新岗位工作需要的人员；如果需要外部招聘，可通过学校、劳动力市场、劳动服务和中介机构、猎头公司等渠道进行。

（2）估算招聘费用

随着人才争夺的日趋激烈，企业用于招聘的费用有不断提高的趋势。招聘企业可用于招聘的费用多少，在一定程度上决定了他们能够采用的招聘方法。

3. 征召

招聘计划完成之后，征召工作就可以开始了。

企业招聘机构必须对劳动力市场进行开发，即通过各种宣传、征召渠道和方法发布真实可靠的招聘信息，以便吸引和召集到更多的候选人。征召工作做得好与坏，在很大程度上决定了应聘人员的数量和质量。

4. 筛选

在征召活动获得了一定数量的可供挑选的候选人之后，招聘工作就进入了筛选阶段。筛选候选人是招聘过程的一个重要组成部分，其目的是将明显不合乎职位要求的申请者排除掉。工作岗位的报酬以及对人员所要求的知识、技能、经验等是判断候选人资格的标准。筛选应聘者的主要手段是测试。测试主要包括面试、笔试、心理测试、模拟情景测试等。

5. 试用和正式录用

经过筛选，企业挑选出合格的求职者之后，招聘工作便进入了试用和正式录用阶段。一般来说，工人及办事员由人事部门决定是否录用，而对管理人员及技术人员则须由招聘工作委员会集体决定。对决定录用的求职者要发出正式通知，对不予录用的求职者也应致函表示歉意。对决定聘用的人员，在签订劳动合同以后，要有 3 ~ 6 个月的试用期，如果试用合格，试用期满，便按劳动合同规定，享有正式合同工的权力并负相应的责任。

6. 招聘评估

招聘录用工作结束后，还应该进行最后的评估工作。一般来说，招聘评估包括两个方面：一是反映招聘成本的时间效率和经济效率评估；二是录用人员的数量、质量评估。实践证明，通过不同的招聘渠道和招聘方法，产生的招聘效果是极不相同的。招聘评估工作可以及时发现招聘工作中存在的问题，通过分析原因，寻找解决的对策，可以及时调整有关计划并为下次招聘提供经验教训。

招聘程序及说明见表 5-4。

表 5-4 招聘程序与说明

步骤	分析说明	负责部门
识别工作空缺	确定如何弥补：不招人（工作进行分摊），招人	用人部门
提出需求申请	确定招聘人数，要求。即填写（用人需求申请表、岗位职务说明书）	用人部门
统计沟通整理	按照人员架构，分析判断用人需求的合理性	人力资源部
决定招聘渠道	确定招聘渠道，可优先考虑内部提升和内部招聘，给员工更多的发展机会	人力资源部
制定决策用表	管理人员和技术骨干要有针对性的考核题目	人力资源部、用人部门
初步进行筛选	人力资源部根据资料筛选，推荐应聘人员，并电话或者邮件通知应试	人力资源部
进行甄选活动	要求应聘者填写“应聘登记表”，进行人才的甄选：运用行为语言、情景结构式面谈，经验直觉等判断	人力资源部、用人部门
名单确认通知	书面、电话或者网络通知	人力资源部
培训试用录用	集中培训、绩效评估、实际录用	人力资源部、用人部门
招聘评估	招聘成本分析，判断招聘质量情况以及新员工离职率情况	人力资源部

为什么有的公司开通了很多招聘网站却招不到人？

一、招聘渠道的选择与分析

人员招聘的渠道有两个：内部招聘与外部招聘。传统观念认为招聘都是对外的，事实上，企业内部人员也是空缺岗位的后备人员，而且越来越多的企业都开始注重从内部招聘人员。

（一）内部招聘

内部招聘通常是企业在内部公布空缺职位，从单位内部选择合适的人选来填补这个位置。这种方法使得员工有一种公平合理、公开竞争的平等感觉，会使员工更加努力，为自己的发展增加积极性的因素。内部招聘的主要形式如下。

1. 内部公开招聘

在企业内部发布招聘广告，展示现有职位空缺，欢迎企业内部所有符合条件的员工递交申请。这种方法的好处在于让各类员工都知道岗位空缺，发现可能被忽视或埋没的人才，鼓励员工对自己的职业发展负责。内部招聘也可以有两种方法。

（1）技能档案。许多企业都建有人力资源信息系统，该系统可将企业中所有员工的简历、技能资料用数据库保存起来，并定期地进行修改更新。员工的简历、技能资料包括员工工作经历、教育经历、已参加或计划参加的培训、具备的特殊技能或能力、业绩评估等。一旦组织出现岗位空缺时，通过人力资源信息系统可以很快发现哪些员工满足空缺岗位的招聘要求，以简化人员选拔的过程。

优点：能够在较大范围内很快招到候选人。

缺点：考核不够全面。数据库中保存的多是客观信息，如教育程度、资格证书、培训经历等，缺乏主观信息，如人际技能、判断力、道德品质等。对许多工作来说，主观信息和客观信息同样重要。

（2）**主管推荐**。当出现职位空缺时，可以要求部门经理推荐一些他认为适合那项工作的候选人。

优点：主管人员对他所推荐的候选人的能力有比较深入和全面的了解。

缺点：主管人员对于推荐者有时有较强的主观意识。

2. 提拔晋升

选择可以胜任空缺职位的优秀人员。这种方法的好处在于给员工以升职的机会，会使员工感到有希望、有机会发展，对于激励员工非常有利。

内部提拔的人员对于本单位的业务工作更熟悉，能够较快适应新的工作岗位。但是如果内部提拔的人员不是最优秀的，即使提拔的过程中保持绝对公正，也很难让所有人赞成，甚至会在少数人的心目中产生“他还不如我”的想法，使新提拔人员不能服众，造成不安定局面。

3. 工作异动

工作调换是在内部寻找合适人选填补空缺岗位的一种基本方法。同时也可以使内部员工了解单位内其他部门的工作，与本单位更多的人员有较深的接触、了解。一方面有利于员工今后的晋升，另一方面可以使上级对下级的能力有更进一步的了解，并为今后的晋升工作做好准备。

（二）外部招聘

外部招聘是从组织外部招聘所需要的人才。外部招聘的常用方法有直接招聘和间接招聘两种。直接招聘是企业或组织直接向外发布招聘信息进行招聘。间接招聘是委托中介机构发布招聘信息进行招聘或代为寻找需要的人才。

1. 直接招聘

直接招聘包括发布招聘信息、招聘会招聘和员工推荐。

（1）**网络招聘**。这是企业从外部招聘人员的最常用的方法之一。通过发布招聘信息招聘人员要把握好两个方面的工作：广告媒体的选择和广告内容的设计。网络招聘适合中端人才招聘。

①**广告媒体的选择**。发布招聘信息，要注意招聘网站的选择。如果是技能人才，往往大多通过行业专业网站，如印刷行业可通过“中国印刷人才网”和“众浩印刷人才网”进行招聘。如果是普通操作工可以通过“58同城”或者“赶集网”进行招聘，当然也可以选择大家通用的“智联招聘”或者“前程无忧”网。但网站的选择需要从实用性和成本角度考虑。比如，如果公司普工招聘较多，就没有必要大量开通高端人才网站，否则不但效果不佳，而且会损耗公司成本，得不偿失。

②**广告内容的设计**。在进行招聘广告的内容设计时需要考虑如下四个方面。

- 工作的描述：列出工作职位、性质、内容、地点等。
- 对应聘者的要求：清楚地列出专业、学历、工作经验、能力等方面的要求。
- 工作待遇：应聘者一般都很关注工作的待遇，在招聘广告中应列举出企业能够提供的条件，如工资、职位、培训机会、住房条件、出国机会等。要显现公司与其他公司相比尤其是与同行业的公司相比突出的优势。
- 申请方法：招聘广告中应清楚地说明申请工作或职位的方法、公司地址、联系电话、电子邮箱等，以方便申请人联系。

（2）招聘会招聘。所谓招聘会招聘，就是由企业或组织的招聘人员通过到学校、参加人才交流会等招聘形式直接招聘人员的一种方法。如校园招聘会，针对的人群非常清晰（应届毕业生）。

（3）员工推荐。通过企业或组织的员工、客户、合作伙伴等热悉人推荐候选人，也是企业或组织招聘人员的重要来源。该招聘方式的优点是：对候选人的了解比较准确；应聘人员素质较高、可靠性高；招聘的成本较低。

2. 借助中介机构

企业或组织可以借助中介机构进行人员招聘，主要的几种中介机构人员招聘方式如下。

（1）猎头公司。用传统的渠道往往很难获得高级人才和尖端人才，但这类人才对企业或组织的作用确实非常重大。猎头公司就是那些专门为受托企业或组织招聘人员为主要业务的公司。不同的猎头公司有不同的工作程序。典型的步骤是：分析客户的需要，根据需要搜寻人才并进行面试、筛选，最后作出候选人报告供客户选择。全面理解客户的需要是成功招到合适人才的前提。为了切实理解客户的需要，有的猎头公司甚至派人去客户单位工作一段时间，以彻底地了解和体会其文化、员工关系、组织结构等。

（2）职业介绍机构。职业介绍机构往往担当着双重角色：既为企业或组织择人，也为求职者择业。这种定位使得职业介绍机构能够掌握大量的关于求职者和组织的信息。企业或组织向介绍机构提出用人要求，职业介绍机构就可以根据要求提供求职者的简历等个人资料。

（3）中专技校的毕业生分配部门。企业或组织根据人员需求的实际情况委托各类中专技校的毕业生分配部门，如就业办公室，为其推荐人员不失为一种有效的招聘方法。

（4）人才市场、劳务市场。在全国的各个大、中城市，一般都有人才交流服务机构。这些机构常年为各类用人单位提供人员招聘服务。它们建立有自己的人才资料库，企业或组织可以很方便地在资料库中查询到符合要求的人员资料。

二、内部招聘与外部招聘的比较

（一）内部招聘的特点

1. 内部招聘的优势

（1）有利于调动员工的劳动积极性。内部招聘让员工及时补充工作岗位的空缺，能够满足企业员工的需求，激发企业内部员工的积极性，鼓励员工积极进取，认真学习，不断增强自身的竞争优势。

（2）可以有效地防止在识人用人方面可能出现的失误。由于企业在采用内部选拔聘任人才的模式时，一般是根据员工过去的实际工作绩效，通过对员工任职资格、知识水平和实际能力的综合评价，最后才作出人事决策。

（3）可以相对地节约通过外部劳动力市场招聘所需要支付的各种费用。

（4）可以使就职人员尽快地进入角色。由于企业的一些重要岗位空缺是通过内部选拔制实现的，因此，新就职的人员一般对企业内外环境和条件比较熟悉，这些因素将有助于他们迅速地进入角色，充分发挥出其应有的作用。

2. 内部招聘的劣势

（1）“近亲繁殖。”在新的岗位上往往很难突破原有的思维模式和传统的框架，难以管理。

（2）容易使企业内部人员的结构出现“帮派”现象。由于人员的接替基本上按照层级阶梯递进的，其结果是：某某是自己的师傅，谁谁是自己的老上级，长此以往，就结成一定的“帮派”，基于这种原因，内部招聘可能会造成企业领导层缺少思想碰撞的火花，缺乏竞争意识和创新精神，甚至可能造成企业领导层拉帮结派不团结的情况。

（3）选择面小，一些员工可能被提升至他不能胜任的岗位。企业人才的补充完全依赖于内部升补制，在企业高速发展时期，就不可避免地会出现“低能高聘，以次充好”或“营私舞弊”的现象。

（4）内部招聘易于引发一些矛盾和问题。如聘任后一些员工的新角色会使员工之间关系发生变化，有些变化可能对工作产生不利影响。一般而论，企业从内部选拔和提升某人担当重要的领导岗位职务时，由于各种主观和客观因素的制约和影响，在同等经历、智力、能力水平的情况下，总会有一些同级同职的人员“落选”。由于某人的升职，必然对那些落选的同事在心理上产生一定的压力和影响，这种压力和影响在候选人群中会引起思想上、情绪上的波动，特别是企业选拔提升的对象有负众望的情况下，这种波动将会更加严重。

总之，企业在采用内部招聘弥补工作岗位时，一定要注意采取相应的对策和措施，扬长避短，充分发挥其积极作用，防止并克服其缺陷或不足。

（二）外部招聘的特点

1. 外部招聘的优点

（1）给企业带来新的见解和观念。外部人才的加盟为企业输送了新鲜血液，从根本上解决了企业内部人才补充普遍存在“近亲繁殖”的弊端。新人将会给企业带来新的思想、新的理念、新的思维方式，使企业充满了活力。

（2）选择面广，易于得到更多更好的人才。由于外部人才的引进，一般是根据企业岗位的标准和要求，通过严格的选拔程序，从一定数量的候选人中认真甄别和挑选出来的，所以引进的人才已经基本上具备了任职的资格和条件，特别是那些通过“猎头”公司选拔的人才，一般具有较丰富的实践经验和较高水平的专业技术或专门技能，从而使企业节约了大量的培训费用，相对缩短和减少了在现岗锻炼培养的时间与领导精力的投入。

（3）有利于防止过度使用企业内部尚不成熟的人才。

（4）可以有效地防止因内部人员晋升给同等能力人员带来的心理压力和矛盾。

2. 外部招聘的缺点

（1）吸引、评价外部人员比较困难。

（2）由于外部引进人才的社会背景和具体经历不同，一般来说，对新任的岗位工作需要一个熟悉和适应的过程，特别是对企业文化的认同和融合难度就更大一些，在这方面没有内部招聘的优势大。

（3）会对企业内部那些认为能够胜任空缺职位的员工积极性产生不利影响。

（4）会对现岗的员工带来一定的压力和影响，竞争过度容易使员工缺少归属感。

总体来看，内部招聘与外部招聘各有利弊，两者基本上是互补的。对企业或组织而言，究竟是采用内部招聘还是采用外部招聘，没有一定的规定，这需要根据企业自身的情况进行合理决策。

三、内外结合的招聘方法

研究表明，企业在招募人员时也可以采取内外部相结合的办法。具体偏向于内部还是外部，取决于组织战略、职位类别和组织在劳动市场上的相对地位等因素。在实践过程中并不存在统一的标准。对于招募组织的中高层管理人员而言，内部与外部招聘都是行之有效的方法。一般来说，对于需要保持相对稳定的组织中层管理人员，可能更多地需要从组织内部获得提升，而高层管理人员在需要引入新的风格、新的竞争时，可以从外部引进合适的人员。

四、招聘渠道选择的方法

1. 要考虑成本

通过成本与效益核算能够使招聘人员清楚地知道费用的支出情况，区分出哪些是应支出项目，哪些是不应支出项目，这有利于降低今后招聘的费用。通过招聘数量的评估，分析在数量上满足或不满足需求的原因，有利于找出各招聘环节中的薄弱之处，改进招聘工作；同时通过录用人员数量与招聘计划数量的比较，为人力资源规划的修订提供了依据。

2. 要考虑候选人群获取信息的习惯

越是高端人才，往往在获取空缺职位信息方面越被动。相对低端的职位，往往潜在的候选人会主动关注空缺职位。高端人才，通过猎头、内部推荐等方式，达到主动传递职位的效果。相对低端的职位，采用网络招聘的方式，能快速实现信息传递的作用。

3. 不同地域的候选人群，获得信息的习惯差异

同样是网络招聘，不同招聘网站在不同地区的市场占有情况差别巨大，因此，一定要根据不同地点的求职人群的信息获取习惯，选择合理的招聘渠道。

【案例】在北京和黑龙江佳木斯各选择何种招聘渠道合适？

这就要考虑上面提到的第三种情况，不同地域的候选人获得信息习惯的差异。在北京大多数人都习惯于通过网络获取工作资源，而佳木斯没有专门找工作的网络平台，因而需要通过电视或者报纸刊登广告，再或者通过中介机构进行招聘。这就是地域性差异。如果在佳木斯用到和北京同样的招聘渠道，效果可能会大打折扣。

五、招聘决策

人员招聘决策是指企业在人员招聘过程中针对遇到的具体问题作出决定的一系列活动。

（一）人员招聘的决策过程

实施人力资源计划时要在人员的供需间保持平衡，以维持企业或组织的正常运转。如果出现人员供小于求的情况，企业就要采取措施进行劳动力的平衡。平衡的措施可以是进行人员招聘，也可以采用非招聘的解决方案。人员招聘决策就是在出现劳动力短缺时，决定是进行人员招聘还是采用一些非招聘的解决方案。

选择何种解决方法要根据人员短缺的性质和出现人员短缺的岗位的工作性质而定。如果劳动力短缺的情况是短期的，或者工作量出现波动的时候，不应急于采取人员招聘的方式去解决人员短缺岗位的问题。工作量有时大，有时小，一旦将人员招聘进来，当工作量小的时候，就会出现人员的富余，而处理富余人员显然要比招聘人员困难得多。

如果人员短缺的岗位没有那么重要，例如短缺岗位的工作对专业技能要求不高或不涉及公司的核心工作流程，为减少招聘成本和人力资源管理的工作量，也可不必招聘人员。对于这种岗位，可以通过兼职或进行外包的形式解决劳动力缺乏的问题。

（二）人员短缺的非招聘解决方案

对于人员短缺的非招聘解决方案一般包括组织员工加班、招聘兼职人员、业务外包等几个方面。

1. 组织员工加班

解决短期劳动力不足的问题最常用的方法是鼓励加班。组织员工加班不仅使企业避免了在招聘、选拔和培训等方面的费用，而且也不用担心将来工作量减少时如何解决富余人员的问题；同时，员工也可以通过加班得到相应的报酬。

需要注意的是，采用加班的形式解决的必须是短期人员不足的问题，而且员工加班的方式必须符合国家劳动法的规定。

2. 招聘兼职人员

据研究表明，一个长期在编员工的全部成本一般要占到工资总额的30%～40%以上，并且不包括招聘成本。为减少这一成本支出并提高工作的灵活性，许多企业利用兼职人员或临时工。公司招聘兼职人员可以相应减少在招聘、人员调整和员工福利等方面所需要的费用。

3. 业务外包

虽然某些企业会预测出市场对其商品或服务的需求是长期增长的，但可能仍然不会招聘新员工。此时，企业会选择将工作外包的方法。在实际操作中，当某些转包商在生产某些商品或服务商更具有专长时，这种方法特别具有吸引力，而且，这样的安排会使双方都从中受益。

（三）影响招聘决策的因素

1. 内部因素

（1）企业声誉。企业是否在应聘者心中树立了良好的形象以及是否具有强大的号召力，将从心理方面影响招聘决策活动。知名公司在公众中的声望，很容易就能吸引大批的应聘者。

（2）企业处于发展阶段。人力资源管理职能的相对重要性是随着企业所处阶段的变化而变化的。产品增加或服务范围的扩大都需要增设新的岗位和更多的人员，所以，处于增长和发展阶段的企业比成熟或处于下降阶段的企业需要招聘更多的员工。除了改变招聘规模和重点以外，处于发展阶段且还在迅速扩大的企业可能在招聘信息中强调雇员有发展和晋升的机会，而一个成熟的企业可能强调其工作岗位的稳定性以及所提供的高工资和福利。

（3）企业的招聘政策。企业的招聘政策影响着招聘人员选择的招聘方法。对于要求较高业务水平和技能的工作，企业可以利用不同的来源和招聘方法，这取决于企业高层管理者是喜欢从内部还是从外部招聘。另外，企业内的用人是否合理、是否有良好的上下级关系、职位晋升的设置如何、进修机会是否多等，对有相当文化层次的人员来说，在一定程度上比工资待遇更重要。

（4）福利待遇。在公司的薪酬政策上，考虑是否有调整的空间和可能，通过有竞争性的薪酬给付，吸引优秀的应聘者。

（5）成本和时间。由于招聘目标包括成本和效益两个方面，同时，各种招聘方法奏效的时间也不一致，所以，成本和时间限制影响招聘效果。招聘资金充足的企业在招聘方法、地域、宣传力度、时间上有更多的选择。如果某一企业正面临着增加产品或扩大服务范围所带来的突发性需求，那么它几乎没有时间去大学招聘，因为学生毕业的时间有一定的季节性，而且完成招聘任务需要经历较长的过程。因此，企业或组织必须尽快地想办法满足对员工的新需求。

许多招聘方法所涉及的时间也受到劳动力市场条件的影响。当劳动力市场短缺时，应聘人员数量减少的同时应聘者也会更多地去拣选企业，所以要花较长的时间才能完成招聘过程。通过预测人员需求可以减少招聘成本并提高效率，尤其是在劳动力市场短缺时会更有效地获取所需要的合格员工。

2. 招聘决策的外部因素

（1）国家的政策、法规。国家的政策、法规从客观上界定了企业招聘对象选择和限制的条件。要注意在招聘信息中是否涉及性别、种族、民族、宗教信仰等问题，除非这些条件是因为工作岗位的真实需要。企业必须设计其招聘计划和方法以在特定的人口组内吸引有资格的应聘人员，包括妇女、本地人和残疾人等。

（2）劳动力市场。

①市场的地理位置。人员招聘可以从局部、区域、国内甚至国际范围内进行。通常，那

些不具有很高技能的人员可以在局部劳动力市场招聘，而区域性劳动力市场可以用来招聘那些具有更高技能的人员，专业管理人员应在国家的劳动力市场上招聘，因为他们必须熟悉企业的环境和文化。最后，对某些特殊人员，除了在国内招聘外，还可在国际人才市场招聘。

②市场的供求关系。人力资源也有供求关系，当失业率比较高时，从外部招聘人员比较容易。相反，某类人员的短缺可能引起其身价的上升并迫使企业扩大招聘范围，从而使招聘工作变得错综复杂。

总之，劳动力市场状况影响招聘计划、范围、来源、方法和所必需的费用。为了有效地工作，招聘人员必须密切关注劳动力市场条件的变化。

（3）行业的发展性。如果企业所属的行业具有巨大的发展潜力，就能吸引大量的人才涌入这个行业，从而使企业招聘人才的余地扩大。反之，行业远景差时则也难以有充足的人才供选择。

招聘的关键性环节是什么？怎样做？

一、甄选工作的运用和分析

招聘中的人员甄选是指综合利用心理学、管理学和人才学等学科的理论、方法和技术，对候选人的任职资格和对工作的胜任程度进行系统的、客观的测量、评价和判断，从而作出录用决策的过程。候选人的任职资格和对工作的胜任程度主要包括与工作相关的知识和技能、能力水平及倾向、个性特点和行为特征、职业发展取向和工作经验等。有效的甄选可降低企业人员招聘的风险，有利于节省成本。

1. 为什么要面试？

面试的主要目的是为了选择“合适”的人进入公司。如果把招聘行为看成一次销售活动的话，从企业的角度来说，既可以把自己看成买方，也可以把自己看成卖方。当我们认为自己是在购买一种资源时，用人单位是买方，是消费者；当我们认为招聘是把职位推销出去的时候，用人单位就成了卖方。决定我们态度的关键是市场上人才的供需关系。

2. 招聘最重要的两个环节

首先需要判断什么样的人才有可能把工作超额、超标准完成。其次怎样判断一个人是否能达到上述的要求。

3. 招聘要的是什么，面试看什么？

优点：把握应聘者是否具备完成工作的能力和潜质。

缺点：把握求职者的不足，在此基础上看这种不足或弱点在多大程度上可能影响工作。

经验：了解他能从经验中得到什么，通过对过去状况的了解，去推论应聘者在未来发展的可能性。

背景：通过看求职者现有的基础如何，从而把握他是否有胜任工作的基本可能。

【案例】公司招聘一名司机，需要考察应聘者的哪些方面？

1．驾驶技能和经验。

2．从业背景。

3．关注是否喜欢喝酒，打牌。

每个人都有缺点，再伟大的人也不例外。所以，我们在了解应聘者的缺点的时候，一定要把握应聘者的缺点是否和职位要求相冲突。

二、主试人员的选择

主试人员的综合素质是面试成败的关键，因为主试人员各方面的素质、性格特征、工作能力直接影响面试的质量。作为主试人员，应具备以下素质：

（1）必须具备良好的个人品格和修养，为人正直、公正。面试过程中，主考官代表公司，是公司文化的象征，应使每位应聘者在他们的接触中感受到彼此的价值，防止个人情绪的影响。

（2）具有相关专业知识，起码在面试小组中，考官的知识组合不应有缺口。此外，由于在面试评价过程中，定性评价往往多于定量评价，要求考官们有丰富的社会工作经验，能借助工作经验的知觉判断来正确把握应征者的特征。

（3）能熟练运用各种面试技巧，控制面试进程。在面试过程中，主考官应能了解和感受应征者的心理并营造良好的面试气氛。

（4）有良好的自我认识能力。评价应征者时，不受应征者的外表、性格或背景等各项主观感受的影响，防止个人偏好的影响。

（5）掌握相关的人员测评技术，应能对录用与否做出果断的决定。不断总结经验，丰富人生阅历。

如果单个主考官无法同时具备以上全部条件，就应组织面试小组以保证面试质量。

面试前要做哪些准备工作?

面试技巧分为需求分析和提问技巧。

1．职位分析的内容

职位分析的内容包括职责内容和范围分析 →职位价值点的分析→对任职者能力素质要求的分析→工作环境分析 （工作地点、使用设备等）→与其他岗位之间的关系分析 →主要业绩考核标准分析。

素质能力的要求，来自于企业文化和企业价值观。

【案例】请对客户经理的工作进行描述，如表 5-5 所示。

表 5-5

职责内容和范围	胜任者能力和素质要求分析
完成部门制定的季度广告销售任务	要完成销售任务，需要任职者具备良好的沟通能力，一定的谈判能力、对公司产品理解的能力、客户需求分析能力、压力承受能力、一定的计划能力
维持客户和公司之间的广告及合作关系，争取双赢，并使公司利益最大化	良好的沟通能力和较好的谈判能力。如果公司的业务比较复杂，销售人员自己又有一定的定价权，毛利计算也比较复杂的话，则销售人员还需要具备一定的计算能力
开发新的广告客户	要开发新客户，就必须具备良好的客户需求分析能力和说服能力
有效利用公司多项资源，帮助客户成功进行网络推广，进行年度和短期的网络宣传规划	要求任职者能够对公司现有的资源情况非常了解，同时知道从什么角度给客户提供资源和帮助。实际上要求应聘者具有较好的学习能力，能迅速掌握公司的资源情况
与销售内部各职能部门协作，保证合同约定的内容顺利实施并按时完成	核心点在于两方面：一是沟通与协作性要求，二是对工作计划性和实施能力

注意：如需招一个销售人员，销售员对整个组织来说，最直接的价值就是带来收入和利润。因此，拥有客户资源的数量和人脉关系的多少就显得尤为重要。

2. 职位需求分析的方法

（1）**访谈法。**做招聘的部门，与用人部门的负责人或需要招聘的职位的上级进行访谈和沟通，从而明确用人需求，是招聘需求分析最主要的方法。

难点：用人部门往往希望挑一个十全十美的应聘者，希望是一个来了就能用的人。但现实往往是残酷的。对专业招聘人员来说，需要具备较好的专业能力。

（2）**问卷调查法。**采用标准的问卷，对于用人部门的招聘需求进行梳理，特别适用于大规模招聘。

难点：问卷的设计必须强调与公司现状相结合。在进行招聘需求调查时也一样，问卷的设计必须结合用人部门的现实情况来进行。

（3）**职位说明书分析。**从再现内容和工作范围入手，逐项工作进行推理。

（4）**观察法。**指由招聘部门对与空缺职位相同或相类似职位的岗位人员的工作情况进行实地观察，从中判断出胜任工作所必须具备的能力和要求，理论上最客观。

缺点：①管理成本高昂。②需要观察者本身具备专业的能力。

看简历都看什么？

招聘者看到一份简历后，如何筛选出应聘者是否是符合招聘岗位需要的人。

1. 筛选方法的基本要求

信度和效度是人员筛选工作对测评方法的基本要求，只有信度和效度达到一定水平的测验，其结果才可作为录用决策的依据，否则将误导面试者，影响其作出正确的决策。

（1）信度。信度是人员测评工具稳定性和可靠性的指标。如果把人员测评工具比作一把用来测量物体长度的尺子，那么这把尺子在测量同一物体时，无论测评者、时间、地点怎样变化，结果都基本一样，说明这把尺子是一个可靠的测量工具，也就是说它有好的信度。测试结果的差异来自两方面，即被测方和施测方（包括测试者、测试工具、测试内容等），而信度主要以施测方为依据进行度量。

（2）效度。效度即测评的有效性。一个测评工具也许很可靠、很稳定，但并不能保证它一定有效，从而也就无法保证它是科学的测评工具。如尺子可以有效测长度，但不能测重量。可以说测评工具本身并不存在是否有效的问题，也就是说，不要把效度理解为判断一项测试工具是否有效的指标。运用测评工具或技术进行测试得出结果，并对结果作出推断进而形成结论，此结论的有效性才是所指的效度的真正含义。

信度和效度是表示测评质量的重要指标，两者既相互区别，又相互联系。测评结果的一致性与稳定性用信度来反映，而其正确性与可靠性则由效度来表示。因此，在测评中如果效度较高则信度也一定较高，就不必再做信度检验了；但若是有较高的信度，则还需要对效度进行检验。

2. 简历上的内容

通常简历包括以下内容：基本信息；专业课程；资质和证书；自我评价；爱好；科研成果；家庭成员；薪酬期望；求职意向；教育背景；工作经历；社会实践；所获奖项。

3. 招聘者筛选简历的流程

（1）分析简历结构。简历的结构在很大程度上反映了应聘者的组织和沟通能力，结构合理的简历都比较简练，一般不超过两页，有无错别字，语法是否错误 。

（2）审察简历的客观内容。客观内容主要分为个人信息、受教育经历、工作经历和个人成绩四个方面。要重点关注应聘者的家庭地址、住址和婚姻状况。

（3）检视是否符合岗位技术和经验要求。应聘者的专业资格和经历是否与空缺岗位相关并符合要求。

（4）审查简历中的逻辑性。要注意简历的描述是否有条理，是否符合逻辑。

【案例】应聘者：男，28 岁，1985 年生，外地户口。

期望从事职业：人力资源总监；培训师；培训经理 / 主管；人力资源经理；人力资源主管。

目前任职：某外企在京公司人力资源部经理。离职原因：未填写。

背景：地方大专毕业，后到北京续本，之后继续读 MBA。

应聘职位：某 HR 领域内非营利组织的项目经理，从事与 HR 相关的业务工作。该组织的特点，是云集了大批知名企业的 HR 高管人员，在行业内有较高声望和地位。

请问：作为组织中的招聘者，你会给他面试的机会吗？

分析：80后，上了地方性且较差的大专，表明其基本功并不理想。从求职的职业来讲，跨度非常大。这种选择方式，表明其对自我的定位不是特别清楚。简历本身看不出离职的原因，但作为一个企业的人力资源部经理，无论企业大小，其工作范围会涉及人力资源管理的各个方面。而其所应聘的组织，涉及的工作内容比较单一，求职动机应是薪酬或为接触到平时他无法接触到的人力资源领域里的高层管理人员，但简历中均未能表明。因此会让招聘单位怀疑应聘者的可靠性和真实度。

对于面试者，招聘主考官通常用哪些方式对其进行测评？

面试以后就要筛选出一部分人进入到各种测试环节。当然这个先后顺序并不是绝对的，如果招聘的时间有限，也可以先进行测试后进行面试，还可以面试与测试同时进行。

测试的内容应根据岗位的不同而有所变化。一般而言，测试主要分为心理测评和能力测评两大类。

一、心理素质和潜质测评

1. 价值测评

评价工作价值观对人员选拔具有重要意义，一些求职者由于某些特殊原因，去应聘与其工作价值观完全不相符合的职业或岗位，因此他们会对所求的职业或职位并不满意，这不仅降低其工作热情和积极性，而且会直接影响其工作绩效，甚至影响到组织的效率。测评的内容可以包括道德方面，如诚实、质量和服务意识等价值观。通过价值测评可以为选拔录用人才作为一项补充性的依据。

2. 职业兴趣测评

职业兴趣揭示了人们想做什么和喜欢做什么。它可以表明一个人最感兴趣的并最可能从中得到满足的工作是什么，该测试是将个人兴趣与那些在某项工作中较成功的员工的兴趣进行比较。可用于了解应试者的兴趣方向以及兴趣序列。如果能够根据应聘者的兴趣爱好进行职业合理分配，则可以最大限度地发挥个人潜力，保证工作的圆满完成。

3. 智力测评

招聘过程中的智力测评不同于一般的智商水平测试。智力测评是对应聘者的数字能力和语言能力进行测评。一般地，在智力测评中成绩较好的人，在今后的工作中具有较强的能力关注新信息，善于找出主要问题，其业绩也不错。

4. 情商测评

情商包含了五个方面的内容，自我意识、控制情绪、自我激励、认知他人的情绪和人际交往技巧。一个高IQ的人可能是一个专家，而高EQ的人却具备综合与平衡的才能，可能成为杰出的管理者。EQ是组织领导人所必须具备的基本能力。

二、能力测评

1．职业能力倾向性测评

这是用于测定从事某项特定工作所具备的某种潜在能力的一种心理测评。它的作用体现在什么样的职业适合某人，为胜任某职位，什么样的人最适合。因此它对人员选拔配置有重要意义。主要包括普通能力倾向测评，特殊职业能力倾向测评和心理运动机能测评。

2．知识技能测评

知识技能测评主要包括工作机能测评和专业知识测评两个部分，前者是对特定职位所要求的特定机能进行测评，后者是对特定职位所要求的特定知识进行的测评。

3．工作情景模拟测评

工作情景模拟测评根据被测者可能担任的职位，编制一套与该职位实际情况相似的测评项目，将被测者安排在模拟逼真的环境中，要求被测者处理可能出现的各种问题，用多种方法来测评其心理素质，实际工作能力，潜在能力的一系列方法。它的优点是可以多角度全方面观察分析判评价应聘者，还可以让被测评人员直接上岗或者只需要针对性的培训上岗，为企业节省了大量的培训费用。

三、专业的测试工具

1．九型人格测试

九型人格 （Anagram）指人的九种气质，表现出九种性格：1 号完美型；2 号助人型；3 号成就型；4 号自我型；5 号理智型；6 号疑惑型；7 号活跃型；8 号领导型；9 号和平型。近来备受美国名校 MBA 学员推崇并风行欧美学术及工商界，以此为依据培训员工，建立团队，提高执行力。

2．卡特尔（16PF）测评工具

卡特尔 16 种个性因素测验（16PF），是美国伊利诺伊州立大学个性及能力测验研究所的卡特尔教授于 1949 年编制的，后几经修订，形成若干版本。16PF 适用于 16 岁以上的青年人及成年人。经我国有关专家试用认为，16PF 有较高信度和效度，最高信度达 0.92（忧虑性因素）；效度方面，测验结果表明各因素之间的相关系数较低。16PF 确定了 16 种人格特征，据此编制人格量表，这 16 种因素的名称及符号是：A 乐群性；B 聪慧性；C 稳定性；E 恃强性；F 兴奋性；G 有恒性；H 敢为性；I 敏感性；L 怀疑性；M 幻想性；N 世故性；O 忧虑性；Pl 实验性；P2 独立性；P3 自律性；P4 紧张性。

3．MBTI 职业性格测试

MBTI 职业性格理论把人的性格分为四个维度，八个方向，根据人对事物最自然，最本能的反应，深入把握人的真实个性。近 90% 世界百强公司引入 MBTI 测试作为员工和管理层自我了解、改善沟通、提升团队效率和凝聚力的重要方法。十六种性格类型如表 5-6 所示。

表 5-6　十六种性格类型表

内倾感觉思维判断（ISTJ）	内倾感觉情感判断（ISFJ）	内倾直觉情感判断（INFJ）	内倾直觉思维判断（INTJ）
内倾感觉思维知觉（ISTP）	内倾感觉情感知觉（ISFP）	内倾直觉情感知觉（INFP）	内倾直觉思维知觉（INTP）
外倾感觉思维知觉（ESTP）	外倾感觉情感知觉（ESFP）	外倾直觉情感知觉（ENFP）	外倾直觉思维知觉（ENTP）
外倾感觉思维判断（ESTJ）	外倾感觉情感判断（ESFJ）	外倾直觉情感判断（ENFJ）	外倾直觉思维判断（ENTJ）

4．霍兰德职业兴趣测试

人的个性与职业有着密切关系，通过科学测试了解应聘者的个性，可以获知应聘者的职业兴趣以及更适合从事哪方面的工作，有助于选择合适的人才，也帮助员工制定更合适的职业发展目标。

霍兰德职业兴趣测评工具通过让受试者答《职业自测问卷》，再对照《人格类型与职业环境的品配》和《测试结果与职业匹配对照表》得出人格类型所匹配的职业。

5．情商测试

情商（EQ）是自我情绪控制能力的指数，指的是信心、乐观、急躁、恐惧、直觉等一些情绪反应的程度，由美国心理学家彼德·萨洛维于 1991 年创立。较高的情商能够帮助人们面对越来越快的生活节奏，高负荷的工作和复杂的人际关系。

美国心理学家认为：在人的成功的诸多主观上的因素里面，智商（IQ）因素大约占 20%，而情商（EQ）则占 80% 左右。情商包括以下几个方面的内容：一是认识自身的情绪。因为只有认识自己，才能成为自己生活的主宰。二是能妥善管理自己的情绪。即能调控自己。三是自我激励，它能够使人走出生命中的低潮，重新出发。四是认知他人的情绪。这是与他人正常交往，实现顺利沟通的基础。五是人际关系的管理。即领导和管理能力。

6．抗压能力测试

面对快节奏的生活和高负荷的工作，越来越多的企业认识到员工的抗压能力直接影响到团队的执行力和稳定性。抗压能力测试不但能让企业全面了解应聘者的发展空间和执行力，更能帮助企业预见团队可能出现的问题，避免严重后果。

关于专业测试工具的测试题以及对测试结果的分析评判可参阅相关书籍，这里不再赘述。

面试方法有哪些？如何将这些方法进行有效运用？

一、面试方法

1．结构与非结构面试方法

（1）结构性面试法。由一系列连续向申请某个职位的求职者提出的与工作相关的问题构成，问题是预先为了预定岗位而设定好的，即“有预谋”的。相同的考察和评价标准，相同的问题，相同的面试官，相同的提问时间和程序。通过分析得出空缺职位的胜任资格。确定可测量命题，并给出参考答案及评分标准；对应聘同一个职位的所有应试者都提相同类型的问题；有统一的评分标准和评定量表。

（2）结构化面试的程序

① 预备阶段。主试人的预备阶段一般在开始面试前30分钟进行，主要内容包括熟悉简历，选择关键问题。同时应安排好面试地点，最好选择单独的会客室以避免受到干扰。

② 引入阶段。引入阶段，面试正式开始。主试人以一般的社交话题进行交谈，使应聘人员自然地进入面试情景之中，以消除他们的紧张心理，建立和谐、友善的面试气氛。

③ 正题阶段。该阶段进入面谈的实质性正题，首先是给应聘者第一次真正发言的机会。接下来主要是围绕其简历情况提出问题，从广泛的话题来了解应聘人员不同侧面的心理特点、行为特征，以及能力素质等。主要是为了针对应聘人的特点获取评价信息。评价的内容基本是面试意见表中所列的各项要素。

④ 变换阶段。本阶段主要是给应聘者向主试人提出问题并得到回答的机会，一方面可以解决应聘者的疑问，同时可以考查应聘者提问题的技巧以及其关注的重点。

⑤ 结束阶段。面谈的最后一个阶段是结束阶段。这个阶段主要是说明面试结束，交代有否复试，如果有会是什么时间等。需要注意的是面谈结束应该自然、流畅，切不要给应聘人员留下某种疑惑、突然的感觉。

（3）结构化面试一般包括四类问题

① 情景问题。提出一个假设的工作情景，以确定求职者在这种情况下的反应。

② 工作知识问题。探索求职者与工作的知识，这些问题既可能与基本教育技能有关，也可能与复杂的科学或管理技能有关。

③ 工作样本模拟问题。包括一种场景，在该场景中要求求职者实际完成一项样本任务，当这种做法不可行时，可以采用关键工作内容模拟。

④ 工作要求问题。旨在确定求职者是否愿意适应工作要求。例如，主试者可能问求职者，是否愿意从事重复性工作或迁往另一城市。这种问题的性质是实践工作的预演，并可能有助于求职者自我选择。

（4）结构化面试中的提问方式

在面试中经常使用四种提问方式：直接式、开放式、澄清性和自我评价式。当然，还有行为型问题和测验型问题，但这两种都属于开放式问题的范畴。只有掌握了各种提问方式的特点才能对面试驾轻就熟，有效把握面试的节奏和脉搏，保证面试的有效性。

① 直接式提问。直接式的提问可以使应试者把注意力集中在某一信息上，提供具体、直接的答案。答案一般是“是”“不是”，或者是一些微小的信息和数据，如一个日期、数字等。

但这种答案不会使主试者清楚应试者是如何思考、了解自身和评价自身所处环境的。并且连续的提问会给人感觉带有谴责和威胁的意思。

② **开放式提问**。开放式提问是向应试者提出一些没有固定答案的问题，允许其在较大的范围内回答。主试人可以在应试者较多的话语内捕捉信息，从中观察其思考及解决问题的方法。开放式提问能使双方关系融洽，并可以问出一些意想不到的信息，但花费时间较长，面试过程不容易控制。

③ **澄清性提问**。澄清性提问是为了问出更多的信息或是为了使应试者对其答案作出进一步的解释。当认为应试者所给的答案不清楚或不完整时，可以使用澄清性提问。当应试者想要轻描淡写、敷衍了事地用套话来应对某些重要问题时，这种方法尤为重要。此外，经过几次类似的澄清性问题后，应试者也会明白，肤浅和陈词滥调式的回答是不会被面试者接受的。

④ **自我评价式提问**。自我评价式提问是要让应试者对他们自己、他们的行为以及技能进行分析和评估，如“你认为你的最大长处和优势是什么”。要注意不要直接让应试者评价自己的缺点和不足，这有可能使应试者将自己一些正面的东西说成是自己的不足和缺点。

（5）非结构法面试。非结构化面试就是没有既定的模式、框架和程序，主考官可以“随意”向被测者提出问题，而对被测者来说也无固定答题标准的面试形式。现场根据实际情况随机提问，是“临场发挥的”。面试官所提的问题缺乏针对性，所问的问题零散，没有内在的逻辑，仅凭主观感觉来判断，准确率相当低。

2．行为面试法（Behavioral Event Interview，BEI）

行为面试法是通过要求面试对象描述其过去某个工作或者生活经历的具体情况来了解面试对象各方面素质特征的方法。行为面试法的基本假设是：一个人过去的行为可以预测这个人将来的行为。

行为面试法针对应聘者过去发生的事件进行询问，也就是让应聘者自己陈述过去做过什么样的事情。了解应聘者在做这些事情时的方法，判断他做事的习惯、思考问题的习惯以及如何和其他人进行沟通与交流。行为面试的核心，在于一定问应聘者过去发生过的事情；面试官要善于发现应聘者回答时的细节；不断追问细节。

行为面试法的提问方法：

① 询问应聘者过去发生过的事情。

② 提问过程中要关注细节，并就细节展开追问。

③ 追问的细节，一定是要应聘者只有亲自做过才能说得上来，而不是看别人做过就可以说出来的。

④ 要把前后的细节进行相互比对和验证，从而判断应聘者叙述的真实性，并在此基础上判断应聘者各方面的能力是否达到了职位的要求。

3. 情景模拟法

所谓情景模拟法就是指根据被试者可能担任的职务，编制一套与该职务实际情况相似的测试项目，将被试者安排在模拟的、逼真的工作环境中，要求被试者处理可能出现的各种问题，用多种方法来测评其心理素质、潜在能力的一系列方法。情景模拟法是结构化面试的一种特殊形式。

情景模拟可以包括多种内容，公文筐处理，无领导小组讨论等。

（1）公文筐处理。在这种测评方式中，被评价者将扮演企业中某一重要角色（一般是需要选拔的岗位）。然后把这一角色日常工作中常常遇到的各种类型的公文经过编辑加工，设计成若干种公文（文件筐）等待被评价者处理。这些待处理的公文包括各部门送来的各种报告，上级下发的各种文件，与企业相关的部门或业务单位发来的信函等，其内容涉及企业经营管理的方面，如生产原材料的短缺、资金周转不灵、部门之间产生矛盾、职工福利、环境污染、生产安全问题、产品质量问题、市场开发问题等，既有重大决策问题，也有日常琐碎小事。要求被评价者对每一份文件都要作出处理，如写出处理或解决问题的意见、批示，或直接与部门的人员联系发布指示等。被评价者应在规定的时间内把公文处理完。评价者待测评对象处理完后，应对其所处理的公文逐一进行检查，并根据事先拟定的标准进行评价。如看被试者是否分轻重缓急、有条不紊地处理这些公文，是否恰当地授权下属，还是拘泥于细节、杂乱无章地处理。被试者处理完后，评价人员还要对被试进行采访，要求被试者说明是如何处理这些公文的，以及这样处理的理由等。

（2）无领导小组讨论（Leaderless Group Discussion, LGD）。就是指数名被评价者集中在一起就某一问题进行讨论。事前并不指定讨论会的主持人，评价者则在一旁观察评价对象的行为表现并对被试者作出评价的一种方法。讨论的题目内容往往是大众化的热门话题，即被试者都熟悉的话题。避免偏僻或专业化，以使每个被试者都有开口的机会，讨论主题呈中性，即没有绝对的对或错，这样就容易形成辩论的形势，以便被试者有机会更充分地显示自己的才华。讨论的内容也可以与拟聘岗位工作有关的内容，具体和专门化，如某企业经营管理中出现的问题作为案例提出来由大学讨论。不管在哪种情况下，讨论的问题最好能给被试者比较广阔的空间，让被试者有自由发挥的余地，对于评价者来说，重要的是善于观察。观察可以从以下几个方面进行，如每个测评对象提出了哪些观点，与自己观点不同时怎么处理，测评对象是否坚持自己认为正确的提议，他们提出的观点是否有新意，怎样说服别人接受自己的观点以及谁引导讨论的进行并进行阶段性的总结等。在这个过程中还可以看到每个人的领导能力如何，独立见解如何，能否倾听别人的意见，是否尊重别人，是否侵犯别人的发言权等。

（3）情景模拟法的提问方法

① 情景问题的设计，最好来自于招聘岗位本身会面临的矛盾、问题和冲突。

② 情景提出之后，针对应聘者的回答，应该有一系列跟进的问题。

③ 在应聘者回答的时候，一定要关注他整体思路的连贯性、逻辑严密性。

④ 必要时，可以让应聘者举出他过去遇到类似情况的例子，结合行为面试法，对应聘者的回答作出判断。

4．面试技巧

（1）什么是面试技巧？

知道问什么问题不是面试技巧，而知道什么时候问、怎么问、提问的顺序怎样，这才是技巧。

（2）求职者应被考察的几个方面。

道德观念；职业发展的定位；逻辑思维能力；沟通能力；创新性思维；领导能力；适应性。

如何将要考核的能力转化成所提问的问题？如何设计提问问题？面试官通常会提出哪些问题？

一、怎样把能力要求转化成问题

1．求职动机和期望

应聘者为什么要到公司应聘？这就是求职动机。求职动机无所谓好坏，求职者想要得到的，公司是否能给或者是否愿意给。求职动机其实是影响到一个人能否适应所应聘的职位，能否在公司有长远发展的决定性因素。

从用人单位的角度来看，如果应聘者的求职动机是用人单位所希望和鼓励的，至少是不反对的，这就吻合了用人单位的要求。

首先，分析职位能吸引应聘者的是什么：待遇、发展的可能性、公司品牌、出国机会、培训机会、名誉、社会地位、成就感还是其他？其次，可以通过以下提问来判断。

- 你为什么选择我们公司？为什么应聘这个职位？你为什么离开原来的公司？你为什么选择了这个行业／这个专业？
- 你选择工作的标准是什么，请列出来。在上述标准中，请按重要性的顺序，自高至低排序。
- 你希望自己在5年或10年后，自己是一种什么样状况／自己在职业上做到什么程度／自己在职业上应该是什么样的。

2．道德观念

要做事，先做人。一个人的道德观念，会从本质上决定这个人做事的方式和处理问题的态度。对一个人的诚实的考察，应该观其行，而不是听其言。在面试中，只能用听其言的方法来了解求职者的道德观念。

【案例】假如你和领导一起出差见供应商，在吃过饭后，供应商给了你和领导一人一张演唱会的票，说是因为晚上有事，实在没办法安排你们的活动，所以买了两张票，让你们自己打发时间，票面价值是600元。按照公司规定，不应该收供应商超过500元的馈赠，显然，这两张票的价格已经超过了公司的标准。你想把票还给客户，但你发现这场演唱会是你的领导最喜欢的一个明星的演唱会，他非常想去，如果你把票还给供应商，显然会搞得领导很下不来台。这种情况下，你会去看演出吗？你会怎么办？

二、如何设计面试提问

1. 根据具体情况编写面试提纲

（1）认真阅读简历。阅读简历要关注应试者人际关系技巧、创造力、求职动机和诚信。

（2）充分掌握岗位要求。按照岗位要求将关键点设计成问题，尤其注意企业运作中或以往招聘中经常出问题的方面。

（3）候选人潜力评估。设计一些能够评估候选人潜力的问题，尤其是针对其心理状态的问题。

（4）编写面试提纲。此步骤对于经验丰富的主试人也一样有必要，但其表现形式会有区别，对于经验不太多的主考者，建议以书面的形式编写提纲。

2. 关注工作经历或者经验

- 相关的工作经历，往往意味着应聘者能更快地适应新的工作岗位。
- 在听应聘者描述其工作经历的过程中，必须十分关注其中的细节。“情节可以模仿，细节无法复制”。在细节上的详细追问，可以确保应聘者所述内容的真实性，从而对于应聘者能有一个更好的了解。
- 需要注意的是，经历和经验的差别，在于经历只是代表有过感性体验，而经验才代表了应聘者把这种感性体验变成了可以指导自己未来工作和生活的思路和方法。常见的问题有：
- 你最大的收获是什么？为什么？你觉得自己最有成就的事情是什么？为什么？最失败的是？为什么？等等。

3. 把企业文化、价值观及职位要求的能力转化为问题时的基本思路

第一步：思考企业文化、价值观和职位的要求，在日常工作中，是体现在应聘者什么方面？或者说，希望应聘者以什么样的方式体现出来？由于这些都是来自于工作的要求，因此，可以考虑这些对应聘者的要求，往往会在遇到什么样的问题或环境或冲突的时候，看得很清楚。

第二步：总结一下，在我们身边所看到的，团队意识强的人往往都有什么表现。特别是在一些比较典型的事情前，他们会以什么样的方式来思考和行事。

第三步：根据上面所分析出的特点，设计几个典型的情景模拟类的问题，或者针对应聘者介绍自己过去的工作和学习经历，寻找到与上述情景相似的事件，让应聘者回答他们如何处理和面对。

【案例】通用公司的招聘策略——管理方格理论

H 文化认同度 L	进行下轮面试	录用发展
	淘汰出局	看情况实际取舍
	L　　应聘者业绩	H

三、面试问题要这样问

STAR 提问技巧：情景（Situation）、任务（Task）、行为（Action）、结果（Result）。

在面试过程中，先问当时的背景，然后了解应聘者面临什么样的工作要求，他是怎么做的，最后达到什么样的结果。与行为面试法和情景模拟法本质上没有什么区别，只是应用了不断追

问的技巧，情景、任务、行为和结果都会问到。

我们通常将问的问题分为两类。

A．封闭式问题。比如：“你吃过饭了吗？你喜欢打篮球吗？你工作做完了吗？”这些问题只能用“是的”“喜欢”“做完了”等简单词汇去回答，反馈不了答问者自身的意识和想法。

B．开放式问题。比如：“你晚饭吃了什么？你喜欢打什么球类？你的工作完成的怎么样？”这些问题需要回答者将答案经过自己思维的思考后，转化成表达自己意识的语言表达出来，能够提供许多有用的信息，供提问者辨别和分析。

【案例】如果你在面试销售员时要求他把过去的销售情况讲一讲。他说：“我实际上是我们当时那个区最好的销售之一，我卖出去的产品都多于别人好几倍，而且我特别擅长处理困难问题，事实证明我是当时那个区里最好的销售。”

（1）你认为从这个人的回答里听没听出来他关于过去的行为？

在回答中，他着重论述的是他卖的东西多于别人，但没有提及他是怎样卖出去的，为什么卖得多，比别人的能力高在哪里。所以我们也无法判断他的行为。

（2）设计相关的问题，找出他的STAR？

行为表现面试要不断地引导、探寻，还要跟踪，就像一个侦探一样，某种程度上也和审犯人差不多。因为上述这个销售回答了这个问题，表面上看去很好，没什么问题，但是经不住推敲。稍微一想，他说他是最好的销售之一，那个公司若只有俩销售怎么办，能说明什么问题？他说他卖的产品都多过别人，我马上要想，如果他这个产品是特别受欢迎的产品，他在家睡懒觉，订单都追着他跑，没准还断货，卖得多又能说明什么问题？他说他比别的销售多卖了两倍，那么我又推敲，我说看跟谁比，如果跟一个表现很差的人比，他多卖两倍，能说明什么问题呢？所以这个答案一点都经不住推敲。

（3）这时你该怎么问呢？怎么引导、探寻、跟踪，一直到获得行为表现的信息呢？

可以先问他那个区有几个销售，然后来判断他说是最好的有没有可比性；再问他，你卖的什么产品？别人卖的什么产品？如果这个产品刚刚推出来，大家都抢，那我就反过来问：“你的产品这么好，卖得肯定好，但是你能不能告诉我，你多长时间拜访一次客户？你一年开发几个新客户呀？你卖出去的东西，那个客户汇款的天数是多少？”几个关键性问题问过去，他一般都会从实招来，因为订单多不能说明任何问题，我们要看他是不是努力开发新客户，卖出去的东西是不是要回钱了，而且做没做到客户至上，这才是这个公司真正要的维度，而我们不是要他卖多少钱。所以你要不断地盯着问，最关键的问题不能放过：“那后来呢？后来怎么样，你能举个例子吗？你能打个比方吗？你能给我讲个故事吗？”你问得越多，他给你说出的那些事实也会越多。

四、提问需要注意的问题

（1）不要问带有提问者本人倾向的问题，例如，以“你一定……”或“你没……”

开头的问题。

(2)避免提出引导性的问题，例如，“当你接受一项很难完成的任务时，会感到害怕吗？”“你不介意加班，是吗？”

(3) 提出的问题应该尽量能让应试者用其过去的言行实例来回答。

(4) 提问应由浅到深、由易到难、循序渐进，使被面试者进入最佳状态。

(5) 提问简明扼要，多问开放式问题，让应聘者多讲、多表现。

(6) 面试要把握好节奏和进度，不要与细枝末节的问题纠缠。

(7) 努力营造和谐的谈话气氛，以便被面试者能够将真实的信息自然地流露出来。

表 5-7

不好的提问	改善的提问
你目前还担任经理吗？	担任经理期间，主要工作有哪些？
你做这些工作觉得有困难吗？	你处理这些工作中，遇到哪些困难，怎样解决的？
由于工作忙，你能加班吗？	什么情况下，你会加班？
你认为自己能胜任这个岗位吗？	你认为自己的哪些优势能胜任这个岗位？
你认为你的团队状态好吗？	你是怎样提高你部门的凝聚力的？

作为主面试官，也会导致面试的失败，其原因是什么呢？

别让自得心态蒙蔽我们的眼睛

■ 不要让自己的价值观取代公司要求成为判断用人的标准。

■ 不要把面试当作炫耀自己的机会。

■ 不要让个人偏好产生不当的判断结果。

■ 既不要妄自菲薄，也不要妄自尊大。

■ 面试过程应始终保持高度警醒，防止近因效应。

3. 工作实务

【案例】位于北京的某外资公司因发展需要在 2008 年 10 月底从外部招聘新员工。期间先后招聘了两位行政专员（女性），结果都失败了。具体情况如下：

第一位 A 员工入职的第二天就没来上班，没有来电话，上午公司打电话联系不到本人。经她弟弟解释，她不打算来公司上班了，具体原因没有说明。下午，她本人终于接电话，不肯来公司说明辞职原因。三天后又来公司，中间反复两次，最终决定不上班了。她的工作职责是负责前台接待。入职当天晚上公司举行了聚餐，她和同事谈得也挺愉快。她自述的辞职原因：工作内容和自己预期不一样，琐碎繁杂，觉得自己无法胜任前台工作。HR 对她的印象：内向，有想法，不甘于做琐碎、接待人的工作，对批评（即使是善意的）非常敏感。

第二位 B 工作十天后辞职。B 的工作职责是负责前台接待、出纳、办公用品采购、公司证照办理与变更手续等。自述辞职原因：奶奶病故了，需要辞职在家照顾爷爷。（但是当天身穿大红毛衣，化彩妆）透露家里很有钱，家里没有人给人打工。HR的印象：形象极好、思路清晰、沟通能力强，行政工作经验丰富。行政印象：商务礼仪不好，经常是小孩姿态，撒娇的样子，需要进行商务礼仪的培训。

该公司招聘流程：（1）公司在网上发布招聘信息。（2）总经理亲自筛选简历。筛选标准：本科应届毕业生或者年轻的，最好有照片，看起来漂亮的，学校最好是名校。（3）面试：如果行政经理有时间就行政经理直接面试。如果行政经理没时间HR进行初步面试，行政经理最终面试。新员工的工作岗位、职责、薪资、入职时间都由行政经理定，这是总经理给予的授权。（4）面试合格后录用，没有入职前培训，直接进入工作。

公司背景：此公司是一家外资公司在中国投资独资子公司，主营业务是环保科技研发。该公司所处行业为高科技行业，薪水待遇高于其他传统行业。公司的位置位于北京繁华商业区的著名写字楼，对白领女性具有很强的吸引力。行政经理为外国人，在中国留过学，自认为对中国很了解。

被招聘的员工背景：

A23岁，北京人，专科就读于北京工商大学，后转接本就读于中国人民大学。期间2004年1月到12月作过少儿剑桥英语的教师一年。

B21岁，北京人。学历大专，就读于中央广播电视大学电子商务专业。在上学期间工作了两个单位：一个为拍卖公司，另一个为电信设备公司。职务分别为商务助理和行政助理。B2004年曾参加瑞丽封面女孩华北赛区复赛，说明B的形象气质均佳。

招聘行政助理连续两次失败，作为公司的总经理、行政经理和HR觉得这不是偶然现象，在招聘行政助理方面肯定有重大问题。问题出在什么地方？

一、失败原因分析

从上面的案例我们能够得到直接影响这次行政助理招聘的主要因素为公司的总经理过分授权，行政经理对本岗位需求分析不甚了解，以及甄选的方法和招聘流程均有问题。

行政经理分析：在招聘过程中行政经理干涉过多，没有按照人力资源专业的招聘流程办事，包办了HR筛选简历的任务。其次他不懂中国国情自然就会让不适合的人被选进来，而适合的人才可能就被淘汰在筛选简历上了。对于这种低级别的员工招聘，应该把权力完全授给熟悉国情HR，他在这次事件应该负主要责任。

总经理分析：不应该过分授权，将HR职能授权给并不熟悉人力资源管理的行政经理。

甄选方法分析：在招聘行政助理时，公司没有根据行政助理这个岗位的任职资格制定结构化的甄选标准，而只是凭面试官的直觉进行甄选，这样造成了招聘过程中的不科学。因为面试官会在面试过程中受到归类效应、晕轮效应、自我效应和个人偏见（地域、血缘、宗教信仰等）影响。案例中行政经理就对相貌，毕业院校和是否应届带有明显偏见。

没有考虑应聘的人是否和企业的文化，价值观念相吻合，是不是真正地具备了工作需要的知识，能力，性格和态度。

招聘行政助理的流程分析：正常的招聘流程应该是公布招聘信息→初步面试→评价申请表和简历→选择测试→雇佣面试→证明材料和背景材料核实→选择决策→体检→录用→入职前培训→入职。该公司在招聘过程中少了选择测试和入职前培训这两个重要步骤。

公司通过选择测试基本上能测试出应聘者的性格特征和价值取向。如 A 的性格内向，而且心气高不踏实，不愿做琐碎繁杂的工作，与做前台需要的性格和心态相差甚远。这样盲目让她做前台工作造成了她的离职。通过测试同样能测出 B 的价值观与企业文化不符，这样就能在测试阶段把她们淘汰，从而节省招聘的成本。

入职前的培训对加入公司的员工很重要。因为通过入职前的培训能够给新员工灌输公司的企业文化和价值观念，可以帮助新员工树立正确的工作态度，对工作有更深刻的认识。如果给 A 和 B 进行了系统的入职前培训，完全有可能改变她们本来的价值取向和对工作的态度，她们就有可能不会离职。

二、此案例分析后的对策

从上面的失败原因分析，可以得到这样一个结论：这个公司没有从外界招到合适的员工是因为它没有一个科学的人力资源管理体系造成的。建立一个科学的人力资源管理体系需要注意以下几个方面。

1. 做好人力资源规划

人力资源规划有助于企业适应变化的环境。环境的变化需要人力资源的数量和质量做出相应的调整。根据企业的战略规划作相应的人力资源规划，人力资源规划需要对人力资源的需求预测和人力资源供给预测，通过比较后确定是否需要外部招聘还是裁员。

2. 做好工作分析

工作分析即职务分析，全面了解、获取与工作有关的详细信息的过程。具体来说，是对组织某个特定职务的工作内容和职务规范（任职资格）的描述和研究过程，即制定职务说明书和职务规范的系统过程。工作分析包括两个方面：（1）工作本身，即工作岗位的分析，要分析每一个岗位的目的，该岗位所承担的工作职责与工作任务，以及与其他岗位之间的关系。（2）人员特征，即任职资格分析，主要分析能胜任该项工作并完成目标的任职者必须必备的条件与资格，比如工作经验、学历能力特征等。

3. 做好招聘与选择

在选才、育才、用才、留才的四大人力资源管理职能中，选才不但最为重要，而且是育、用、留的基础。如果，选择的人不能适应工作与组织时，人力资源将变成“人力负债”。

4. 做好员工培训和绩效考核

人力资源的特征具有可开发性，组织可通过对员工培训来开发员工的潜能，提高效率和效益，提高使用人力的柔性，提高组织的竞争力。

绩效管理是使员工的表现与组织的目标能趋于一致的一种努力。绩效考核是对员工在工作上的表现好不好的一个评定与沟通的过程。绩效考核的目的是掌握员工在完成组织目标中的贡献与不足，作为评定员工升迁、调配、奖励、培训和开发的依据。

5. 做好薪酬管理和员工离职管理

通过薪酬水平、薪酬结构和核薪酬形式这三个方面的薪酬管理，来实现人才的确保与维持，改善个人与组织的绩效，控制人工成本。

离职管理必须作离职原因分析和离职成本计算，需要设置离职管理的岗位，并配备专业人员，主动管理员工离职行为。

第6章 现代企业如何用人

【案例一】工作倦怠症

【案例二】重“关系”，不重“能力”

如何选拔员工能让员工感到公平？

导致熟视无睹的错误频发的根本原因是什么？

怎样才能在问题面前不听借口，而得到解决方案？

如何培养员工对企业的忠诚度？

如何做好职业生涯规划？

1. 反面案例

【案例一】工作倦怠症

张先生毕业于一所印刷高等院校，毕业后通过出色的面试，很幸运进入一家大型印刷企业生产部工作，经过三年的发展，很快被提升为品管部门主管。自担任主管后的三年里，取得了不小的成绩，起初由于工作的新鲜感和领导的重视，他对工作充满激情，为了促进部门的改革，他参与制定和修改了许多部门的重要标准和制度。

与此同时，由于管理过程中，每天都要面对不同员工出现的烦心事，张先生感觉到工作越来越没劲，每天都做着重复的工作，而且不知道自己将来的出路在哪里，前途可谓一片渺茫。工作就像是“鸡肋”，食之无味弃之可惜。张先生感觉心很累很累，甚至想甩手不干了，但是自己又能去哪呢？又能做什么呢？他带着同样的迷惑和同学聊天发泄，发现同学和自己存在着同样的困惑，而且这被称之为“工作倦怠症”。作为职场普遍流行的病症，企业应该如何应对呢？

【案例二】重“关系”，不重“能力”

某大型印刷企业，为了提升企业素质，为企业未来的发展提供后备人才，李总从全国印刷高校招聘了本科以上学历的近10名毕业生安排到各个车间学习。经过一年的时间，毕业生大都离开了公司。李总不解，于是找到已经提交辞职报告的大学生小王了解情况。经过了解，发现原来由于现有一线主管的管理方式粗暴，而且由于他们从事技术工作多年，自认为经验丰富，自命不凡，听不进劝告和建议，使得这些大学生无用武之地。再者，由于一线主管担心大学生将来会顶替自己的位置，所以极力排斥他们，使得大学生的工作很难开展。再加之，虽然生产一线是技术岗位，但深入进去才发现人员关系依然复杂。比如某机台机长就是该部门主管的亲戚或者老乡，很多够资历和水平晋升的机台助手，因为这些“关系户”而不得不忍气吞声，最后另谋他路。如此种种，大学生见此无序管理无力改变，于是最终选择放弃，离开公司。李总闻听上述种种，立刻责令人力资源部出台一系列政策，如晋升规定、任用规定等，目的是改变车间管理现状。由于他的重视和人力资源部新政策的引导和出台，终于使企业的管理出现了新的转机。那么，究竟这些政策都涉及什么样的内容呢？下面的章节，我们共同讨论。

问题的引出

- 如何选拔才能让员工感到公平？
- 导致熟视无睹的错误频发根本原因是什么？
- 怎样才能在问题面前不听借口，而得到解决方案？

■ 如何提升任用员工的执行力?

■ 影响执行力的因素有哪些?

■ 下属凭什么死心塌地地跟着你?

■ 怎样才能进行职业生涯规划?

因为

■ 企业“不患寡”而“患不公”。

■ 企业是老板的，不是员工的，员工只有具备“老板心态”才能成功。

■ 员工永远有依赖性，只想等着管理者解决问题。

■ 对于员工只做管理者关注的事情，而恰恰忽略了应该做的那些“对”和“急”的事情。

■ 管理人员的性格和处事风格决定员工的做事风格。

■ 员工很少有承担能力，不行就“不伺候”了。

■ 员工自己都没想明白未来自己的职业发展路线，走一步看一步。

2. 问题解答

如何选拔员工能让员工感到公平?

用人即是管人，是社会组织中，为了实现预期的目标，以人为中心进行的协调活动。它包括 4 个含义：（1）管理是为了实现组织未来目标的活动；（2）管理的工作本质是协调；（3）管理工作存在于组织中；（4）管理工作的重点是对人进行管理。

员工如果与工作岗位相匹配，工作适得其所，则员工履行职责得心应手，易于取得好成绩。员工的任用直接关系到员工个人的业绩、报酬和晋升，也直接关系到企业的生存和发展。也就是说，企业要把人才放到最适合他的岗位上去，否则就是最大的浪费。用好人，做好员工的生涯规划，可以实现员工和企业的双赢。

因此，员工任用的程序有如下几步。

1. 确认任职资格

分析员工的任职资格，是对员工的素质和能力进行评价、确证，了解员工是否达到了履行岗位职责的要求。如果员工已经具备了上岗条件，则由人力资源管理部门安排其上岗。如果尚未达到要求，则需要重新培训，或由企业辞退，以确保岗位任务的完成。任职资格是属于工作说明书的内容，从工作分析中得出。然而，在实际工作中，不仅存在工作对人的选择，而且存在人对工作的选择。因此，要使工作效率最大化，不仅要研究工作对人的要求，而且要研究人对工作的要求。只有使两者结合起来所确定的任职资格才是最有效的。

【案例】在北京的一家国有企业的人员配置过程中，公司领导认为，英语水平是员工素质的重要部分，它直接体现了员工的水平和档次。选择英语好的应聘者总比差的要好一些。因此，在招聘与选拔的过程中，对英语的考察设置了相当大的权重。然而，在本单位的实际工作中，英语几乎没有任何用处。两三年后，所招聘的几名大学生纷纷考取研究生而离开了本单位。领导为此懊恼不已："难道我们做错了什么？我对他们不错呀！我们是微利行业，我们已经提供能够支付的最高工资了。"在离职面谈中，将要离开的这些员工说，虽然单位对我们不错，但是市场能够为我们提供更多的报酬，我们为什么不去呢！单位领导经过分析研究后，在以后的招聘选拔中采用了新的策略，依然对英语进行严格的考察，但是最后选拔的是在英语考察中成绩较差的几名应聘者。这几名应聘者都自称没有学习英语的细胞，其中一位竟然没有通过大学英语四级考试，看来考取研究生是不可能了（在我国，英语是考取研究生的必考科目之一）。在以后的几年工作中，这次招聘的几名大学生工作都很努力，技术进步很快，成为适合企业的有用人才。

从上面的案例中发现，领导在前后两次的招聘中，采用的任职资格不同，产生的效果也不同。那么，什么样的任职资格才是最好的？如何来确定任职资格呢？在许多有关任职资格的资料中，通常包括基本的任职资格和理想的任职资格两部分内容。这里主要是指理想的任职资格，因为理想的任职资格是选拔"最优"的标准，才是我们研究的重点。判断一个用于人员配置的任职资格的优劣，应该看其能为企业创造利润的多少，多则优，少则劣。因此，我们不仅要关注所能创造的价值，而且要关注所要花去的成本；不仅要关注"谁最能把本工作做好"，而且要关注"谁最愿把本工作做好"。只有能在实际的工作中为企业带来最大利润的任职资格，才是最好的任职资格。如在上面的例子中，第一次招聘的员工很可能比第二次招聘的员工创造更多的价值，第一次招聘的员工所期望的满意薪酬要比第二次招聘的员工所期望的满意薪酬高得多。所以，对单位来说，第二次招聘的员工能创造更多的利润，第二次所用的任职资格更好。

任职资格是由一系列的对知识、技能、能力、态度、价值观、工作习惯、个性特点等方面的要求组成的。我们不妨将任职资格中所要求的各个方面内容称为各个工作要素。确定任职资格就是确定每一项工作要素的要求。

定本岗位的关键工作要素。可运用德尔菲法。邀请一批对本岗位熟悉的专家组成工作小组。专家小组中成员可以为在职人员、在职人员的上级主管、曾经的在职人员、人力资源专家、重要的客户等。每位专家对本工作岗位独自分析，列出对本岗位绩效有重要作用的关键工作要素，并且给出分析的依据。然后把各位专家的意见收集起来，再将其他专家的意见反馈给每位专家。这些专家根据所有的反馈意见第二次列出本岗位的关键工作要素。如此反复几次，等所有专家的意见一致或者基本一致时，就可以确定出本岗位关键工作要素的草稿。将此草稿与广大的在职人员或其上级主管进行讨论并取得反馈意见。最后，由工作小组根据反馈意见对草稿进行修改并一致通过后，就得到本岗位的关键工作要素。

定义关键工作要素的衡量标准。对每一个工作要素定义衡量的等级标准，再根据标准对在职人员的关键工作要素进行测评。同样运用德尔菲法来定义关键工作要素的等级（具体操作方法同上）。

例如：对于“人际理解力”这一个工作要素，我们按其水平高低分成如0、1、2、3、4、5的六个等级，并且给每个等级定义详细的如下说明。0：缺乏理解。误解他人或是对他人的言行举止感到不可思议。1：对他人缺乏正确而全面的认识，但是还不至于严重误解他人。2：理解他人的情感或一些明显的内容，但是不能将这两者联系起来。3：对目前的情感与明显的内容都能够理解。4：理解他人的真正意图。能够准确抓住他人尚未明确表达的思想和情感，或者能够采取他人希望但没有表达出来的行为。5：理解深层次的问题。能够明白真正的问题所在，即导致对方流露出的情感或言谈举止的真正原因是什么，并对他人的优势作出公正的评判。

收集在职人员的信息资料。选择本企业和类似企业的本岗位、类似岗位的在职人员作为研究对象；收集研究对象的工作业绩（根据市场状况转化的财务指标，我们用其来代表所创造的价值）、薪酬水平（我们用其代表雇佣成本）、工作环境、市场环境等方面的信息（可以运用面谈法、问卷法、资料研究法；可以为被调查者本人，也可以为被调查者的主管，公司的管理人员，以及熟悉情况的其他人员）；测评研究对象的各个关键工作要素。

2. 任用

对于经过资格认证的员工，人力资源管理部门按其具备的能力将其分配到企业的相应部门，向员工颁发任用书（聘书）。任用书应写明职务的名称、工作内容、职责、权力、任用时间、考核方式等，员工接受任用书后，按规定时间上岗进入工作状态。

3. 考评

员工开始工作之后，人力资源管理部门要对员工的工作状态进行监督、考察，从中获取信息，并对员工与岗位的适应程度进行评价。

4. 人事调整

是指根据评价结果，人力资源管理部门作出人事决策，或向公司的领导提出建议，进行人员的晋升与降职、岗位调整等。

导致熟视无睹的错误频发的根本原因是什么？

【案例】生产车间地上有一摊油，你去追查谁的责任？

某印刷公司的老板一天早上在印刷车间现场发现了一摊油，竟然无人问津。首先要追查的是工人的责任。工人一看，吓了一跳，昨天没有今天早晨才发现的，赶紧找个抹布清理掉。第二天在那个地方又出现一摊油，责任追查到设备科，设备科长到机器面前，为什么昨天有一摊油，今天还有一摊油，拆开机器检查一下。一检查，坏了，原来是机器漏油，为什么机器漏油。再问一个为什么。一检查，垫圈坏了，渗油。到这个层次解决问题稍微好一点了，不就是换垫圈吗，把垫圈换上，两个月之后在这个地方又出现一摊油，为什么？还没有找到事情的根本原因。如果再问一个为什么，为什么垫圈坏了。到仓库一检查，发现这批垫圈都是次货。垫圈是次货，换一百个还会出现同样的问题。问为什么这批垫圈是次货，检查一下公司的采购系统，是不是采购人员违规操作了，吃回扣了，以次充好了，或者是不是公司的激励政策有问题，采购成本降得越低，我给你的奖金也就越高，所以说采购员一个劲地压价格，供应商一看没利润了，但是还想和我们合作，所以只能弄点次品或者是偷工减料，降低成本，所以说以合理的成本采购到合适的生产成品，而不是以最低价格偷工减料，这叫巧买哄不了专卖的。

类似于此类的案例，在很多公司都能够看到，试问该由谁负责这样的事情，如果处罚该罚谁呢？问题的关键在于责权力的不统一。如果公司内规定清楚了每个部门和管理人员的责任、权力和奖惩，车间发现问责设备科，设备科自然问责采购部，采购部对待无法解决的问题自然要向公司反馈，以便商讨解决对策，自然不会等到总经理亲自来解决此类问题了。也许第一次漏油之后就解决了。

一、责、权、利一致

责，职责，责任。一个位置，代表一种责任。职责范围包括本职工作和外围工作，外围工作职责是不能量化、不能明确，也不能用语言来总结的，内容包括：一是有利于企业战略的工作；二是有利于客户的需求；三是有利于企业的发展。所谓做好本职工作，就是要尽到自己的责任。企业的总经理、部门经理、车间主任，承担着多大的责任，自己心里要清楚。知道自己承担的责任，才能尽职尽责，把自己的事情做好。推卸责任，就是没有尽职；敢于担当，就是忠于职守。

权，权限，权力。权与职往往联系在一起，职位高的人权力大，职位低的人权力小。权是职的体现，也是个人能力的体现。同样的职位，有的人会用权，有的人不会用权；有的人大权独揽，有的人大权旁落。历史上，有夺权的人，也有丧权的人。可见“权”是一种需要把握、需要警惕的东西，我们从其组合的一些词语也可以看出，如权术、权谋、权势等，是不能随便乱用的；而权力、权益、权威，是要充分发挥的。因此，如何用好手中的权，使它产生最大的威力，是我们各级干部需要深入研究的课题。

利，权力，利益。利是得到，是报酬，是好处。利与责权应该是对等的，它是付出的回报。在平时，我们听到有关“利”的内容往往都是负面的，似乎君子是不能言利的。企业的领导层，在发展壮大企业的同时，为员工谋取更好的利益，也是一种责任。

二、责权力的关系如何统一

现在我们来看一下责、权、利三者的联系，如何统一。上面的案例反映的问题是，首先是责任有没有明确，其次是权力有没有到位，然后是利益有没有体现。我们有时抱怨责任重大，权力却没有或者太小；领导管得太多太细，做不来。如果真是这样，那么我们要从制度上着手，使权责匹配。明确了职责，就要授予相应的权力；如果没有一定的人权、财权，任何人都不可能实行真正的管理。职责和权限虽然很难从数量上画等号，但有责无权、责大权小，凡事都得请示上级，势必影响职责的履行；反之，责任小而滥用职权，“鸡毛当令箭”，也不行，这样的管理也不会取得成功。用权是为了尽职，不是为了私欲。领导要解放思想，充分授权。当然，站在下级办事人的角度，我们也要学会利用一切资源办事。利用其他部门资源，利用领导资源，其实也是我们的职权，是我们能用的权；只是有的人善于利用，有的人不知道利用。所以要学习，要开阔思路。

为什么有时候上级放权，下级反而不要呢？原因就在于员工不敢去做。因为做了和钱沾边的事，就要被怀疑，甚至被边缘化，最终被离职。很多时候，民企老板都不会信任“外人”，以至于造成“任亲为贤”的局面，关键问题是无论用亲属还是外人，首先考虑的是能否胜任岗位，如果不能胜任岗位，就会造成“阿斗亡蜀”的局面。在企业里，很多时候职场人在为资本服务，而资本的主宰者并不一定都是内行，因此也就出现了外行知道内行的情形。真正有远见的民企老板做的是资本运作，而不是企业管理，他们的企业管理会交给职业经理人去做，而自己最多只是监管而已。

怎样才能在问题面前不听借口，而得到解决方案？

【案例】无效的会议

某化工企业进行企业培训，为了解决目前企业中遇到的困惑，让每一个中高层领导站起来谈自己目前部门的问题。第一个站起来的是营销部长：最近我们公司销售业绩在不断下滑，原因是我们的竞争对手推出了一种新的产品，价格和我们一样，但是人家有差异化、有更好的功能……；研发部长听出话中有话，站起来说：我们没有责任，到现在为止，我们研发的经费还没有拨下来，中国有句俗话叫做“巧妇难为无米之炊”；财务部长站起来说：还研发经费呢，这个月的工资能不能发下来还是个未知数，这个月我们公司生产成本增加了20%。一个生产型企业，生产成本增加了20%是采购部门出问题了。采购部长站起来说：最近中东石油上涨了20%。大家如释重负地哈哈一笑，原来都没有责任了，我们只能是水涨船高，谁有责任呢？从内部绕了一圈，绕到外部市场了，这个大问题谁能解决得了，中东油田的问题是国家都解决不了的问题，责任转移了。

当时的企业顾问给他们提出了两条会议纪律。

第一，要明确主题，最多不要超过三个主题，另外每个人起来发言只有几分钟，发言的时候要拿笔记下来，先说什么后说什么，用几分钟的时间，要有逻辑性和因果关系。

第二，有会议纪律，会议纪律有两条：一是不批评，不抱怨，不责备；二是凡事从自我检讨开始。

公布了这两条纪律之后宣布重新开会，营销部长足足沉默了一分钟时间说：是的，我们有责任，因为竞争对手出来新的产品之后，我们没有在第一时间把这个信息告诉我们企业的生产部，所以在研发上滞后了，最近我们业务员管理有点混乱，积极性不是很高，市场拉动的手段太单一了，广告没有跟上去等列出来很多。后来每个部门都暴露了自己的问题。这就是在管理学当中有一句话：发现问题就等于解决了问题的50%。

上述案例让我们反思，如何才能让自己的下属不推卸责任，不找借口。这就需要管理者在部署工作时要用5W3H1S方式下达。此外，领导不可包办管理或越级管理。

一、部署工作时要明确5W3H1S

5W3H1S是部署一项完整的任务，发布一个指令应该包含的九大要素。

5W：WHO——责任人；

WHY——工作目标；

WHAT——工作标准；

WHERE——工作地点；

WHEN——工作进度。

3H：HOW——工作方法；

HOW MUCH——数量；

HOW MUCH COST——成本。

1S：SAFETY——安全。

在工作部署时，一定要明确上述九大要素。这也是管理控制的有效办法。

周工作计划和日工作台账如表6-1、表6-2所示。

表6-1

周工作计划表

<table>
<tr><td>部门</td><td colspan="2"></td><td>岗位</td><td></td><td>责任人</td><td></td><td colspan="8">月　日—月　日</td></tr>
<tr><td colspan="15">下周工作目标：</td></tr>
<tr><td rowspan="2">类别</td><td colspan="3" rowspan="2">下周工作内容</td><td colspan="2" rowspan="2">完成标准</td><td rowspan="2">完成情况</td><td colspan="7">实施进度</td><td rowspan="2">备注</td></tr>
<tr><td>1</td><td>2</td><td>3</td><td>4</td><td>5</td><td>6</td><td>7</td></tr>
<tr><td>主要工作</td><td colspan="3"></td><td colspan="2"></td><td></td><td></td><td></td><td></td><td></td><td></td><td></td><td></td><td></td></tr>
<tr><td>临时工作</td><td colspan="3"></td><td colspan="2"></td><td></td><td></td><td></td><td></td><td></td><td></td><td></td><td></td><td></td></tr>
<tr><td>领导审核</td><td colspan="14">签字：　　　　月　日</td></tr>
</table>

表 6-2
日工作台账

姓名：　　　　　　　　　　部门：　　　　　　　　　　年 月 日

计划工作项目		当日完成情况	差异分析	解决措施	期限
主要工作					
临时工作					
呈报问题					
明日重点					
自评	□A □B □C				
复审意见	□A □B □C			签字：	

二、避免越级管理和包办管理

1. 越级管理

领导一竿子插到底，把基层的问题处理完了之后反过来再找中层的责任。比如总经理把一个班组长批了一顿：你工作是怎么干的，尽是差错。之后再把生产厂长叫到办公室：你看你整个管理一团混乱。生产厂长非常委屈：我哪个地方没管理好，你又没说哪个地方发生问题，我也不知道到底该处理谁，反过来把我叫到办公室狠狠地批了一顿。总经理正确的方法应该是告诉生产厂长：发现某车间、某班组什么时间犯了什么错误，我看到了，但是我没有给他指出来，我限你在三天之内把这些问题解决了，三天之后看结果，如果解决不了，找你的责任。这就是逐级管理。

2. 包办管理

诸葛亮被称为智圣，但成也诸葛败也诸葛。诸葛亮在打仗之前都要拿出一个方案来：张飞在哪个地方拦截，赵子龙在哪个地方接应，关羽在哪个地方打埋伏。实际上这个方案应该让下属去拿，如果张飞拿了方案，仗打败了，反过头来你追查张飞的责任。张飞说你怎么追查我的责任，这不是你让我在那个地方埋伏的吗，我执行了你的方案。正确的方式应该是执行者拿出执行方案。

三、执行力如何产生效能

1. 执行力的基本公式

执行力 =（流程 + 技能）× 意愿

流程是我们做事的步骤程序，能力技能，意愿是指意愿决心、意志愿望，能力加流程是执行力的基础。

2. 执行力的基本条件

（1）流程。流程不仅仅是做事的程序，它还包括工作的标准、工作的权限、公司的制度、流程等一套体系。

（2）能力。

（3）意愿。

3. 执行力的六大因素

（1）决策因素。决策因素是导致企业缺乏执行力的首要因素，具体体现在目标确定的错误会让执行变得无所适从。企业领导者切忌确定多、大、空、杂的目标，这样的目标即使再强的执行力也无法实现。所以，企业的领导者要为自己的组织设定一些顺序清晰而又比较现实的目标。在确定了清晰的目标之后，还要将其简化，让每个人都能对该目标很好地理解、评估和执行，并最终使这些想法成为组织的共识。

【案例】“红高粱”与麦当劳

几年前郑州有个企业名叫“红高粱”，该企业提出了振兴民族快餐业的口号，它的主打产品是河南烩面。“红高粱”的主要目的是要用民族快餐业和麦当劳一争高下。经过研究，“红高粱”认为麦当劳之所以能够在全球快速扩张，它的核心竞争力主要来自于连锁的规模效应。简而言之，店开的越多越挣钱。为了在短期内打败麦当劳，“红高粱”制定了如下的具体策略：首先，在形象上模仿麦当劳，黄的标志和红的底色；其次，采取跟随战略，哪儿有麦当劳哪儿就有“红高粱”。

结果，“红高粱”很快失败了。“红高粱”失败的主要原因在于没有科学地考察目标，在没有弄清楚竞争对手的真正本质之前，就制定了错误的营销策略，不能知己知彼，当然百战百败了。

麦当劳的创始人克罗克在哈佛大学商学院讲课的时候，道出了麦当劳真正的竞争力所在。他告诉听课的学生：麦当劳是世界上最大的房地产零售商。麦当劳大量的利润并不是来自于卖汉堡，而是来自于房地产零售。以北京为例，麦当劳在北京选择店址的时候，都会提前对各个地点几年后的人流量进行科学的预测。所以，正如大家所见，麦当劳选择的地点一般都是十字路口或丁字路口。即使个别的店面开始没有处于这些位置，但是不久，经过拆迁，它们又会在十字路口或丁字路口上。这是因为麦当劳对北京的市政规划研究得很透彻，所以才能始终占据有利地势。

选择店址只是麦当劳的第一步，找好位置之后，接下来要做的就是将这些地点长期地购买或者租赁下来，比如20年、30年。寻找加盟商是第三个步骤，加盟商不仅要向麦当劳交纳加盟费，还要交纳原料费以及房租。在与加盟商签订合约的时候，租期一般只有两年或者三年，这样的短租可以在日后根据加盟商的实际收入不断增加。仅房租一项，麦当劳在全球的收入就相当可观，这才是麦当劳的生财之道。有些时候，麦当劳也会将自己店面位置对面的地也租赁下来，然后将其卖给自己的竞争对手。这样可以形成很好的规模，使人流量大大增加。

从麦当劳和“红高粱”的经营策略可以看出，赢利目标的确定是何等重要！企业的目标一定要很准确，否则就会既浪费成本又遭遇失败。

（2）**心理因素**。许多中国企业缺乏执行力的第二个因素是心理因素。在许多企业都可以看到这样的现象：制定了一整套执行制度，但是，从领导者到其他员工均不敢果断执行，尤其是在流程再造的时候，这种现象更为普遍。往往是企业的领导者缺乏执行的魄力，不能带头严格按制度办事，致使上行下效，导致企业执行力虚弱。恐惧是影响执行力的第一个要素。人们在执行过程中会经历各类恐惧：害怕冲突、害怕失败、害怕拒绝，甚至害怕成功。领导者在执行过程中一定要设法克服这些恐惧心理，否则，企业注定会成为一个只说不做的企业。

（3）**教育因素**。企业缺乏系统的执行训练是企业缺乏执行力的第三个因素，即教育因素。教育因素的缺乏主要表现在三个方面：传统教育的致命伤是将知识与能力等同；传统培训的根本缺陷是知识与技能培训单一化；传统组织的局限是未重视个人学习的组织化。

正是由于企业缺乏系统的执行训练，所以才导致了个人执行力与组织执行力无法接轨。很多企业在执行过程中之所以不能执行得非常到位，就是因为很多员工特别是在关键岗位上的人员不能充分理解执行的众多要素。

与缺乏系统执行训练的企业不同，一个好的军队在平日里只有经过系统而严格的训练，才能在打仗时快速做出反应。为了达到这样的目的，军队从军人入伍的第一天起就对每个军人进行不懈的训练，具体包括价值观、战术、纪律等方方面面的训练。

就像军队一样，如果企业需要强大的战斗力和执行力，就要对自己的员工进行系统的执行力的教育和培训。

【案例】M是东莞某民营企业的老板，他的企业有3000多员工。一直以来，他没有对自己的员工做过任何培训。一是他担心经过培训的员工会跳槽离开他的企业，更让他害怕的是他所支付的培训经费被浪费掉。于是，该企业的员工除了白天工作之外，再没有其他事可做，当然晚上的生活更是单调。后来他才逐渐发现，业余生活单调的员工在男女关系方面极其混乱。

看到此情景之后，老板终于决定对员工进行培训，一方面为员工充电，另一方面也可对他们进行教育。然而，要对员工进行哪些方面的培训，这位老板心里却没有底。偶然的机会他得知外省某个地方的一位激励大师很会培训员工，于是，M老板果断地挑选了300名他认为最好的员工，用几辆大轿车将他们送到了那个大城市，去接受那位激励大师的培训。那位激励大师的确讲得非常精彩，可是这300名员工回来之后，马上走掉了 180 名。

这样的结果令M老板非常沮丧，经过认真地反思和请教相关人士，M老板终于明白了自己培训失败的原因。他的失误之处就在于：没有把对员工的培训当作是自己企业本身的一项工作，为了培训而培训，只会得不偿失。

（4）**过程因素**。企业在执行过程中，常常会成立相关的项目小组，然后把工作进行分解，每人负责一摊活儿，然后进行汇总。这种作业方式没有把作业人员的能力形成合力，却分散了作业人员的实力。而且执行过程中，衔接时会有很多盲区，这个盲区就成了互相推诿的借口和焦点，最后导致工作不能保质保量地完成，以至于工作完成质量下降，最终导致工作拖沓。因此，布置工作时思维要严谨，重点考虑工作之间的衔接点。

（5）**组织因素**。企业领导制定的一些政策在执行过程中，力度越来越小，许多工作做得虎头蛇尾，没有成效。而且每个领导，尤其是所谓的“集团”领导，总会以“高官”自居，其实，他们并不了解分公司的实际情况，但还指手画脚，导致制定公司的政策不符合实际。另外，多个“高官”同时指挥，指令还不同，便会导致下属不知所从，无法推动事情的发展。如此类似的事情，怎么能让下属的执行力提高呢？

（6）**机制因素**。公司在制定制度的过程中，没有考虑公司实行此制度的时机和客观条件。比如某些公司在活源不足的情况下，强制性将生产原有的包薪制或者计时制改为计件制，导致很多员工的不满或者辞职，这就是机制因素导致的问题。而且很多国企、私企和外企对于同样的问题处理的方式不同，会导致结果的不同。因此公司在处理问题的时候，一定要注意机制因素，分阶段完成，切不可强行而为。此外，很多工作布置了，开会了，就完事大吉了。没有人去监督，即使监督了，监督的方法也不对。前者是只要做了就行，做的好坏没人管。有些事没有规定该哪些部门去做，做到什么程度，职责不明确，也就无法考核。

如何培养员工对企业的忠诚度？

吸引优秀的员工的主要因素有三点：第一，企业所属的行业发展状况；第二，企业是否有完善的机制；第三，企业文化和管理层的个人魅力。其中第二点，完善的机制当中就包括员工的激励机制和晋升机制，换言之，就是为员工在组织中的发展设计适合他本人的职业生涯规划。

【案例】华为的员工职业生涯规划与梯队建设

为了解分析员工辞职的原因及心态，沈阳华为人力资源部与工程部几名递交辞职申请的员工进行了多次交流，通过访谈与分析，他们发现“对个人发展前景不乐观”是其中较具共性的主要辞职原因。这引起了沈阳华为工程部与人力资源部各级主管的不断反思，他们看到了在员工招聘时的一些不足，如没有明确要招聘岗位最合适的人而不是最优秀的人，某些岗位人力资源配置出现“高配现象”，招聘进单纯追求高素质，将学历、素质相对较高的员工配置在某些对技术要求相对低一些的岗位；公司对工程师的正向激励与引导不足，导致工程师平时工作压力较大，组织气氛受到影响；对员工没有实施有效的任职资格管理，员工很难看到标准的职业要求是什么，对自己的任职能力盲目自信与乐观。其中，他们更看到了工作中最主要的失误：没有注重员工在公司内部的职业生涯规划，在通过梯队建设激发团队活力方面重视程度不够。

职业生涯规划是主管与员工共同探讨员工在公司内部的职业发展历程，明确发展目标，实现员工在公司内部的自我发展与自我实现的一个过程。公司提出的“创造让优秀员工脱颖而出的机制”就是实现员工职业生涯规划的有利保障。

薪酬福利、组织气氛、企业文化、企业发展、个人发展前景等都是企业吸引员工的因素，其中薪酬待遇是最常规的因素，也是许多企业吸引和留住优秀人员最常用的手段，但有时候薪酬待遇往往变成最不堪一击的手段。在招聘工作经历中，我发现绝大部分应聘者都将在原单位发展机会小，作为离职的主要理由；通过对社会同类企业的薪酬调查与分析，我也发现，许多很知名的优秀企业提供给员工的薪酬待遇并不是最好的，甚至明显偏低，但这些企业的员工的精神面貌，员工队伍的稳定性却是很多高薪企业所无法比拟的，员工在这样的企业感觉很有发展前景，也乐意为企业服务。

通过职业生涯规划，结合企业文化与发展等方式，往往能够起到非常突出的作用。根据马斯洛的需求层次论，个人的需要的最高层次是自我实现和自我发展的需要。在高科技企业里，许多员工低层次的需要往往已基本或部分得到满足，因而员工更关注的是个人的未来发展，包括在企业内部的职位发展。通过职业生涯规划，在员工面前放一把企业内部的职业发展梯子，引导员工产生渐进式的发展目标。通过这种激励方式，促进员工在企业不断成熟与发展，企业员工队伍逐渐稳定与成熟，同时也造就了一种双赢的结果。

在上述访谈中提到的几名辞职员工都认为个人在公司的发展机会太小，公司的前途、产品的前途与个人的前途成为他们最关注的问题。职位上看不到上升空间，技术上感觉发展潜力不大，必然会造成一些员工萌生退意。

“机会牵引人才！”缺乏机会，人才也就不能应运而生。通过案例分析，他们发现现实情况并非像离职员工个人想象的那样，产品的前途，个人的发展机会在企业内部还是有不少的，关键在于员工没有看到机会，究其原由，还在于他们在制度上缺乏牵引，在管理上缺乏引导与宣传；没有努力让员工看到机会，让员工产生愿景。

通过对上述现象的分析与研究，沈阳华为在工程部推行员工职业生涯规划与梯队建设。出台了一系列政策，采取了以下措施。

(1) 培育第二梯队，以梯队建设促进团队活力。公司在辽宁地区的技术支持队伍包括两部分，深圳华为技术支援队伍，合资企业沈阳华为技术支援队伍，两支队伍的业务工作基本是融合为一体的。根据公司的战略规划，合资企业必将成为所在区域产品技术支持的主力军。不断加强第二梯队建设，促进技术专家与技术管理人才的成长，将是未来发展的重要人力资源战略。这无疑给沈阳华为的工程技术人员提供了更广阔的舞台与发展空间。基于此，他们提出了沈阳华为工程部第二梯队建设的“一一三五工程”——成熟一个区域经理，培养一个区域经理，培养三个产品经理，成熟五个技术专家，并且具体到个人。此举旨在牵引沈阳华为工程技术人员的成长与培育，同时也为员工个人发展提供目标牵引。另一方面，人力资源部与工程部共同制定了新一年的用人计划，明确提出在保持现有人员总量的前提下，随着深圳华为工程师逐步撤回公司，沈阳华为技术支援队伍将逐步取代深圳队伍。

(2) 建立内部岗位调度制度，为优秀的员工内部流动创造条件，为员工在公司内部的生涯发展提供职业发展通道；通过持续不断的努力，使公司的人力资源配置永远处于激活状态。对任职资格达标，在现岗位业绩显著且希望调岗的员工，公司可以在拥有职位空缺的前提下，提供内部岗位调动机会。

(3) 建立主管与员工的职业生涯规划沟通制度。主管每年与员工就个人在公司内部的职业发展进行双向交流。在最近的交换接入网产品工作例会上，工程部经理与该产品线的员工进行了类似的交流，取得了较好的效果。

(4) 推行任职资格认证。任职资格认证的目的在于鼓励员工“干一行，爱一行”，在个人所从事的领域成为专家。公司提供同一职位的人同专业水平阶梯，并辅之以薪酬政策，实现员工个人职业生涯规划的另一种突破——既除了向管理层方向发展之外，还可以选择专业技术领域的深入发展。

(5) 职业生涯规划不仅适用于核心业务部门员工，同样，对行政后勤服务员工，也可以考虑通过岗位技能等级制度评定的方式来实现对员工的职业发展规划。让员工感到不仅仅可以在公司打工挣钱，养家糊口，而且还能看到个人发展的空间。除了挣钱之外还会感到有奔头，有发展。我们鼓励勤勤恳恳、踏踏实实工作的基层员工，建立基层的行政后勤员工岗位技能等级制度，鼓励员工通过技能与岗位等级的不断提升来实现在公司的发展。

如何做好职业生涯规划？

一、职业生涯规划

1. 职业生涯的含义

狭义：是指直接从事职业工作的这段时间，即一个人一生的工作经历。包括就职、职位变动、退职整个过程（以时间概念为中心）。

广义：包括狭义的理解，加上正式职业前期的：职业能力的获得、职业兴趣的培养（以职业概念为中心）。

具体而言，职业生涯计划又称职业生涯设计，是指组织与员工共同制定基于员工个人和组织两方面都需要的个人发展目标与发展战略道路活动。其主体是组织和员工个人双方，其主要内容包括组织内的职业选择、生涯通道设计；此外还包括与人生目标及长期阶段目标相匹配的生涯发展战略，与短期阶段目标相配套的生涯发展策略。

2. 职业的选择

职业选择正确与否，直接关系到人生事业的成功与失败。据统计，在选错职业的人当中，有 80% 的人在事业上是失败者。正如人们所说的“女怕嫁错郎，男怕选错行”。由此可见，职业选择对人生事业发展是何等重要。如何才能选择正确的职业呢？至少应考虑以下几点：

①性格与职业的匹配；

②兴趣与职业的匹配；

③特长与职业的匹配；

④内外环境与职业相适应。

3. 职业生涯路线的选择

在职业确定后，向哪一路线发展，此时要做出选择。即，是向行政管理路线发展，还是向专业技术路线发展；是先走技术路线，再转向行政管理路线。由于发展路线不同，对职业发展的要求也不相同。因此，在职业生涯规划中，须做出抉择，以便使自己的学习、工作以及各种行动措施沿着你的职业生涯路线或预定的方向前进。通常职业生涯路线的选择须考虑以下三个问题：

①我想往哪一路线发展？

②我能往哪一路线发展？

③我可以往哪一路线发展？

对以上三个问题，进行综合分析，以此确定自己的最佳职业生涯路线。

二、职业生涯管理

1. 职业生涯管理的含义

职业生涯管理包含两层含义：个人职业生涯规划和组织职业生涯规划管理。

个人职业生涯规划：制订自己成长、事业发展和不断追求满意的个人发展计划的过程。

组织职业生涯规划管理：通过分析评价员工的知识、技能、能力等方面，确定双方能接受的职业发展目标，并通过人力资源开发措施，逐渐实现组织和员工共同目标的过程。

2. 职业生涯规划的实施步骤

（1）步骤一：影响因素分析

①自我评估。自我评估是对自己做出全面的分析，主要包括对个人的需求、能力、兴趣、性格、气质等的分析，以确定什么样的职业比较适合自己和自己具备哪些能力。

②组织与社会环境分析。组织与社会环境分析是对自己所处的环境的分析，以确定自己是

否适应组织环境或者社会环境的变化以及怎样来调整自己以适应组织和社会的需要。短期的规划比较注重组织环境的分析，长期的规划要更多地注重社会环境的分析。

（2）步骤二：职业生涯机会评估

生涯机会的评估包括对长期的机会和短期的机会的评估。通过对社会环境的分析，结合本人的具体情况，评估有哪些长期的发展机会；通过对组织环境的分析，评估组织内有哪些短期的发展机会。通过职业生涯机会的评估可以确定职业和职业发展目标。

（3）步骤三：职业生涯目标确定

职业生涯目标的确定包括人生目标、长期目标、中期目标与短期目标的确定，它们分别与人生规划、长期规划、中期规划和短期规划相对应。一般首先要根据个人的专业、性格、气质和价值观以及社会的发展趋势确定自己的人生目标和长期目标，然后把人生目标和长期目标进行分化，根据个人的经历和所处的组织环境制订相应的中期目标和短期目标。

（4）步骤四：制订行动方案

在确定以上各种类型的职业生涯目标后，就要制订相应的行动方案来实现它们，把目标转化成具体的方案和措施。这一过程中比较重要的行动方案有职业生涯发展路线的选择，职业的选择和相应的教育和培训计划的制订。

（5）步骤五：评估与反馈

在人生的发展阶段，由于社会环境的巨大变化和一些不确定因素的存在，会使我们与原来制订的职业生涯目标与规划有所偏差，这时需要对职业生涯目标与规划进行评估和做出适当的调整，以更好地符合自身发展和社会发展的需要。职业生涯规划的评估与反馈过程是个人对自己的不断认识过程，也是对社会的不断认识过程，是使职业生涯规划更加有效的有力手段。

3．组织对员工个人规划所要做的工作

（1）提供工作分析和职务描述资料。为使员工的职业生涯规划能够有的放矢，对企业中的职业通路有一个全面的了解和把握，人力资源部应制定科学的岗位说明书等工作分析和职位描述的文件资料。

（2）提供企业发展战略。员工个人的规划不能脱离企业的整体发展战略，员工对企业发展战略的认识需要有指导和咨询的部门，要使组织的员工与企业共同编织愿景，就要使他们对企业的近期发展目标与远景发展规划有所了解。

（3）提供企业人力资源需求计划、培育计划和开发政策。人力资源部门要提供组织人力资源的供需状况，不仅要使员工了解企业内部的供需情况，而且还应提供企业外部人力资源的整体供需情况。要使员工对企业的人才培养计划和政策有所了解。

（4）提供员工完成职业生涯规划的各种帮助。为员工提供在个人职业生涯计划过程中所需要的各种咨询和服务，有条件的话，组织有关职业生涯规划的讲座，提供职业生涯规划的资料和书籍。

(5) 宣传企业文化和企业制度。通过对企业价值观、企业经营理念、企业制度和企业人力资源政策的宣传，使每个企业对员工的职业生涯规划与企业的精神保持一致。

(6) 明确人力资源部经理与直线经理的责任。通过明确职业生涯规划和管理工作中各种角色的定位和责任，做好职业生涯管理的协调工作，构建稳固的沟通平台。

4. 职业生涯管理的过程

不同的组织其职业生涯管理系统的复杂程度及职业生涯管理的侧重点都存在着很大的不同。一般来说，职业生涯管理过程大都要经过个人 / 组织评价、审查、目标设定和行动规划、评估等四个步骤所构成。如图 6-1 所示为某企业的管理过程。

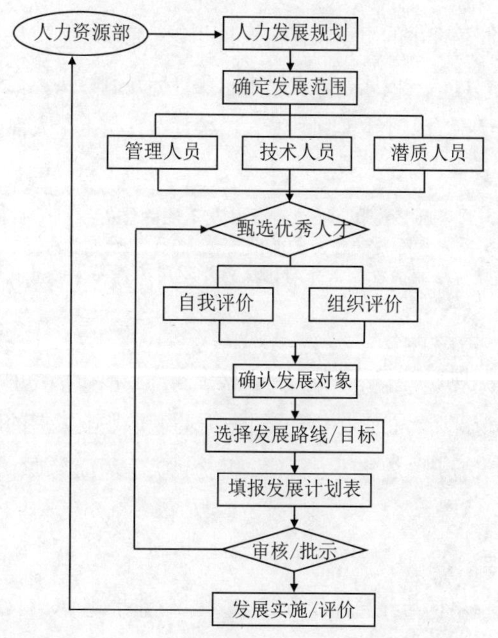

图 6-1　组织职业生涯管理过程

表 6-3 为职业生涯管理过程中组织和雇员双方的责任。

表 6-3

步骤	评价阶段	现实审查阶段	目标设定阶段	行动规划阶段
雇员的责任	确定改善的机会和改善的需求	确定哪些需求具有培训与开发的现实性	确定目标及判断目标进展状况	制定达成目标的步骤及时间安排
组织的责任	提供评价信息来判断雇员的优势、劣势、兴趣和价值观	就绩效评价结果以及雇员与组织的长期发展规划相匹配之处与雇员进行沟通	确保目标是具体的、富有挑战性且可以实现的，承诺帮助雇员达成目标	确定雇员在达成目标时所需要的资源，其中包括课程培训、工作经验以及关系等

在组织中，员工个人、直接上司、人力资源部经理及组织应当共同担当职业生涯规划的责任。

表 6-4 在职业生涯管理中组织及有关人员的责任。

表 6-4

组织与人员类型	责任
员工	做好本职工作，与经理、同事积极沟通，明确自身职业发展需要，确定未来职业生涯发展方向
直接上司	在职辅导，咨询与沟通，获取职业路径信息，提炼并传达
人力资源部经理	提供职业信息与建议，提供专业服务（测试、咨询、研讨）
组织	开发职业生涯路径，开发职业生涯支持系统，培育能支持职业生涯管理的组织文化

（1）员工个人

员工个人在职业生涯管理中的主要职责在于制订个人职业计划，只有员工个人才真正了解自己在职业生涯中想得到什么。因此，个人提出职业目标并制订实施这些目标的计划是非常重要的过程。无论公司或组织的职业生涯规划多么错综复杂，员工个人都必须采取以下几种职业生涯管理行动：

- 主动从直接上司与同事那里获取有关自身优势及不足的信息；
- 明确自身的职业生涯发展阶段和开发需求；
- 了解存在哪些学习与培训的机会，并与组织内外不同工作群体的雇员进行接触（如专业协会、项目小组）。

（2）直接上司

不管组织的职业生涯规划属于哪种类型，直接上司都应该在减轻下属的职业发展困难中起到关键的作用。在多数情况下，员工将从直接上司那里获取职业发展的建议。因为直接上司一般会对员工的工作调动（晋升）资格进行评估，并提供关于职位空缺、培训课程和其他开发机会等方面的信息。

（3）人力资源经理

人力资源经理应提供培训与开发机会的信息或建议；同时，人力资源经理还应该提供专业服务，如对雇员的价值观、兴趣、技能进行测评，帮助雇员做好找工作的准备，并经常提供与职业相关问题的咨询。

（4）组织

职业发展是组织进行的一种持续的正规化努力。它的重点集中于根据员工和组织双方的需要来开发、丰富组织的人力资源。组织在职业发展中应改善条件，并创造一种有利于员工个人职业计划开发的环境，并为员工提供成功的职业计划所必需的资源。组织在职业生涯管理中应履行的职能包括：

- 根据组织的发展战略目标、方向制定组织人才规划；
- 针对不同时期的发展目标预测人才需求，设计和规划职位；
- 制定合理的员工升迁制度，确定甄选升迁的标准；
- 为相应的岗位选拔合适的员工；
- 确认和有计划地开发员工的各种潜能；
- 实施员工培训开发计划；
- 对以上项目进行监督控制，以确保组织的努力不被浪费。

【案例】

A. 在一家大型企业从事 HR 长达 5 年的李先生，眼下正打算跳槽去一家小型企业担任副总。“在公司，我总觉得自己是个谁都能取代的角色。招聘、面试，任何一个部门的同事都能做。而薪资设计，公司早就有一套完善的体系。我越来越觉得自己可有可无。”

B. 在某国企工作的王经理，也是心力交瘁，他把自己的工作概括为“员工保姆”、“出气筒”“救火员”“夹心饼干”等可怜的后勤角色，公司在召开重要会议时，他所在部门经常会被遗忘。王经理说：“在我所接触的不少企业，人力资源部门的负责人，好像都是老好人；或者业务能力不强的人才会去担任。可以想象，人力资源部门是个多么无足轻重的部门。” 问题：从人力资源管理角度分析上述问题产生的原因何在？对你有何启示？

上述问题产生的根本的原因在于 HR 从业者对自己的职业规划的缺失：第一，对于各个阶段自己需要实现的职业规划是没有的；所以很快就遇到瓶颈的；第二，职业规划的实施环境和自己所处的环境不匹配；第三，就是对自己的部门的定位偏差；第四，整体的职业大环境的不完善等。

一、人资从业者自身的职业规划缺失

人资从业者按照职业的专业要求，是需要给企业的员工（包括自身）做职业规划的；但 HR 之所以踏入人资管理这个职业，一个是因为其入门槛比较低，只要有兴趣基本都能做的（现在 HR 从业者 80% 都是非本专业的）；二个是因为工作需要：在企业中，因为公司的安排而做这个的；三个是因为自己的专业是这个，就想做对口的工作；四个是因为自己喜欢——现在的从业者中大部分是因为前三个原因的多，形成踏入的时候是懵懵懂懂，更别说对自己的职业，事业有一个合适的规划的；所以在过程中，经常会有迷茫、失落，甚至在某些时候会有自我厌恶的感觉，最后的结果是做到人资经理的位置的时候大部分的同行不得不选择转行或者是低落地做着事务性的工作，不断抱怨，人的自我价值追求基本消失了。

二、国内企业的特色

1. 大企业

一般集团化的企业内部的管理流程基本都已经完善。进入的时候如果已经形成，基本就不需要增加自己的想法，只要按照既定的流程执行即可；如果是还在完善期的时候介入那可以有幸参与整个过程，对于自己后期去其他企业完善流程管理，建立体系都会有所帮助：整个过程可以适当添加自己的想法的：上面的第一个情况是在第一种情况的时候加入到这个公司的，所以有这样的结果也在所难免；这里面也有特殊情况：企业也是大公司，但是管理不能以常理来判断，当你以标准来准备完善或者是提升的时候，你会发现，因为公司内部的关系错综复杂而致使你寸步难行，最后对于企业的调整也就不了了之的多。

2．国企

因为其特有的一些色彩，更多的是照顾性的特质，且内部存在错综复杂的关系网，动一丝儿牵动全身，这个后果不是哪个头儿能受得了的，所以内部的管理、人员的管理是不能以人资管理的常理来判断的。

3．外企

真外企：一般的人资管理基本能落实法律法规的规定，相关的福利待遇等都能得到保障，在这样的企业做人资管理，总的来说还是不错的。

伪外企：就是类似在香港建立一个公司或者是利用某个外籍人士的资料，在国内注册了所谓的一个外企，但是实质就是民企或者是合资性质的公司，这样的企业，人资管理要看老板的意识，但是大部分还是和民企基本相似的。

4．民企

相信大家都很有体会：因为很多朋友都在这样性质的企业。这样的企业让大家既恨又爱，爱，是因为它给大家提供了很多工作，提升、实现自己梦想的平台；恨，则是因为它对人资的定位和看法让HR从业者很是无力——因为它设置这个部门或者是职位是为了老板之间的一个炫耀或者是一个门面需要，或是最基本的管理需要，而远远没有达到人资管理的战略层面。

三、企业与HR匹配度的偏差

（1）企业老板因为对人资管理的理解，认知不够，从而影响其对人资管理的定位和支持度。很多企业都存在有这个部门，但是这个部门要做事就难上加难。

（2）一直以来宣传的是人资部门是一个用钱的（消费的）部门，而不是一个盈利的部门，加之人资从业人员也自认如此，所以在管理的过程中自觉低人一等，加之老板的支持度不够，定位的不清就造成了人资部门做事束手束脚，受制于人的现象比较多。

（3）有的企业老板要求比较高，基本就是以战略的层面在要求人资部门的，而忽略了公司实际情况。

（4）人资从业者目前基本还停留在基础的工作事项上：以事务性为主的；所以公司高要求的满足就有点捉襟见肘，很难实现或者满足。

（5）人资从业者对自身职业的认知偏差：人力资源从业者大部分认为做好六大模块即可，其他不是人资需要涉入的领域：而恰恰是这个认知局限了人资的发展。人力资源要实现自身的价值，体现战略的层面，是需要完善对行业的一个认知；对企业运营各个层面的一个了解和把握；同时对自身专业管理涉及的工具、方式方法运用熟练或者是精通等。

(6) 人力资源还有一个更重要的必备条件就是：个人的影响力，也就是为人处事的到位；因为人资管理面对的是人的管理，而人是最错综复杂的也是多变的，如何来做到基本到位，就需要我们有一个良好的个人品牌（个人的口碑）；在一定的圈子中认可度比较高；能善用身边的各项资源来平衡各方关系等，这点也是现在的 HR 从业者缺失的。

5. 做好企业职业生涯管理的准备工作

（1）组织层面

- 高层管理者（尤其是总经理）正确的管理人性观及对职业生涯管理理念的认可与理解。
- 公平、公开、公正的氛围营造和制度建设。

（2）技术层面

- 培训管理者。必须使这些管理者懂得职业生涯管理的有关理论、思想和技术。实践证明，对管理者进行管理技术培训绝不是可有可无的。
- 全面宣传。
- 逐步推进。在技术人员和管理人员中首先导入职业生涯管理，更容易取得成效，在取得经验并在实践中产生示范作用之后，再予以推广。

6. 职业生涯管理面临的一些问题

（1）组织社会化。组织社会化是指使新员工转变为高绩效的组织成员的过程。社会化包括三个阶段：预期社会化阶段、磨合阶段和适应阶段。在预期社会化阶段，人们形成了对组织、所从事的工作、工作环境和人际关系的预期。这一时期，招聘者、未来的同事和经理起到了关键作用。磨合阶段是开始新工作到胜任工作之前，熟悉工作，接受培训，了解组织运作的过程。适应阶段是开始胜任工作到完全胜任工作，建立良好社会关系，解决工作中的冲突，关系绩效评估，了解组织内部职业发展机会的过程。后两个阶段中，经理与同事起到了关键作用。

员工只有完成社会化进程的三个阶段后，才能真正成为组织的正式员工，为组织作出真正的贡献。

在员工社会化进程中，岗前培训起着举足轻重的作用。有关数据表明，组织岗前培训对人员留任率有很大影响。与未参与有效岗前培训的员工相比，参与有效岗前培训人员的留职率要高出 30% 左右。

（2）职业高原陷阱（停滞问题）。职业停滞是指在工作中晋升缓慢而职业停滞且继续晋升的希望大为减少的情况。职业停滞的原因可能是个人性的，也可能是组织性的。

要解决职业发展停滞问题，恢复处于职业发展停滞状态的员工的活力，则必须要了解员工职业发展停滞的原因。员工拒绝组织中的晋升机会，本身绩效产生问题就是个人原因。组织忽视了员工晋升的需要，或无法提供足够的机会，则这是组织的原因。

当员工达到某一职位，且不太可能在未来进一步晋升时，就出现了职业发展停滞的问题。最应该引起重视的职业停滞是由于知识过时而引起的职业停滞。技术改进、竞争的激烈程度使工作方式本身也发生了变化。忽视这些因素，而无法完成新形势下工作的员工就“过时”了。

另外，造成职业停滞的原因有：缺乏培训、组织分配不公平、工作职责不清以及组织的低成长性带来的发展机会减少等。

有几种方法是可以解决职业发展停滞问题的。一种是组织内横向调动工作，即进行同等职位之间岗位轮换。另一种是工作丰富化与工作扩大化。它们都是通过增加员工承担的责任，增加工作挑战性，赋予工作更多意义，给员工以更强的成就感来激励员工的。

组织强调持续变化的现实和对持续学习的需要，督促员工不断更新知识，也是处理职业发展停滞的方法。员工们必须不断地学习新知识与新技能，防止技能的老化。

（3）工作与家庭之间的平衡。组织的员工除了职业工作之外还必须经历家庭生活。员工在工作和家庭的角色很可能会发生冲突。这种冲突主要有三种类型：时间冲突、压力冲突和行为冲突。如加班造成时间冲突，家庭问题会导致在工作中无法集中精力而带来压力。当员工工作角色的行为和非工作角色的行为不一致时，就会发生行为冲突，如作为一名经理，工作时必须要理性、公正而富有权威；而在与亲友相处时又要求他们热情、友好、富有人情味。

为帮助员工正确认识和正确对待工作与家庭的关系，调和矛盾，缓解压力，往往制订并实施工作—家庭平衡计划。主要包括向员工提供家庭问题和压力排解的咨询服务，为员工提供弹性的工作时间和地点，创造参观或联谊等机会促进家庭成员对其工作的理解和认识，将部分福利扩展到员工家庭范围以分担员工家庭压力等。

7．职业激励

（1）职业激励的含义。激励也就是说通过某些内部或外部刺激，使人奋发起来，驱使人们去实现目标。在组织管理中，人的行为如何被引导向特定的目标，以及怎样维持人的行为。激励的过程，就是管理人员引导并促进员工产生有利于管理目标行为的过程。所谓职业激励就是满足员工职业生涯发展的心理需要、用各种方法去调动员工的积极性和创造性，在满足个人需要、实现自我价值的同时．实现组织的价值和目标。只有通过不断的激励，员工才会产生不竭的动力，朝着所期望的目标前进，最终达到职业生涯成功的顶峰。

（2）职业激励的方法。

① 目标设置。目标设置是管理领域中最有效的激励方法之一。员工的绩效目标是工作行为最直接的推动力，所以，为员工设置恰当的目标是管理工作中的一项重要任务。

目标管理是一种最典型的目标设置管理方法。它是一种先由组织确定在一定时期内期望达到的总目标，然后由组织内各部门、各团队和全体成员共同参与，制定各自的分目标和行动方案，安排自己的工作进度，最后以目标的实现作为绩效衡量的一种管理方法。主要包括以下几个步骤：

- 制定总目标。总目标的制定采取由上而下的方法由组织上层管理人员集体制定。
- 制定各层级的分目标。使每个部门、每个人都有明确的工作目标，以此来确保总目标的实现。
- 目标评价和控制。
- 目标调整。

许多研究结果都表明，目标的设置对员工的工作绩效有明显的影响，但是也要注意目标的设定应该是具体的，难度应当适中。目标应该是员工参与制定的，被他们接受的。对目标的执行过程进行及时、客观地反馈。

② **奖励制度**。奖励制度是组织最常用的一种激励方法，它是一种外激励。奖励制度是否得当，直接影响组织员工的工作积极性。一般来说，奖励制度的制定要遵循两个基本原则：一是组织为员工提供的奖励必须对员工来说是具有较高价值的，也就是员工认为这种奖励对他有重要意义；二是组织制定的奖励制度要保证员工得到的报酬与他们的工作绩效相联系。

奖励制度包括物质奖励和精神奖励，由于每个人之间存在个体差异，不同的奖励形式对不同的员工的激励效果也会有所不同。具体的奖励制度主要有以下五种方式：加薪、晋升、津贴、地位和身份地位象征（如专用办公室等）、特殊奖励证书（如奖状，荣誉称号等）。

③ **工作设计**。工作设计是指组织通过控制向员工分配工作和职责的方式来对员工产生激励的一种方法。工作设计是一种内激励，从改变工作内容和形式入手来激发员工的工作动机，增强他们对工作的满意度，从而提高工作绩效。通过工作设计的方法来激励员工的方式主要有工作扩大化和工作丰富化两种形式。

④ **行为矫正**。行为矫正是强化理论应用于管理实践产生的一种方法和技术。它是以改变影响工作绩效的行为，从而提高组织的工作效率为目的。一般来说，行为矫正方法的实施分为五个步骤。

- 确定关键行为。
- 行为的测量。
- 行为起因分析。
- 选择矫正措施。
- 绩效评价。

3. 工作实务

某印刷企业印刷车间小张的职业规划

小张，男，22 岁，是刚从印刷专科学校印刷技术专业毕业的大专生。已参加了入职培训。

1. 公司背景、沿革及发展愿景（关键词：背景、沿革、发展愿景）。
2. 公司组织架构、岗位架构及职务分类、分等介绍。

一、职务分类

公司各岗位按工作性质分为：管理类、技术类、服务类、操作类。

生产管理类：总经理—生产副总经理—生产部经理—车间主任—班组长

技术类：总经理—工艺总监—工艺师—助理工艺师—工艺员

操作类：胶印机长—胶印二手—胶印三手—胶印工

培训结束后，人力资源部周老师按要求找小张单独谈话。当得到小张对公司发展规划和愿景的肯定之后，周老师对小张进行了性格测试及血型分析。小张的血型为“O”型，性格测试的结果为“力量型”。

二、优势和劣势特征分析

此类型性格特征如下。

优势特征：富于冒险、竞争性、反应敏捷、积极、坦率、自信、执着、独立、果断、意志坚定。

劣势特征：专横、急躁、自负、鲁莽、易怒、顽固。

周老师将分析结果与小张作了坦率的交流，并认真听取了小张自己的想法。然后做出如下职业规划。

三、职业规划书

（1）姓名：张雷

（2）职务：生产部管培生

（3）规划阶段：三年

（4）规划导师：周鹏

（5）总目标：生产部经理

1. 发展路线

胶印工（二年）—胶印机长（一年）—印刷车间带班（一年）—印刷车间主任（一年）—调度（一年）—经理助理（一年）—生产部经理。

阶段目标：三年之内达到印刷车间带班之任职能力。

2. 自我分析

（1）优势

①通过三年的专业学习，对机械原理、质量检测等专业知识有了系统理性的认识。

②性格外向、责任感强、喜欢与人沟通和交流、反应敏捷、学习能力强、不怕吃苦和挫折。

（2）劣势

①缺乏设备操作经验。

②对企业生产运作和管理缺乏实践经验。

③做事急躁、缺乏耐心及与人沟通的技巧。

3. 职场分析

（1）优势

①公司正处于高速扩张阶段，学习和提升机会较多。

②车间管理人员和大部分机台操作人员实践经验丰富，但文化水平较低，理论知识较为缺乏，潜力有限。

③生产系统中高层管理人员理论知识和实践经验都很丰富，是很好的职场导师。

（2）劣势

①公司成立时间短，扩张快，还未形成统一的价值观。

②公司各项管理规程尚未完善，很多问题靠个人既有的经验解决，如不能很好地协调和沟通，将会事倍功半。

4．要达成目标所需要的努力

（1）要熟练掌握印刷工段最先进的工艺与技术，各项达标。

（2）要了解各种胶印设备的操作规程，能排除常见故障。

（3）要学习并掌握基本的现场管理技术。

（4）学习掌握人际沟通和协调技巧，提高领导才能。

5．执行及回馈

（1）由本人将目标细分到每月、每周，定期作出每周、每月工作小结，对照目标找出差距进行改善。每月找一次机会同规划导师进行心得交流。

（2）导师每月找本人的领导和同事了解本人的工作情况，将了解结果同本人进行交流。

（3）按绩效考核管理规定由生产部和人力资源部对本人的工作情况提出考评意见，本人参照考评意见进行改善。

（4）积极参加公司组织的各项培训，定期将个人的培训需求计划提交人力资源部。

表 6-5　职业生涯设计表

<table>
<tr><td>性　名</td><td></td><td>性　别</td><td></td><td>年　龄</td><td></td><td>政治面貌</td><td></td></tr>
<tr><td colspan="2" rowspan="2">现工作部门</td><td colspan="2" rowspan="2"></td><td>现任职务</td><td></td><td>到职年限</td><td></td></tr>
<tr><td>现有职称</td><td></td><td>到职年限</td><td></td></tr>
<tr><td colspan="2">个人因素
分析结果</td><td colspan="6"></td></tr>
<tr><td colspan="2">环境因素
分析结果</td><td colspan="6"></td></tr>
<tr><td colspan="2">职业选择</td><td colspan="6"></td></tr>
<tr><td colspan="2">生涯路线
选择</td><td colspan="6"></td></tr>
<tr><td colspan="2" rowspan="3">职来生涯目标</td><td>长期目标</td><td colspan="2"></td><td>完成时间</td><td colspan="2"></td></tr>
<tr><td>中期目标</td><td colspan="2"></td><td>完成时间</td><td colspan="2"></td></tr>
<tr><td>短期目标</td><td colspan="2"></td><td>完成时间</td><td colspan="2"></td></tr>
<tr><td colspan="2">完成短期目标计划与措施</td><td colspan="6"></td></tr>
<tr><td colspan="2">完成中期目标计划与措施</td><td colspan="6"></td></tr>
<tr><td colspan="2">所在部门主管意见</td><td colspan="6"></td></tr>
<tr><td colspan="2">人力资源开发部门意见</td><td colspan="6"></td></tr>
</table>

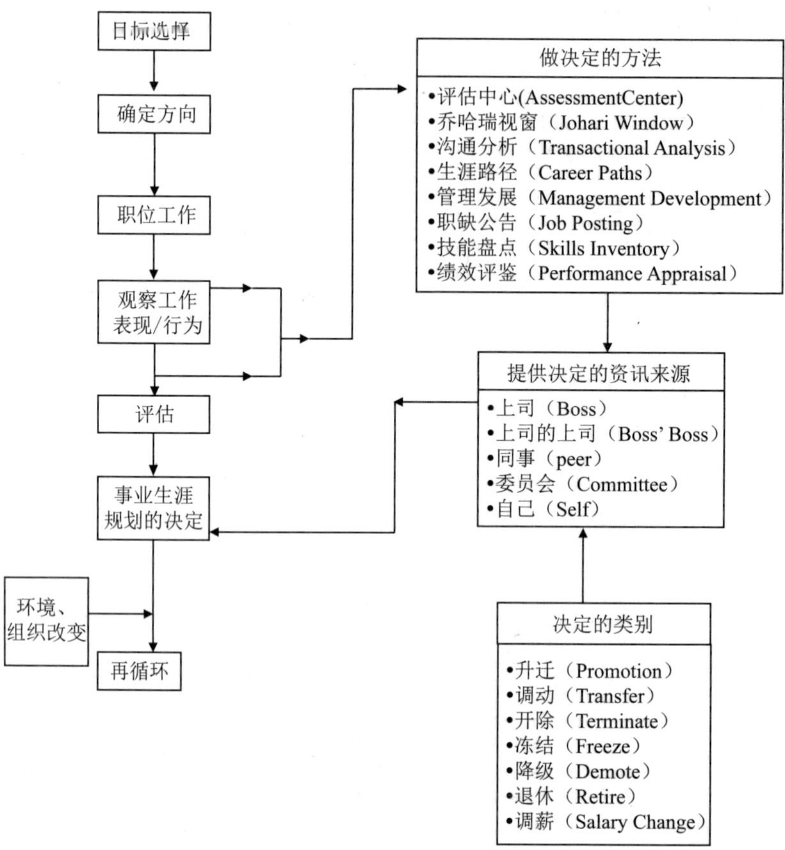

图 6-2　人力规划与员工生涯规划图

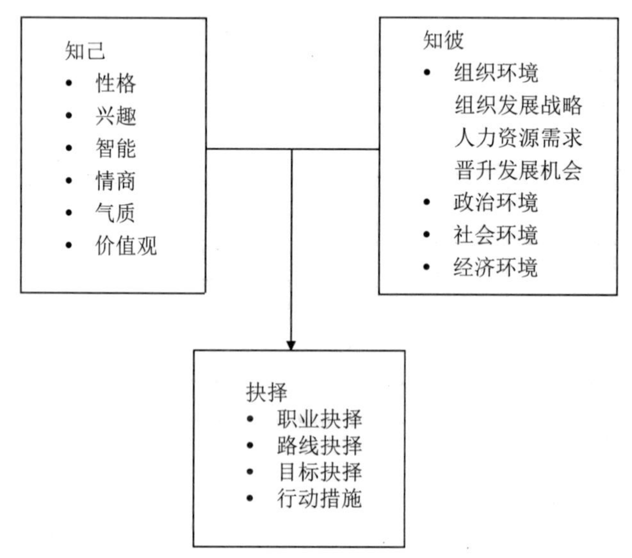

图 6-3　职业生涯规划要素关系图

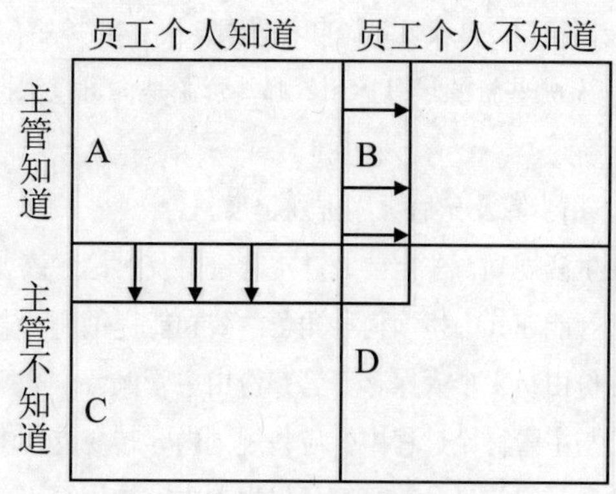

图 6-4　生涯发展视窗图

在个人与公司组织的关系中，有些部分 A 是个人与主管都知道，有些部分 B 主管知道，而员工不知道，有些部分 C 是属个人的潜力，个人知道，而主管不知道，有些部分 D 是主管与部属均不知道的部分。

当员工开始写个人事业生涯规划时，以下列的问句回答对象，来填写规划的内容。

（1）首先画一条线，代表你的一生，在这条线的某处画一个“×”，代表现在你所在的时间位置。

（2）在“×”下面列出，你个人的目标、目前工作的角色、价值观、责任、特质、需求及期望等，只要想到能说明“我是准”的事情、现象、状况或心态，都可以列出。这些项目可以写在一张纸上，也可分别写在不同的小卡片上。然后再将这些项目按个人的想法，以优先顺序或重要性排列起来。

（3）然后根据上述的项目，来回答下列的问题。

①哪些是暂时的？哪些是永远的？

②哪些项目，你希望包含在你未来规划中？哪些项目，你希望摒除掉？

③是否还有哪些项目你想再加入或修改？

（4）根据过去的经验及个人的感受，回答下列问题：

①过去曾有哪些事情，让自己很兴奋，希望再有机会尝试？或许这些事情应列入你未来的计划中。

②你觉得工作上，哪方面最能得心应手？哪些技术，你最强？哪些人际关系你处理得最好？

③把你的现况及你对工作的期望列出来，你觉得你需要什么？哪些东西你需要去学习？

④你心中最想做什么事？你希望将来的工作是什么样子的？你心中理想的工作、人际关系是什么样子？

⑤什么工作，你现在必须停止？什么工作，你现在应该开始着手？

⑥有哪些资源，你尚未充分利用或目前误用或是你根本不需要用了？

⑦在你计划中，弹性在哪里？你的理想行不通，你的次要的选择是什么？

(5) 从现在起，每天写日记，自我反省，自我思索，从文字中去了解自己的感受及价值观。

(6) 描述理想工作应有哪些资源可以运用，哪些资源是你可以掌握的，哪些资源的获得，你需要他人的协助。

(7) 将以上的理想，用步骤及先后顺序排列起来。

当员工写了个人事业生涯规划，一定要经过主管过目及讨论，该规划案是否可行？与公司目标的方向是否一致？主管能在其中扮演何种角色？公司能提供何种支援或机会？经过逐项的详细讨论及修正后，第一份由员工个人保存，第二份由主管保留，第三份送人事部审查后，存入个人资料档案中。员工与主管讨论过程中，应将规划内容转变成具体的行动方案，如提供教育训练的机会，升迁调动及学习的机会，等等。但规划内容的执行，必须在当时公司的现况许可下进行，员工应有所认知，即视当时现况，规划内容可以修改以符合公司最大的利益，公司有前途，个人才可以谈前途，所以企业内的员工生涯规划是有一定规范要遵守的。

第7章

薪酬与福利管理

薪酬结构不合理造成技术骨干流失

薪酬管理为什么重要？

为什么即使工资高也留不住员工呢？

我们怎样知道公司的工资是否具有竞争性呢？

关键岗位与一般员工薪酬差距多少为宜呢？

工资怎样设计为宜呢？如何用薪酬促进绩效呢？

福利包括什么？如何进行福利管理？

调薪怎么调？降薪如何规避劳动争议风险？

1. 反面案例

薪酬结构不合理造成技术骨干流失

某印刷企业是一家中型印刷企业，多年来技术骨干的频繁流失使得该公司的产品质量逐年下降，技术骨干频繁流失，原因何在？主要是薪酬较低。该公司有一定的薪酬结构，但相对社会平均价而言，都属于较低水准，表面上是相对公平的。但实际上呢？工作好与工作差的员工在薪酬方面并没有明显区分。干得好的觉得挣的少了，干得差的觉得拿这个薪酬也还算凑合。久而久之，干得好的员工自然就流失了。而且，还有一个致命的问题，那就是该公司没有一个明确的操作指引和绩效考核制度。

2011 年，公司终于下大力气决定改变现状，稳定员工队伍，公司领导决定首先从薪酬入手。但是，令人头疼的是，怎么调整薪酬？牵一发而动全身，调整任何一个人的薪酬都会打破目前看似稳定的薪酬体系。调整任何一个人的薪酬，那第二个、第三个都要求调整怎么办？没有绩效考核制度，如何衡量谁干得好？谁干得差？即使有了绩效考核制度，又如何将绩效与薪酬挂钩？干得好的好多少，怎样用薪酬去衡量才科学呢？怎样调整薪酬才能让员工们心服口服？…… 一系列问题使人力资源部头疼不已，让我们从本章中寻找上述问题的解决办法。

问题的引出

- 薪酬管理为什么重要？
- 为什么即使工资高也留不住员工呢？
- 我们怎样知道公司的工资是否具有竞争性呢？
- 关键岗位与一般员工薪酬差距多少为宜呢？
- 工资怎样设计为宜呢？如何用薪酬促进绩效呢？
- 福利包括什么？如何进行福利管理？
- 调薪怎么调？降薪如何规避劳动争议风险？

因为

- 薪酬是调动员工工作积极性的重要因素。
- 薪酬管不好，就会出现军心不稳，正所谓“不患寡而患不均”。
- 薪酬不是拍脑门管理的，而是需要科学地测算和验证、评估。
- 我们的薪酬既要具有竞争性，又不能为企业带来过大的成本压力。
- 岗位值多少我们给多少，徐庶进曹营就应该一分钱不给。
- 薪酬与福利相辅相成，都是员工最关心的。

2. 问题解答

薪酬管理为什么重要？

【案例】某办公室每天上午 8 点开始一天的工作。办公室员工包括一个主任、两个秘书、两个打字员和三个档案管理员。到上一年为止，由于均衡的工作量和明确的责任，该办公室一直运转平稳。但从去年开始，主任注意到在打字员和档案管理员之间出现了越来越多的争执。当他们找到主任讨论这些争执时，可以确定问题是由于对特定职责的误解造成的。由于打字员感到档案员有过多的空闲时间而流露出强烈的不满。另一方面，秘书和打字员必须经常加班来做他们认为档案管理员很容易承担起来的工作。而档案管理原则强调他们不应承担任何额外的职责，因为他们的薪水没有反映额外的责任。这个办公室每个人都有一份几年前编写的一般岗位职务说明书。然而，从那以后由于实施了计算机系统，因此，绝大多数职位的本质都发生了相当大的变化，但这些变化一直未被写入书面材料之中。

请回答下面两个问题：

1．你认为办公室在人员管理上出现了哪方面的问题？

2．你建议主任应该怎么处理现在的这种局面？

本案例是由于岗位职责不清导致的误解造成的问题，从而引发员工情绪不满，岗位职责说明书没有随岗位工作实际内容调整和重新评定工作价值，是问题产生的根源。工作内容分配有问题，职责划分有问题，对人的管理缺乏经验。

1．人员管理出现的问题：

A．缺乏对部门工作统筹安排；

B．人力资源管理理论知识薄弱；

C．人性的理解不够深入。

2．处理局面的建议：

A．先从每个相关人员进行一次沟通，让大家达到需要调整与完善岗位职责说明书的共识。

B．开会统一共识，将开展岗位评估工作和相关准备说明一下。

C．重新对岗位进行职责调整与岗位评估。

D．如可建立相应的一些激励机制更好。

一、薪酬的定义

薪酬是指员工从事企业所需要的劳动，而得到的以货币形式和非货币形式所表现的补偿，是企业支付给员工的劳动报酬。

薪酬的内容可以分为经济性薪酬和非经济性薪酬。经济性薪酬与“钱”挂钩。非经济性薪酬是与工作环境、工作成就感和挑战性、企业发展平台等因素有关。具体内容如图 7-1 所示。

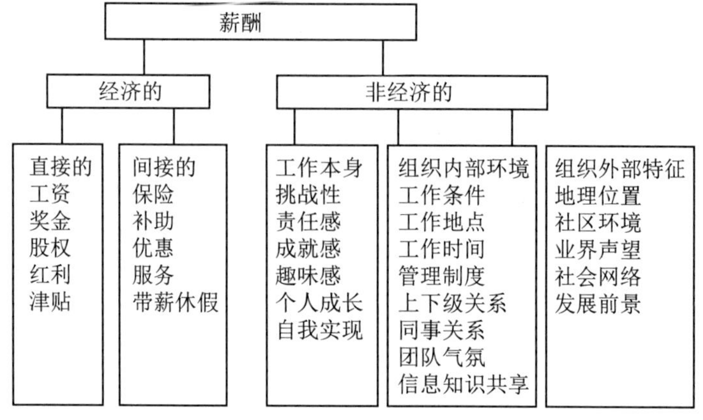

图 7-1

二、薪酬管理为什么重要

1. 保持内部岗位间具有一定的公平性

从员工角度而言，内部公平性更重要，一方面希望同工同酬，另一方面又希望做得好的能够得到企业及时的肯定与自身价值提升。很多时候，公司在给员工加薪，不但没有起到激励的作用，反而造成矛盾。比如，两个员工共同加薪，一个加薪 300 元，一个加薪 200 元，加薪 200 元的员工就会比较，为什么会少，即使真的不如加薪 300 元的员工，难道真的会有 100 元的差距吗？于是，他的精神就全部转移到思索这个问题上面了，哪有精力再想工作呢？

2. 对于公司周边或在同行间具备一定的竞争力

人往高处走，水往低处流。高薪不一定能够招聘到优秀的人才，但低薪一定招聘不到优秀的人才。所以，要想招聘到优秀的人才，薪酬一定要具备一定的竞争力。

3. 对于人员今后发展具有较强的激励作用

企业建立科学合理的岗位职级体系，有利于鞭策员工，建立“能者上，庸者下”优胜劣汰的循环机制，促进人员学习与技能的提升。企业在进行薪酬管理时，首先，要注重薪酬的激励的效果。其次，加薪不沟通等于白加薪。因为当员工不知道自己因为哪里做得好、做得对而被加薪时，就会造成员工认为定期加薪是自己应该得到的结果，于是加薪便不再会起到激励的作用了。

为什么即使工资高也留不住员工呢？

【案例】某公司有市场一部和市场二部，两个部门都负责国内市场的业务，虽然是划区域管理，但竞争异常激烈，尤其是两个部门的经理王轩和李萍，王轩较李萍早来到公司一年，业务水平李萍稍微占上风，二人因为竞争关系，而且好胜心都很强，彼此间关系处理得不是十分融洽。两个人因为干劲十足，业务能力也都不错，所以公司给予了她们在公司内部相对丰厚的薪酬。在2013年年底的时候，集团总部评选优秀员工，奖励是出国旅游十日，但只给了该公司一个名额，公司总经理决定让王轩去，因为她在市场部资历较老，而且兢兢业业。决定后，销售总监找到李萍劝说，结果李萍二话没说，第二天就交了辞呈。而且据悉，该公司的最大竞争对手已经向李萍抛出了橄榄枝，而且薪酬是李萍目前薪酬的1.3倍。这时，销售总监有点着急，赶紧找总经理沟通，但总经理给出的回复是李萍是咱们公司薪酬数一数二的，外面能给多高？我就不信真能比咱们现在的薪酬高多少。这事，销售总监有点为难，找到人力资源总监，想请他与总经理沟通。如果你是人力资源总监，你该如何与总经理沟通呢？

分析：

1. 薪酬管理的五个重要因素

薪酬管理有五个重要的因素，如表7-1所示。

表 7-1

薪酬管理的五个要素	说明
对内具有公平性	薪酬对内具有公平性，是保证人才的稳定，同时也避免因为薪酬导致人员的流失，不同的岗位之间的薪酬差，可以采用“职位评估”进行测评，做到对岗不对人，一视同仁。案例中王轩和李萍都需要通过职务评估来判断谁的价值大，而不能主观臆断
对外具有竞争力	案例中总经理认为薪酬已经不低了，但是否具有竞争性，还需要通过“薪酬调查”来了解。了解同行业同岗位的薪酬水平，不能肆意妄想，很容易因为领导人的自大导致人才流失
对员工有激励性	对员工要有激励性，主要体现在“薪酬设计”时，要考虑固定工资（岗位工资）与浮动工资（绩效工资）的比例，真正地实现“多劳多得”“少劳少得”“不劳不得”。而且要让做得多、做得对的员工受益
对公司具有承受力	薪酬总额的控制要定制一个比例，比如占年度销售额的百分比，可参见后面提到的“薪酬预算”
对法律具有符合性	工资要具有合法性，不得低于当地最低工资标准是指出全勤的情况下，扣除保险后的实发工资不得低于当地最低工资标准

2. 薪酬的公平性、竞争性和激励性

留住核心人才最主要是要考虑薪酬对内的公平性、对外的竞争性、对员工个人要有激励性。这三条缺一不可。我们常常叹息为什么人才难留，甚至高工资都很难留住员工。就是因为员工挣的不仅仅是钱，还有一口气。常常和同事或者家人、同学之间的比较，让他们骄傲或者泄气，如果他所在的公司薪酬具有对外竞争力，那么他的薪酬在某种意义上要比同学的薪酬高，自然很有自豪感，干劲会更足。相反，当他发现在做同样的工作的时候，挣的比别人少，而且发展空间又不大的情况下，迎接他的只有跳槽。对内也是如此，同事之间的比较，也会让员工内心产生不满足感或者不公平感，自然也会发生矛盾。所以，每次在调薪或者定薪的时候，一定要慎重，要考虑周全，考虑横向部门的比较关系，也要考虑部门内部的比较关系，只有这样才能避免人才的流失。

3. 薪酬管理的程序

薪酬管理的程序如表 7-2 所示。

表 7-2

程序与步骤	步骤说明
制定本企业的薪酬原则与战略	根据公司的实际情况和行业情况，制定长期与短期、团队与个人、物质与非物质奖励思维，确定对外竞争的薪酬优势百分比（如比同行业同岗位高出 10%）；对管理层采用股权和期权奖励办法等
工作分析	对设立的部门以及各部门的职位进行定位，分析具体干什么工作，需要什么能力和素质，请参见本书第 4 章
外部薪酬调查	首先考虑该岗位社会价位是多少，要让薪酬具有对外竞争性
职位评估	根据工作分析和市场对该岗位价值的评判，判断其价值大小。通过职位评估，判断薪酬差距的大小，保证薪酬对内的公平性
设定薪酬结构	要考虑薪酬固定工资和浮动工资的占比，以及工资的构成，高、中、低层要分别考虑，薪酬构成权重分配应有所不同，确定薪资登记表（考虑是否采用宽带薪酬）
确定薪酬水平	将确定的薪酬标准形成书面化，最终形成公司的薪酬福利管理制度
薪酬评估与控制	随着实践的检验，对不合理的薪酬构成和比例要进行有效的调整，使之更符合企业发展的需要

我们怎样知道公司的工资是否具有竞争性呢?

【案例】某公司拟定招聘一个薪酬福利专员，通过初次面试，人事经理选定了张女士，在复试时谈到薪资待遇问题，张女士给出的条件是少于 6000 元自己不会考虑。当时让人事经理非常诧异，因为当时自己的工资才有 7500 元，张女士是根据什么要的价呢？作为人事经理，你认为是否应该给张女士 6000 元的工资，下一步该怎么做呢？

分析：案例中张女士提出要价 6000 元，可能出于几个原因考虑：首先是考虑个人希望的薪酬，该薪酬有可能是与之前的薪资做了比较和计划而提出的。其次，有可能是因为市场同岗位工资标准也是如此。第三，有可能因为该公司实力雄厚，薪酬具有市场外部竞争力的事情，已经被应聘者知晓，所以狮子大开口。但作为人事经理，在招聘该岗位时，首先应该了解市场上该岗位的价位，了解后再做内部的职位评估，确定该岗位的薪资。如果没有薪酬调查，此事将进退两难。

一、薪酬调查的目的

（1）了解岗位的市场价值。

（2）了解自己企业薪酬对外竞争力。

（3）采取恰当的薪酬动作。

（4）学习先进的薪酬核算方法。

二、薪酬调查的困难

（1）如何确定调查的同岗位与拟定薪岗位的工作内容完全一致？

（2）如何获取同行业的薪资机密资料？找同行要，估计很难获得。

（3）公司的规模和体制对薪资的计算办法和标准都不同，是否具有可比性有待商榷。

（4）不同性质的企业工资结构也不相同，薪酬水平会有很大的差异性。

以上问题都是在做薪酬调查找比较对象时要考虑的问题，否则将会给公司的薪酬决策带来偏差。

三、薪酬调查的步骤与流程

1．薪酬调查的步骤，如表 7-3 所示。

表 7-3

步骤	说明
1．确定调查岗位	可选择调查骨干关键性岗位，或者调查有参考价值的标杆岗位
2．确定调查区域	同行业、相近规模、不同体制、相近产品、同地区、通用职位
3．选择调查渠道	通过政府劳动部门每年发布的人工成本指导手册，招聘时询问同行业公司来应聘的人，专业薪酬调查的公司，网络行业百强排行了解企业数据，调查竞争对手
4．收集归纳信息	制定薪资曲线，用于比较使用
5．撰写薪酬报告	报告形式（时间、地点、岗位、渠道），总体水平

很多企业为了获取行业内的信息，了解行业的发展和动态，可考虑加入本行业的协会组织，如印刷行业的“中国印刷技术协会”以及通过各地方行业协会均可以进行薪酬的了解和调查。

【案例】某招聘经理拟定了解印刷机长的岗位薪资以及薪资构成，于是本没有招聘需求的他，发布了一条招聘印刷机长的信息。他便邀约了大量的印刷机长，这些印刷机长均来自不同的公司。招聘经理在面试他们的时候，逐一询问应聘者所在公司的薪酬构成和计算方法，以及薪资的层级。待面试过 7 人之后，招聘经理很得意地说：“我知道该如何设计印刷机长的薪酬了。”

2．选择调查渠道。

选择中最常用的有三个渠道。

（1）用的最多的当属面试谈薪调查法。

你要了解什么岗位现在外面的薪酬状况到底是怎样？发布岗位招聘信息，找几个人过来面试问一问，基本上就知道大概了，就如上述案例所示一般。这种面试谈薪调查法操作简单，而且较为客观真实，又能实时反映同岗位外部薪酬状况，备受广大 HR 的青睐。不过，要让这个调查更客观有效，需要注意一些小技巧和注意事项：

①要有足够的样本量，不能只面谈一两个人就草率推论，一般面谈够五六人以上就比较靠谱。

②样本的来源也有讲究，老是见从一些大企业或行业老大中出来的求职者，会让你望而却

步；而都见一些比你企业规模还小还不规范的企业的求职者，也容易让你自我感觉良好。因此不能走极端，最好以实力相当的中间企业的求职者为主，适当兼顾一些两头企业的求职者，这样你的薪酬调查数据才更有参考价值。

③要注意砍掉求职者的薪酬水分，大家都知道求职者普遍会报高其薪酬，在面谈时要通过对其企业性质、规模、经营状况、组织架构及内部人员分工、岗位主要职责、个人业绩、薪酬结构、福利状况等进行综合分析，再加上对求职者在谈薪时的面部表情、行为神态等言谈举止的观察分析，综合判断其所报薪酬是否真实贴切，一般砍掉10%～30%的薪酬会比较真实，具体多少，可根据实际面试情况来把握（这点对HR面试能力的要求较高，尤其是在谈薪技巧方面，需要多练多总结）。

（2）招聘信息了解法。

经常去现场招聘会或操作网络招聘的HR应该都对一些岗位的薪酬状况有所了解，因为许多有竞争力或求贤若渴的企业的招聘信息，往往对岗位的薪酬都明码标价了，企业的福利状况有的也一目了然。这无形中给我们提供了更为广泛的市场薪酬信息来源。我们可以对照一下，参考性地定出我们企业同岗位较为合理的薪酬范围。操作时要注意尽量选择和参考与自己实力相当的同类企业的数据为宜。

（3）参考劳动力市场工资指导价。

当地政府劳动保障部门一年一度发布的劳动力市场工资指导价是比较有参考价值的，其用高中低位数与平均数的方式来发布各行业各岗位各工种等的月收入和年收入水平，信息比较全面，也较为权威。如北京经济技术开发区每年3月都会发布前一年人力资源市场工资指导价位，就比较详尽。对于新办企业和新设岗位来说更有参考意义，但要注意这个指导价其调查样本一般以国家企事业单位或大中型企业为多，这些单位的薪酬数据普遍较高，参考时要适当砍掉一些高出的水分。中小企业，一般应以岗位平均数或中低位数为参考依据更为合理。

3．如何撰写薪酬调查报告？

当我们经过对市场薪酬的一番调研后，就要借用外部薪酬调查的结果来思考本公司薪酬的定位方式了，因此就需要撰写一份薪酬调查报告，呈送到总经理面前，以便于总经理对行业薪酬的把握，有利于支持我们的工作。薪酬调查报告的主要内容包括：

①对调查发现的总结。写明调查时间、样本数量、市场的薪酬趋势。

②目前企业薪酬所处的位置报告。同行业的总体薪酬，本企业处在什么位置。

③标准职位数据统计。被调查岗位的最高位、中高位、中位、中低位、最低位的薪酬数据。

④总结大体的薪酬方向。

⑤调查方法介绍。访谈法、数据统计分析法、问卷法等。

【案例】东营地区薪酬调查分析报告。

薪酬调查分析报告

第一部分　总体分析

一、调查目的

通过对当地橡胶轮胎、纺织行业、机械加工、石油行业、化学产品、热电生产、食品加工、模具加工等行业的薪酬调查，了解这些企业薪酬、福利状况，为公司建立合理、有效的薪酬福利体系提供参考依据。

二、调查对象

东营地区部分规模以上企业。

三、调查时间段

2010 年 3 月至 6 月。

四、同行业薪酬调查情况汇总

1．同档次公司的薪酬状况

（1）东营市（除东营港外）同等档次公司基层员工薪酬调查情况，见表 7-4。

表 7-4　　元

行业名称	轮胎橡胶	纺织行业	机械加工	石油行业	化学产品	热电生产	食品加工	模具加工
试用工资	1000~1500	800~1200	1000~1500	900~1200	800~1500	800~1200	600~1200	900~1200
最低工资	1800	1500	1650	1500	1500	1500	1200	1650
最高工资	5000	2500	4500	4000	3000	2800	2200	5000
平均工资	2850	1900	2550	2600	2100	1800	1750	2850
社保	部分有	部分有	部分有	部分有	部分有	部分有	部分有	部分有
每天平均工作时间	8	8	8	8	8	8	8	8
每月平均工作时间	24.8	27	24.5	22.7	23.8	22.8	26.6	26.5
住宿	有	有	有	有	有	有	有	有
工作餐	部分有	部分有	部分有	部分有	部分有	部分有	部分有	部分有

各行业平均试用工资、正式工资分位表如表 7-5 所示。

表 7-5

岗位	试用工资	分位指数	正式工资	分位指数	建议方案
技术岗位	1500		5000		
	1330		4500		备用方案 80 分位即试用 1305 元，正式 4450 元
	1250	75% 处 1285 元	4000	75% 处 4200 元	建议采用 75 分位即试用 1285 元，正式 4200 元
	1200		3500		

续表

岗位	试用工资	分位指数	正式工资	分位指数	建议方案
操作岗位	1100		3000		
	1050	50% 处 1025 元	2800	50% 处 2650 元	50 分位，试用 1025 元，正式 2650 元
	1000		2500		
	950		2200		
文职后勤岗位	900		2100		
	850	25% 处 835 元	2000	25% 处 1950 元	
	800		1800		
	600		1600		

表格涉及 9 个行业 52 家企业 133 个岗位。所有岗位都有试用期，试用期待遇最低 600 元，最高 1500 元，个别岗位的试用期工资面议，在此无法体现；在正式工资中，最低的 1200 元，最高的 5000 元，个别特殊岗位的工资是面议，在此无法体现。综合来看，各行业，文职岗位工资水平普遍低于其他岗位，一般在 1200 ~ 2200 元之间；技术性岗位工资最高，一般在 2800 元以上；其次是一线操作岗位工资也是处于相对的高位，一般在 2500 元以上（这里指的是所有岗位的平均工资，之所以会达到这个高位，是因为个别企业里有些特殊的技术、操作等岗位的工资待遇非常高，通常达到 5000 元以上，特殊岗位的工资会把整个平均工资拉高）。我公司涉及的岗位在上表的详细岗位表中基本得到覆盖，根据这个表格体现出的数据，在 75 分位左右即试用工资 1285 元左右，文职岗位 1950 元左右，操作工岗位 2650 元左右，技术性岗位 4200 元左右；在 50 分位左右即试用工资 1000 元左右，文职岗位 1600 元左右，操作岗位 2200 元左右，技术岗位 3600 元左右。此表因为涉及的大部分企业是广饶县境内的，只是具备参考价值，特此提示。

（注：以上所有数据都是扣除保险后的到手纯工资。）

（2）东营港已开工公司基层员工薪酬调查情况，如表 7-6 所示。

表 7-6　元

企业名称	万达集团	华康化工	鲁深化工	亚通石化	山东海科
试用工资	1200	1200 ~ 1500	800 ~ 1500	1500 ~ 1800	1800 ~ 2200
最低工资	1600	2300 以上	2000 以上	1800 以上	2500 以上
最高工资	6000	2500 以上	2000 以上	3000 以上	6000 以上
平均工资	3300	2450 以上	2000 以上	2500 左右	3500 以上
社保	有	有	有	有	有，包括公积金
每天平均工作时间	8	8	8	8	8
每月平均工作时间	22.8	22.8	22.8	22.7	21.7

续表

企业名称	万达集团	华康化工	鲁深化工	亚通石化	山东海科
住宿	有	有	有	有	有
工作餐	有	有	有	有	有

各企业平均试用工资、正式工资分位表如表 7-7 所示。

表 7-7　　元

岗位	试用工资	分位指数	正式工资	分位指数	建议方案
技术岗位	2200		6000 以上		
	2000		3500 以上		备用方案 80 分位即试用 1975 元，正式 3450 元
	1800	75% 处 1850 元	3200	75% 处 3245 元	建议采用 75 分位即试用 1850 元，正式 3245 元
操作岗位	1700		3000		
	1650	50% 处 1575 元	2800	50% 处 2725 元	
	1500		2650		
	1350		2500 以上		
文职后勤岗位	1200	25% 处 1125 元	2200	25% 处 2125 元	
	1050		2000		
	800		1800		

表 7-6 是东营港已经开工和即将开工的 5 个企业的薪酬情况，这是 5 家具有代表性的企业，它们的薪酬基本反映了东营港开发区大部分企业的薪酬情况。表 7-7 涉及 5 家企业 49 个岗位，基本涵盖了我公司已设计岗位中的大部分岗位，有很强的参考性。从数据看，东营港的基本薪酬比东营市其他地区普遍高出 300 ~ 800 元不等。试用工资最低 1200 元，最高 2200 元；正式工资最低 1600 元，最高 6000 元以上；还有一些特殊的岗位，采取的是面议工资，表中无法体现。和东营其他地区一样，各个岗位薪酬差距明显，也表现为：文职岗位偏低，技术和一线操作岗位偏高，个别特殊的技术岗位薪酬可达 5000 元以上的高位。此外，海科这样的大企业各种福利配置优越，五险一金俱全，还有一些其他的隐性奖励，工人的实际收入更高，从目前掌握的数据，海科的待遇最高，平均工资在 3500 元以上。根据表 7-7，在 75 分位以上，试用工资 1800 元左右，正式工资 3200 元左右（这里指的是所有岗位的平均工资，之所以会达到这个高位，是因为个别企业里有些特殊的技术、操作等岗位的工资待遇非常高，通常达到 6500 元以上，特殊岗位的工资会把整个平均工资拉高）（注：以上数据都是扣除保险后的纯工资）。

五、分析

1. 东营市地区（除东营港）各类企业的薪酬状况比较，如图 7-2 所示。

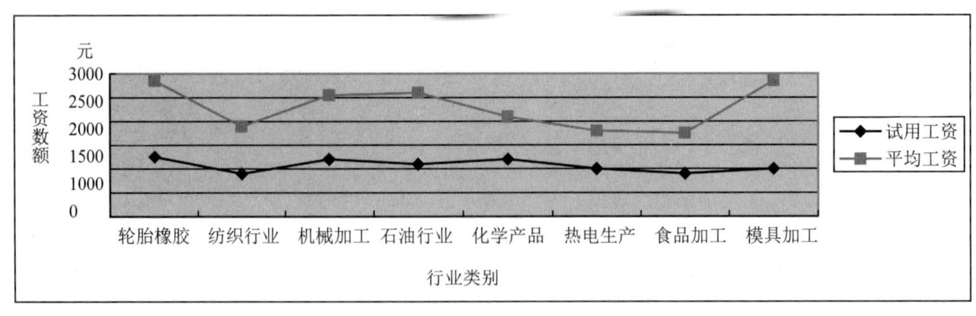

图 7-2　东营市地区（除东营港）各类企业的薪酬状况比较

以上为东营地区（除东营港）八大行业试用工资和正式工资的薪酬水平的折线比较图，从图中可以很明显地看出，所有行业在试用工资方面差别不大，而在正式工资方面轮胎橡胶、机械加工、石油行业、模具加工平均工资都是非常高位（个别技术性岗位的高薪将整个工资水平拉高，不具有代表性）。

2．东营港 5 家企业的薪酬情况，如图 7-3 所示。

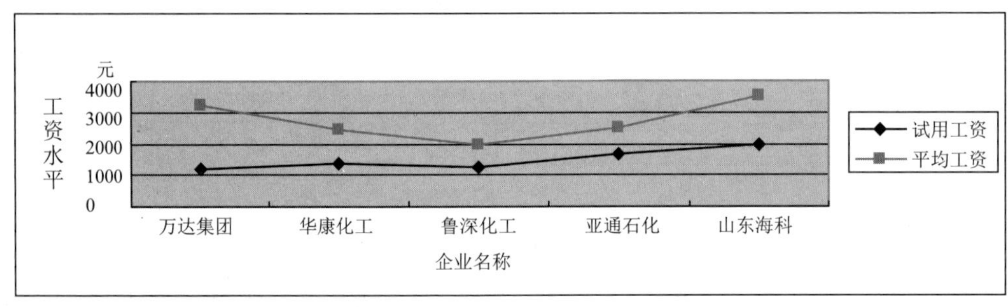

图 7-3　东营港 5 家企业的试用、正式薪资情况

图 7-3 为东营港最具代表性的 5 家大企业的薪酬水平的折线比较图，从图中可以明显地看出，所有企业在试用工资方面差距不大，其中海科和万达在正式工资方面明显超过其他企业，这是因为它们的一些特殊技术岗位薪资水平非常高，从而直接拉高了整体的平均工资。其他企业整体薪资水平非常接近。

3．从东营市地区（除东营港）各类企业的缴纳保险情况和东营港 5 家企业的保险情况看，这两地的大部分企业都是积极缴纳各类保险的，但是缴纳住房公积金的企业并不多。

4．上班、休班情况

（1）东营市（除东营港外）上班、休班时间情况，如图 7-4 所示。

从图 7-4、图 7-5 可以看出，东营港各企业的休班制度比较符合国家正常的休假制度，一般过周末，而其他地区一般是自主定制休班制度，相互出入比较大。

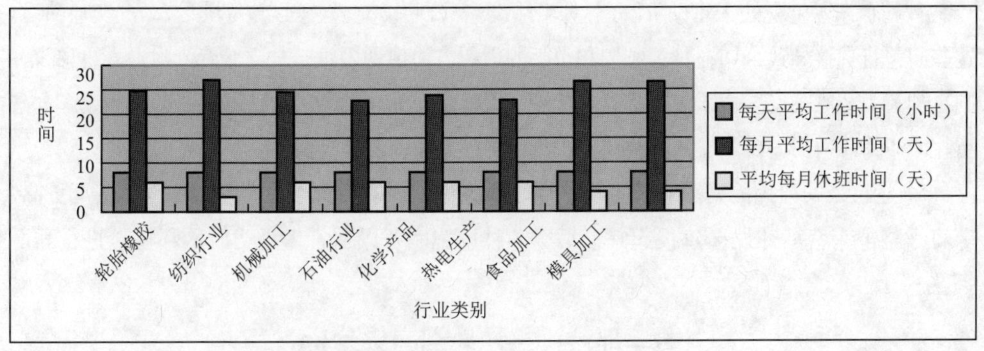

图 7-4　东营市（除东营港外）上班、休班时间情况

（2）东营港 5 家企业上班、休班时间情况，如图 7-5 所示。

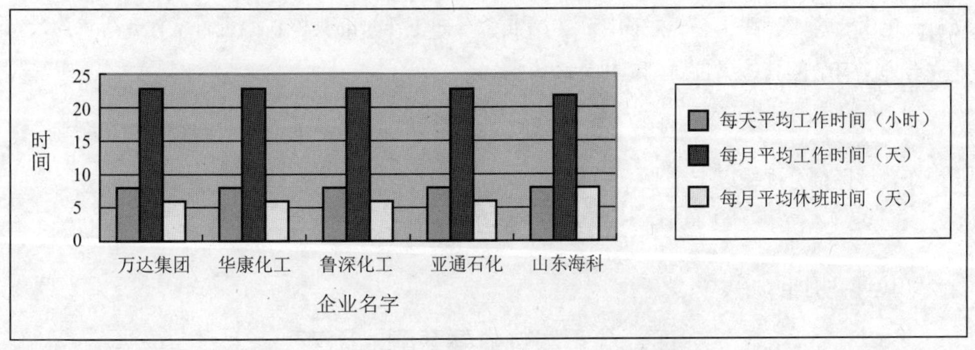

图 7-5　东营港 5 家企业上班、休班时间情况

六、建议

根据公司的薪酬目标及以上数据比较，我有如下建议：

1．将员工整体的工资放在一个相对高分位的水平上，目前建议放在 75 分位处（平均试用工资 1800 元，平均正式工资 3200 元，之所以这么高位是因为我公司为精细化加工企业，有很多特殊的技术性岗位，一般是高薪人才才可胜任），使其处于同行业中具有竞争优势薪酬水平；便于招聘且尽可能地固留我们公司需要的人才。

2．考虑到周边企业的休班制度，建议把员工每月的休息时间定为 6 天，如不能达到 6 天，应提高值班补助，以消除员工的心理落差，稳定员工队伍；公司送生日蛋糕的活动，要考虑公司所在地址物流业是否方便，可以考虑折成现金发放；各种法定假日、婚丧嫁娶都可以考虑给予假期，如不能应相应提高补助。

3．由于东营港离市区较远，生活购物不便，公司应该考虑尽可能地在衣食住行方面提供便利，如宿舍的各种生活配备尽量全面一些，配备公司班车，工作服发放及时，洗浴、洗衣、娱乐、运动设施配齐。考虑到东营港的蚊子较多，如在每个床铺配上一顶蚊帐，可显得更人性化。

4．整个东营港现处于建设阶段，各种生活设施、公共设施、娱乐设施等匮乏，公共交通缺乏，这些问题将直接导致公司在员工招聘和员工的固留方面出现困难，加之东营港附近人口稀少，则更加大了招聘难度。由于大家都处在起步阶段，各公司之间的人才流动势必非常频繁，如想留住人才为我所用，公司在薪酬福利、衣食住行等方面都要具有优势。

5．建议公司前期的薪酬应该定高一点，75分位不行的话，可以考虑80分位，甚至更高，等将来整个东营港开发区建设起来以后，各种设施完备以后，考虑当时的环境再进行薪酬调整。

第二部分　具体典型岗位分析

一、调查目的

通过对当地的57家规模企业133个岗位的薪酬调查，对这些企业一些典型岗位（会计、文员、司机、电工、焊工、钳工、一般操作工、班长、车间主任）的具体薪酬进行统计分析，为公司建立合理、有效的具体岗位薪酬提供参考依据。

二、调查对象

东营地区部分规模以上企业。

三、调查时间段

2010年3月至6月。

四、典型岗位具体薪酬对比表

1．东营地区（除东营港）具体岗位薪酬情况，如表7-8所示。

表7-8

岗位名称 具体情况	会计	文员	司机	电工	焊工	钳工	操作工	班长	车间主任
调查企业	17	13	9	23	21	17	56	3	2
最低试用	900	900	1000	1200	1200	1000	800		
最高试用	1200	1200	1500	1500	1750	1500	1500		
最低工资	1500	1350	1600	2100	2100	2200	1600	2400	3000
最高工资	2500	2350	2800	3500	3500	4200	3800	4100	5000
平均工资	1850	1750	2300	2750	2750	3200	2650	3400	4000

表7-8是对东营地区（除东营港）规模企业的一些典型岗位的薪酬统计分析情况，由于在班长和车间主任岗位薪酬很难获得，只是通过一些人际关系渠道获得，所以信息较少。钳工和操作工有的企业是按件工资，所以会出现很高的工资，特别是一些轮胎企业，一线操作工待遇非常高，当然这是建立在高体力和对身体健康有害的基础上的，由于这些高工资的出现，拉高了整体的平均工资（注：以上主要是广饶境内企业的岗位薪酬情况，仅供参考）。

2．东营地区（除东营港）各企业具体岗位薪酬对比，如图 7-6 所示。

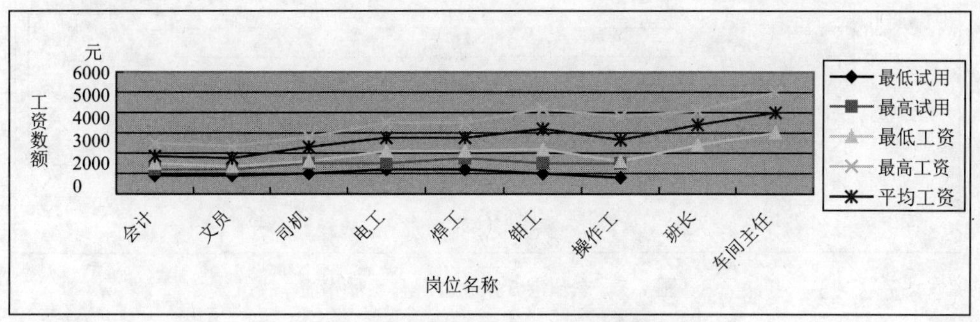

图 7-6　东营地区（除东营港）薪酬对比图

图 7-6 表明，各企业间在试用工资上基本差别不大；在正式工资方面，电工、焊工、钳工等技术工种明显高会计、文员、司机等岗位；在班长和车间主管这个位置上，薪酬比技术工种稍高，班长高得不明显，而车间主管则明显高出一个档次，主要原因是主管级别的工作人员一般实施的是年薪制。

3．东营港五大企业的具体岗位具体薪酬情况，如表 7-9 所示。

表 7-9　　元

岗位名称	会计	文员	司机	电工	焊工	钳工	操作工	班长	车间主任
调查企业(家)	3	4	3	5	5	5	5	1	1
最低试用	1200	1200	1500	1200	1500	1500	1200		
最高试用	1800	1800	2200	2200	2200	2200	2200		
最低工资	1800	1800	2100	2500	2500	2500	1800	3800	4500
最高工资	2500	2200	3500	4000	4000	4000	3500	5900	6950
平均工资	2200	1900	2700	3300	3300	3300	2800	4600	5800

表 7-9 为东营港已经开工或即将开工的 5 家企业的具体岗位薪酬对比情况，可以看出，东营港的企业无论在正式工资和试用工资方面均高于其他东营其他地区，特别是一些操作岗位和技术岗位，工资很高，这些岗位也把整体的工资拉高。表 7-9 中班长和车间主任都是只有海科一家的薪酬，在海科多个班长和车间主任的薪酬平均值上可以看出海科基层领导岗位薪酬是非常高的（下面还有海科一个企业的单独薪酬分析）。

（注：此表是东营港比较有代表性的 5 家大企业，很有参考价值。）

4．东营港 5 家企业的具体岗位薪酬对比，如图 7-7 所示。

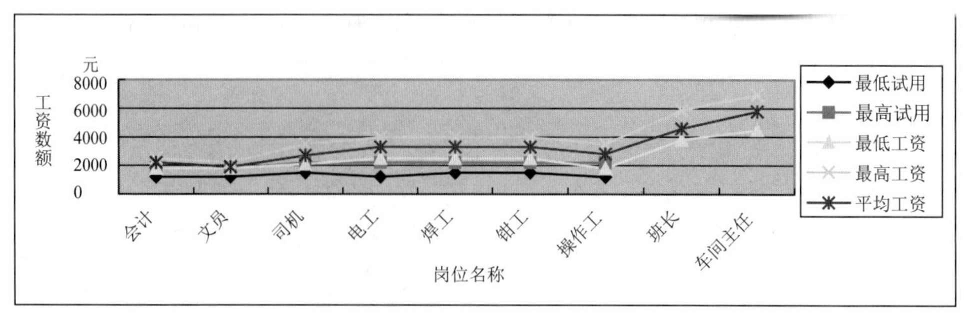

图 7-7　东营港 5 家企业具体薪酬情况

图 7-7 表明，东营港 5 家企业在试用工资方面除海科外几乎一致，由于海科实施的试用工资统一制，即 2200 元每月，所以 2200 元为东营港最高的试用工资，由于被调查企业仅有 5 家，而海科在各个岗位都高出其他企业很多，所以整体工资都被拉高。

5．海科典型岗位薪酬情况，如表 7-10 所示。

表 7-10　　元

岗位名称	办公室及后勤	司机	电工	焊工	钳工	操作工	班长	车间主任
试用工资	2200	2200	2200	2200	2200	2200		
最低工资	2650	2850	3300	3100	3200	2950	4200	4500
最高工资	4500	4200	5600	4900	6700	5500	5500	6500
平均工资	3500	3450	4200	3900	4200	3800	4600	5200

海科典型岗位具体薪酬如图 7-8 所示。

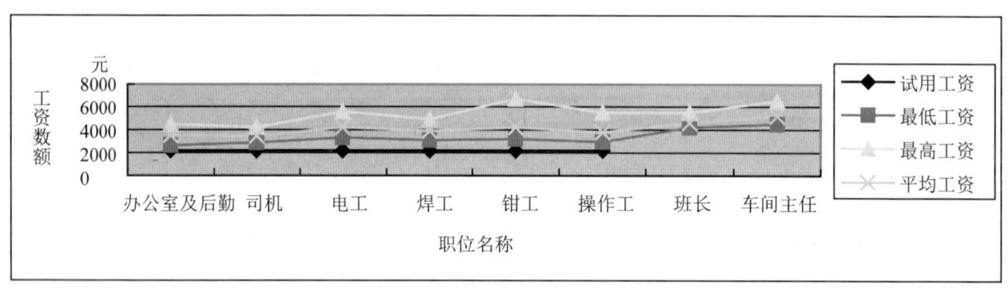

图 7-8　海科典型岗位薪酬分析图

表 7-10 和图 7-8 表明，海科的整体薪酬很高，无论试用还是正式工资都是在东营港企业中目前最好的（注：试用工资是根据海科工资表办公室人员和车间操作工的试用薪水推算而出，在两个岗位上都有刚入职 5 天的职工，他们的薪水为 3575 元，推出他们的试用月薪为 2200 元）；在一般操作工这个岗位上，有的老职工可以拿到月工资 6957 元的高薪，这是其他企业没法比的。海科的平均工资在 3500 元以上，这是扣除保险后的纯工资。

五、建议

1. 经过对各个企业的具体岗位调查分析得知，要想在东营港招到合适的员工并留下他们，我们必须在薪酬上有一定的吸引力。

2. 海科的薪酬短期内并不具备代表性（尤其是他们的五险一金更具吸引力），我们前期没必要向海科看齐，可以把其他四家企业作为标杆来确定各个岗位的具体薪酬。

3. 由于薪酬有一定的时效性，到公司开工的时候，周边各个企业的薪酬可能还会变化，从经济发展趋势来看，东营港其他企业向海科看齐是个必然，所以，为了防止公司的人才流失，我们必须把薪酬及各个方面的福利提高到优势水平。

关键岗位与一般员工薪酬差距多少为宜呢？

【案例】某大型国有企业原有的工资制度概括如下。

(1) 工资水平处于行业工资水平的 50% 处，但核心技术 / 管理岗位员工的工资只达到行业工资水平的 20% 处。

(2) 工资等级按行政级别划分，共 48 级，级差为 50 元。

(3) 工资的调整采取“一支笔”政策，总裁同意就可以。

问：该公司工资体制存在哪些问题？

答：1. 核心技术、管理岗位员工的工资偏低，对外缺乏竞争力，容易造成人员流失。

2. 工资等级过多，对员工缺乏激励性。

3. 工资调整过于随意，缺乏公平性。

4. 没有进行职位评估，岗位之间的薪酬差没有测评。要了解岗位与岗位之间的薪酬级差有多大，关键岗位与一般员工的薪酬差距有多大，主要通过职位评估进行。

一、为什么要进行职位评估？

很多企业实行密薪制，之所以要实行密薪制就是因为很多员工会拿着自己的薪酬和人比较，看自己是高还是低，高了自不必说，如果低了就会产生不平衡感，就会有怨气，甚至将怨气带到工作中。因此，在组织中合理地分配报酬是很重要的事情，由此可见，职位评估自然很重要。

1. 什么是职位评估？

职位评估是指根据岗位所需知识技能、职责大小、决策的影响力、工作复杂程度、重要性等因素对岗位进行综合评价的过程，确定岗位在组织内相对重要性和排序的过程。

2. 职位评估的重要性

(1) 塑造公司内部公平的薪酬环境。

(2) 减少员工的负面情绪和不和谐因素，从而减少内耗。

(3) 提升员工的积极性和工作效率。

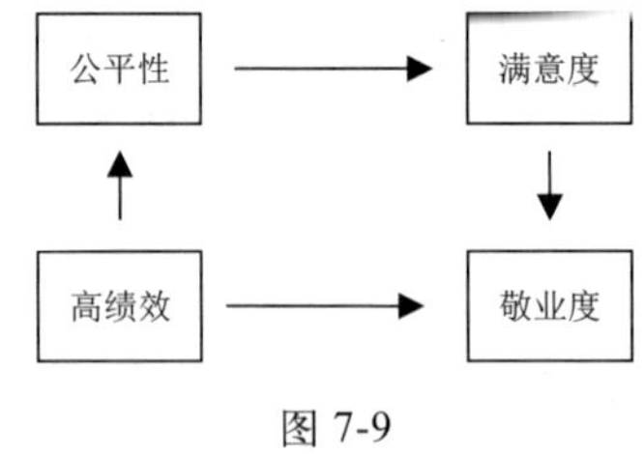

图 7-9

3．职位评估的原则

（1）市场供求关系：市场可代替性程度，供是否大于求？

（2）将模糊变成精确：考虑职位评估的各种因素，进行量化对比。

二、职位评估的步骤

职位评估的步骤如表 7-11 所示。

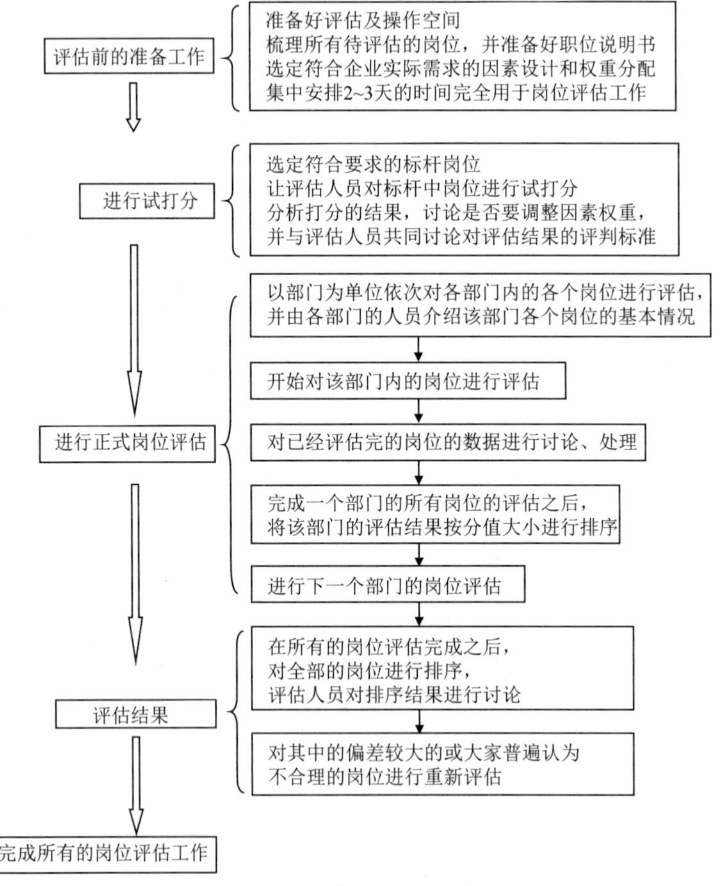

图 7-10　岗位评估流程图

表 7-11

步骤	说明
1．成立评估小组	由 11 ～ 17 人组成项目小组，最好由总经理或者副总经理担任项目小组组长，执行组长由人资经理或者总监担任，其余部门的一把手或者二把手担任项目组组员
2．准备评估场所	要准备一个大的能够容纳至少 15 个人的空间来进行评分
3．评估材料的准备	原则上是要将所有岗位的职位说明书都准备好
4．评估时间的准备	计划 2 ～ 3 天的时间，要做好计划和时间表
5．拟定评估方法	岗位比较法、职位评估法、成对比较法等
6．选择评估的岗位	可以选择关键性岗位（标杆岗位）进行评估，也可以对所有岗位按部门逐一评估，对相似岗位可进行合并评估
7．进行职位评估	选择具有代表性岗位，进行上下级比较、横向部门同级比较。对比评估分值，先横向评估再纵向评估
8．统计分值	去掉最高分，再去掉最低分，然后算加权平均分，再按照分值进行岗位排序，最后制成表格

步骤一：人员的准备

成立评估小组，由总经理、副总经理、各部门经理组成。

从资格要求上来讲，评估人员对企业，或者至少对企业的某些方面的了解上是真正的专家；评估人员最好来自管理或者与管理相关的职位；评估人员要能够客观地看问题；评估人员要对整个企业的岗位有全面的了解；评估人员在企业中要有一定的影响力；要考虑到各个不同的部门的特点，必须适当地考虑基层的工作人员。

在评估正式开始之前，要对评估人员作一定的交代，包括介绍为什么要进行岗位评估、岗位评估的方法、为什么要选择评分法、岗位评估的流程、岗位评估常出现的问题及解决方法、岗位评价的结果与薪酬结构的关系等。另外还有最为重要的一点，就是要统一评估人员对因素定义表的认识。

步骤二：场所的准备

要准备一个大的、能够容纳至少 15 个人的空间来进行评分。

步骤三：材料的准备

要理顺公司组织结构和岗位设置，确定参加评价的岗位。准备好职位说明书，通过问卷调查法、资料分析法和访谈法等方法进行工作分析，确定每个岗位的职责、任务、权限、协作关系任职资格和工作环境等基本内容，撰写职务说明书。原则上是要将所有岗位的职位说明书都准备好。

步骤四：时间的准备

正式打分的过程要坚持 2 ～ 3 天。

步骤五：评价工具的准备

准备岗位评价的因素大类以及因素的定义分级表。

首先要求根据企业的实际情况和价值导向确定与待评估岗位相关的付酬因素及分值。一般来讲，企业所共有的，常见的因素大类有责任因素、知识技能因素、努力程度因素及工作环境因素四大类。

然后将每一种因素大类分成多个不同的因素，并对各个因素逐个进行分析和定义。将每个因素分成几种等级层次，对每一因素和每一等级层次赋予一定的分值，这个分值实际上就代表了每一因素以及每一等级层次的相对权重，权重越大，分数值就越大。

在进行岗位评估的过程中，有可能因为评估人员对各项指标的理解上的差异，或一些主观的人为因素的干扰等导致评估的结果出现很大的偏差，因此在进行评估之前准备好纠偏工具是很有必要的。常用到的纠偏工具有标准差纠偏工具和变异数纠偏工具。

步骤六：进行试打分

一般是选取企业的部分具有代表性的工作岗位，即标杆岗位进行试打分。标杆岗位一般是企业各个层面的有代表性的岗位，最好能分布到各个部门，一般为总经理、副总经理、重要性较强的中层管理岗、重要性较弱的中层管理岗、重要性较强的基层岗位、重要性一般的基层岗位、重要性最弱的基层岗位。试打分的过程是很辛苦的，不能操之过急，只有当评估人员的认识程度和评价因素都符合正式打分的要求了，试打分才能结束，按时间算下来，整个试打分的过程差不多要花一天左右的时间。给标杆岗位进行试打分的过程也是评估人员对评价因素的认识的统一的过程。评估人员对每个标杆岗位的每一个因素都要进行认真仔细的评估，要看每项因素除以权重的标准差是否超过了经验值，均值是否合理，总分排序和差距是否合理等。对于任何岗位的试打分结果，评估人员认为有偏差的地方可以充分地发表意见，不能完全统一的地方要举手表决，少数要服从多数。

标杆岗位的分数为后面的正式打分提供了参照的依据，也为正式打分奠定了坚实的基础，因此标杆岗位的分数一定要打准。正是基于这个原因，试打分的任务甚至比正式打分艰巨，时间有可能会比正式打分所占用的时间还长。试打分结束后，评估人员应该做到不带疑问地进入到正式打分的程序中，因素定义表的指标和权重的偏差也不应该在正式打分的过程中去进行临时的调整了。

步骤七：开始正式打分

在所有人员都各就各位后，正式打分开始。在打分进行之前应了解职位说明书。在第一次打分后，统计那些偏差较大的评估岗位，如果仍然出现了较大的偏差，就有必要进行第二次重新打分。在第二次重新打分结束之后，所有岗位的得分就基本上确定下来了，重新评估最多两次，以最后一次为准。到这个时候，正式打分的整个过程就完全结束了。

步骤八：评分结果的公布

在进行完正式打分之后，就得到了所有岗位的分数。将所有这些分数排列起来，就得到了所有岗位的分数排列表，这就是我们想要最终得到的工作重要性排序表。这张表将运用到企业的薪酬设计中去。岗位评估的结果反映了不同岗位的价值大小及排列次序，它是制定工资制度的关键环节，但是从岗位评价结果到每个岗位的工资出台还有许多的工作要做，也就是说，只有将岗位评估的结果转化为实际的岗位工资，岗位评估才具有实用的价值。因为每一个岗位都有一种独特的工资，这样就会给工资的发放和管理带来很多实际的困难，因此将多种类型的岗位工资归并成若干等级所形成的工资等级系列具有了现实的意义。

三、岗位评估方法

岗位评估的方法有岗位比较法和职位评估法，如图 7-11 所示，最常用的是岗位比较法。

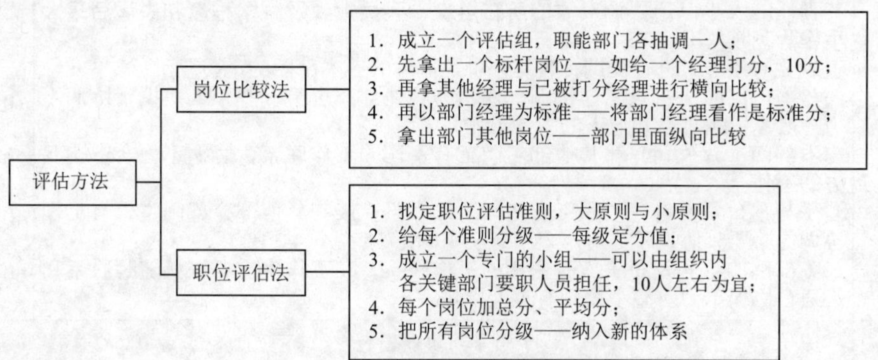

图 7-11 岗位评估方法

【案例】

表 7-12 岗位评价因素定义与分级表

1 责任因素		
序号	1.1 风险控制责任	分数
	因素定义：指在不确定的条件下，为保证投资、开发及其他项目顺利进行，并维持我方合法权益所担负的责任，该岗位责任的大小以失败后损失影响的大小作为判断标准。	
	无任何风险。	0
1	仅有一些小的风险。一旦发生问题，不会给本公司造成多大影响。	20
2	有一定的风险。一旦发生问题，给本公司所造成的影响能明显感觉到。	40
3	有较大的风险。一旦发生问题，会给本公司带来较严重的损害。	60
4	有极大风险。一旦发生问题，对本公司造成的影响不仅不可挽回，而且会致	80
5	使本公司经济危机甚至倒闭	
	1.2 成本 / 费用控制责任	
	因素定义：指在正常工作状态下，因工作疏忽而可能造成的成本、费用、利息等额外损失方面所承担的责任，其责任的大小由可能造成损失的多少作为判断基准，并以月平均值为计量单位。	
1	不可能造成成本费用等方面的损失。	0
2	损失金额在 5000 元以下。	15
3	损失金额在 5000 元以上，50 000 元以下。	30
4	损失金额在 50 000 元以上，100 000 元以下。	45
5	损失金额在 100 000 元以上，500 000 元以下。	60
6	损失金额在 500 000 元以上。	75
	1.3 指导监督责任	
	因素定义：指在正常权力范围内所拥有的正式指导监督。其责任的大小根据所监督指导人员的数量和层次进行判断。	
1	不监督指导任何人，只对自己负责。	0
2	监督指导下属 5 人以下。	15
3	监督指导下属 5 ～ 15 人。	30
4	监督指导下属 15 ～ 30 人。	45
5	监督指导下属 30 人以上。	60

续表

	1.4 内部协调责任	
	因素定义：指在正常工作中，需要与之合作共同顺利开展业务的协调活动。其责任的大小以所协调对象的**所在层次、人员数量及频繁程度和失调后果大小**作为判断基准。	
1	不需要与任何人进行协调，若有，也是偶尔的、本部门的一般职工。	0
2	仅与本部门职工进行工作协调，偶尔与其他部门进行一些个人协调，协调不力一般不影响自己和他人的正常工作。	10
3	与本部门（分公司）和其他部门职工有密切的工作联系，协调不力会影响双方的工作。	20
4	几乎与本公司所有一般职工有密切工作联系，或与其他部分部门主管有工作协调的必要。协调不力对本公司有一定的影响。	40
5	与各部门的主管及负责人有密切的工作联系，在工作中需要保持随时联系和沟通，协调不力对整个公司有重大影响。	60
	1.5 外部协调责任	
	因素定义：指在正常工作中需维持**密切工作关系**，以便顺利开展工作方面所负有的责任，其责任大小由工作重要性作为判断标准。	
1	不需要与外界保持密切联系，如有，也仅限于一般人员，且属偶然性。	0
2	工作需要与外界几个固定部门的一般人员发生较频繁的业务联系，所开展的业务属于常规性。	10
3	需要与外部单位（厂商、政府或其他机构等）保持密切联系，联系原因只限于具体业务范围内。	20
4	需要与上级或其他主管部门的负责人保持密切联系，频繁沟通，联系的原因往往涉及重大问题或影响决策。	40
	1.6 工作结果责任	
	因素定义：指在**个人可控**的范围内对工作结果承担多大的直接责任。以工作结果对某某公司影响的大小作为判断责任大小的基准。	
1	只对自己的工作结果负责。	0
2	需要对自己和所监督指导者的工作结果负责。	14
3	对整个部门或者分公司的工作结果负责。	28
4	对整个公司的部分部门工作结果负责。	42
5	对全公司的工作结果负责。	56
	1.7 组织人事责任	
	因素定义：指在正常工作中，对人员的选拔、任用、考核、工作分配、激励等具有法定的权力，并承担相应的责任。其责任的大小视所负责人员的**层次**而定。	
1	不负有组织人事的责任。	0
2	仅对本部门或者分公司一般职工有工作分配任务、考核和激励的责任。	10
3	对本部门或者分公司的一般职工具有选拔、使用和管理的责任。	20
4	对公司中层管理者和分公司领导具有任免的建议权。	30
5	对公司中层管理者和分公司领导具有任免的权力。	40
	1.8 法律上的责任	
	因素定义：指在正常工作中需要拟定和签署具有法律效力的合同，并对合同的结果负有相应的责任。其责任的大小视签约、拟定合同的重要性及后果的严重性作为判断基准。	

续表

	1.8 法律上的责任	
1	不参与有关法律合同的制定和签约。	0
2	工作需要偶尔拟定具有法律效力的合同条文，其条文最终受上级审核方可签约，个人承担责任。	15
3	工作经常需要审核各种业务或其他具有法律效力的合同，并对合同的结果负有部分责任。	30
4	工作经常需要以法人资格签署各种有关合同，并对其结果负有全部责任。	45
	1.9 决策的层次	
	因素定义：指在正常的工作中需要参与决策，其责任的大小根据所参与决策的层次高低作为判断基准。	
1	工作中常做一些小的决定，一般不影响他人。	5
2	工作中需要做一些决定，只影响与自己有工作关系部分的一般员工。	10
3	工作中需要做一些对所属人员有影响的决策。	20
4	工作中需要做一些大的决策，但必须与其他部门负责人共同协商方可。	30
5	工作中需要参加最高层次决策。	40
	2 知识技能因素	
序号	2.1 最低学历要求	分数
	因素定义：指顺利履行工作职责所要求的最低学历要求，其判断基准按正规教育水平判断。	
1	初中及初中以下。	0
2	高中、职业高中或中专毕业。	5
3	大学专科。	10
4	大学本科。	15
5	硕士或双学士及以上。	20
	2.2 知识多样性	
	因素定义：指在顺利履行工作职能时需要使用多种学科、专业领域的知识。判断基准在于广博不在精深。	
1	除了本职的专业以外，不需要了解其他学科知识。	7
2	需要了解相近专业的知识。	14
3	需要掌握两门以内跨专业学科知识。	22
4	需要掌握两门以上跨专业学科知识。	30
	2.3 熟练期	
	因素定义：指具备工作所需的专业知识的一般劳动力需多长时间才能基本胜任本职工作。	
1	3 个月之内。	4
2	3 ~ 6 个月。	8
3	6 ~ 12 个月。	12
4	1 ~ 2 年。	16
5	2 年以上。	20
	2.4 工作复杂性	
	因素定义：指在工作中履行职责的复杂程度。其判断基准根据所需的判断、分析、计划等水平而定。	
1	只需简单的提示即可完成工作，不需计划和独立判断，偶尔亦需考虑自己对别人的妨碍。	10

续表

	2.4 工作复杂性	
2	需进行专门训练才可胜任工作，但大部分时候只需一种专业技术，偶尔需要进行独立判断或计划，要求考虑如何工作才不妨碍他人工作。	20
3	工作时需要运用多种专业技能，经常做独立判断和计划，要有相当高的解决问题的能力。	30
4	工作要求高度的判断力和计划性。要求积极地适应不断变化的环境和问题。	40
	2.5 管理能力	
	因素定义：指为了顺利完成工作目标，组织协调相关人员进行工作所需要的素质和能力。判断基准是：工作中进行组织协调的程度和组织协调工作的影响。	
1	工作简单，基本不需要管理知识。	5
2	工作需要基本的管理知识。	15
3	需要较强的管理知识和管理能力来协调各方面关系。	25
4	需要非常强的管理能力和决断能力，该工作影响到公司正常生产与经营。	40
	2.6 工作的灵活性	
	因素定义：指工作需要灵活处理事情的程度。判断基准取决于工作职责要求。	
1	属于常规性工作，很少或不需要灵活性。	0
2	工作中一般属于常规性的，经常需要灵活性处理工作中所出现的问题。	13
3	工作中一大半属于非常规性的，主要靠自己灵活地按具体情况进行妥善处理。	26
4	工作非常规，需要在复杂多变的环境中灵活地处理重大的偶然性问题。	40
	2.7 文字运用能力	
	因素定义：指正常工作中所要求实际运用的文字能力。	
1	一般信函、简报、便条、备忘录和通知。	10
2	报告、汇报文件，总结（非个人）。	15
3	公司文件或研究报告。	20
4	合同或法律条文。	30
	2.8 数学知识	
	因素定义：指工作所要求的实际数字运算知识的水平。判断以常规工作中使用的最高程度为基准。	
1	加减乘除等简单运算。	5
2	小数、分数、乘方、开方、指数。	10
3	统计、线性代数、计算机应用软件。	15
4	计算机软件程序。	30
	2.9 综合能力	
	因素定义：指为顺利履行工作职责所应达到的多种知识素质、经验和能力的总体效能要求。	
1	无需特殊技能和能力。	10
2	仅需某方面的专业知识和技能。	20
3	工作多样化，灵活处理问题的要求高，需综合使用多种知识和技能。	30
4	需在复杂多变的环境中处理事务，需要高度综合能力。	40
	3 努力程度因素	
序号	**3.1 工作压力**	**分数**
	因素定义：指工作本身给任职人员带来的压力。根据决策迅速性、工作常规性、任务多样性、工作流动性及工作是否被时常打断进行判断。	
1	极少迅速作决定，工作常规化，工作很少被打断或者干扰。	10
2	很少迅速作决定，工作速度没有特定要求，手头的工作有时被打断。	20
3	要求经常迅速作出决定，任务多样化，手头的工作常被打断，工作流动性强。	30
4	经常地迅速作出决定，任务多样化，工作时间很紧张，工作流动性很强，难得坐下来安静处理问题。	40

续表

	3.2 精力集中程度	
	因素定义：指在工作时所需注意力集中程度的要求。根据集中精力的时间、频率等进行判断。	
1	工作时以体力为主，不需要经常集中精力。	6
2	工作时不需高度集中精力，只从事一般强度脑力劳动。	12
3	少数工作时间必须高度集中精力，从事较高强度脑力劳动。	18
4	一般工作时间必须高度集中精力，从事高强度脑力劳动。	24
5	多数工作时间必须高度集中精力，从事高强度脑力劳动。	30
	3.3 体力要求	
	因素定义：指作业时必须运用体力，其消耗的水平高低根据工作姿势，持续时间长度和用力大小进行判断。	
1	不需要消耗特别的体力。	0
2	工作时需要消耗较少的体力。	6
3	工作时需要消耗一定的体力。	12
4	工作时需要消耗大量的体力。	20
	3.4 创新与开拓	
	因素定义：指顺利进行工作所必需的创新与开拓的精神和能力的要求。	
1	全部工作为程序化、规范化，无须开拓创新。	0
2	工作基本规范化，偶尔需要开拓创新。	10
3	工作时常需要开拓和创新。	20
4	工作性质本身即为开拓和创新的。	40
	3.5 工作紧张程度	
	因素定义：指工作的节奏、时限、工作量、注意力转移程度和工作所需对细节的重视所引起的工作紧迫感。	
1	工作的节奏、时限自己掌握，没有紧迫感。	10
2	大部分时间的工作节奏、时限自己掌握，有时比较紧张，但时间持续不长。	20
3	工作的节奏、实现自己无法控制，明显感到工作紧张。	30
4	为完成每日工作需要加快工作节奏，持续保持高度紧张，每天下班时经常明显感到疲劳。	40
	3.6 工作均衡性	
	因素定义：指工作每天忙闲不均的程度。	
1	一般没有忙闲不均的现象。	7
2	有时忙闲不均，但有规律性。	14
3	经常有忙闲不均的现象，且没有明显的规律。	21
4	工作经常忙闲不均，没有明显的规律，且忙的时间持续很长。	30
	4 工作环境因素	
序号	4.1 职业病	分数
	因素定义：指正常工作所必然造成的身体疾病。	
1	无职业病的可能。	0
2	会对身体某些部位造成轻度伤害。	5
3	对身体某些部位造成能明显感觉到的损害。	10
4	对身体某些部位造成损害致使产生痛苦。	15
	4.2 工作时间特征	
	因素定义：指工作要求的特定起止时间。	
1	按正常时间上下班。	7
2	基本按正常时间上下班，偶尔需要早到迟退。	14
3	上下班时间按照工作具体情况而定，但有一事实上的规律，自己可以控制安排。	21
4	上下班时间根据工作具体情况而定，并无规律可循，自己无法安排控制。	30

续表

	4.3 环境舒适性	
	因素定义：指工作时环境对任职者身体、心理健康影响的程度。	
1	非常舒适，没有不良感觉。	0
2	偶尔不舒适。	6
3	经常不舒适，或者偶尔极不舒适。	12
4	经常极不舒适。	18
5	持续保持极不舒适。	25
	4.4 危险性	
	因素定义：指工作本身可能对任职者身体所造成的危害。	
1	没有可能对人身造成任何伤害。	0
2	可能造成人体轻度伤害。	10
3	可能造成较重伤害。	20
4	可能造成很大的伤害。	30

【案例】

表 7-13　某公司岗位评估打分表（国际岗位评估七要素）

岗位名称											总得分	
要素及百分比			分值	10~19	20~30	35~44	45~54	55~65	70~79	80~90	95~100	得分
职责规模	对企业的影响 10%	影响	10%	主要是辅助性质的工作，对企业的成绩间接影响微小		可容易辨别出对企业的成绩有间接性的影响			对企业成绩有明显的、基本的或是主要性的影响		对取得企业的重要成绩有卓越的影响	
		规模	0%	规模是指企业的规模								
	监督管理 10%	下属	5%	无监督管理		有直接下属			有直接和间接下属		有较多的直接和间接下属	
		下属类别	5%			助理或中级岗位人员			中级或高级岗位人员		高级岗位人员	
职责范围	责任范围 30%	独立性	10%	分工明确，工作有一定限制，工作步骤受到控制		根据常规方法和惯例进行工作，定期检查，效果控制			按总原则工作，以结果控制		根据战略目标工作，战略目标成就控制	
		广度	10%	重复性活动及少部分相似的工作，或担任几个相似的工作		同功能部内担任不同的工作			承担不同功能部门性质的工作，或领导一个职能 / 业务部工作		领导多个职能 / 业务部工作	
		知识面	10%	对公司其他功能 / 业务部的知识需要有限		对公司其他功能 / 业务部的知识要有较好的了解			对公司和国内市场要有较好的了解，或对所在功能 / 业务的国际市场有较好了解		全面了解所有有关公司的经营活动和相关的国内、国际市场情况	
	沟通技巧 10%	沟通技巧	4%	普通（要求一般礼节和信息的交换）		重要（要求与人合作、对人施加影响）					极大（对公司有重大影响的谈判和决策）	
		联系频率	4%	偶尔（一个月有几次）		时常（频繁但非每天）					天天（每天）	
		内外用处	2%	内部（主要在公司内部的交流）					外部（客户、政府机关；或与同一集团内的单位交流间很吃力，也可算外部交流）			

续表

岗位名称											总得分	
要素及百分比			分值	10~19	20~30	35~44	45~54	55~65	70~79	80~90	95~100	得分
工作复杂程度	任职资格 5%	学历	2%	此岗位要求大、中专学历		此岗位要求本科学历			此岗位要求硕士学历		此岗位要求博士学历	
		经验	3%	无要求		要求有工作经验			要求有一定相关工作经验		要求有较强相关工作经验	
	工作难度 30%	复杂性	15%	问题已经确定、常规性质或有限难度，有明确指示或需要一点分析		必须确定问题，问题有些难度或难处理，需要进行分析和调查			必须确定问题，问题复杂，需要进行广泛的分析和详细的调查		必须确定问题，问题多数且非常复杂，需要大量跨部门和面向集团的企业分析	
		创造性	15%	无须创造或改进、一切已有明确规定，或基于现行办法在工作范围内进行一般性更新		在所在功能 / 业务部内，改进和发展现有的方法和技术，受益于功能 / 业务内部的经验			受益于企业内部的经验，创立新方法和新技术，或受益于企业外部的经验，创立复杂而广泛的方法和技术		明确发明性的，前所未有经验的开发，或很科学性的发明	
	环境条件 5%	环境	3%	工作活动中身体、精神上的压力一般					工作活动中身体、精神上的压力较高			
		风险	2%	工作中受伤害的可能性一般					工作中受伤害的可能性较大			

注：得分换算：10~19 分为助理一级；20~34 分为助理二级；35~44 分为中一级；45~54 分为中二级；55~69 分为中三级；70~79 分为高一级；80~94 分为高二级；95~100 分为高三级

四、职位评估的实际应用

职位评估应用的步骤见表 7-14。

表 7-14

职位评估应用的步骤	说明
1．统计每个评估岗位的薪分值	先算出每个评估人的分值，加起来除以评估人数
2．统计公司所有岗位的薪分总值	被评估岗位的薪分值相加
3．统计公司这些岗位上年度工资总额	上年度工资总额（不包括年终奖金）
4．计算每个薪分的年度价值	上年度工资总额 ÷ 薪分总值
5．算出每个薪分的月度价值	每个薪分的年度价值 ÷12
6．计算出被评估的月薪酬	每个薪分的月价值 × 某职位的薪分

【案例】如何通过职位评估分数计算该岗位月度薪酬？

某公司年度薪酬总额为 14 000 000 元，而被评估的岗位的总分值为 140 000 分，则每个薪分是 14 000 000÷140 000=100 分，每个被评估岗位的月薪值为 100÷12=8.3 元，如人力资源招聘专员岗位经评估后分值为 430 分，则该岗位的月度薪酬总额为 430×8.3=3569 元。

工资怎样设计为宜呢？如何用薪酬促进绩效呢？

【案例】F 公司是一家生产电信产品的公司，在创业初期，依靠一批志同道合的朋友，大家不怕苦不怕累，从早到晚拼命干，公司发展迅速，几年之后，员工由原来的十几人发展到几百人。业务收入由原来的每月 10 多万元发展到每月 1000 多万元，企业大了，人也多了，但公司领导明显感觉到，大家的工作积极性越来越低，也越来越计较报酬了。

F 公司的总经理黄先生一贯注重思考和学习，为此特地到书店买了一些有关成功企业经营管理方面的书籍来研究，他在《松下幸之助的用人之道》一文中看到这样一段话："经营的原则自然是希望能做到'高效率、高薪资'。效率提高了，公司才可能支付高薪资，但松下幸之助提倡'高效率、高薪资'时，却不把高效率摆在第一个努力的目标，而是借助提高薪资，来激发员工的工作意愿，以此达到高效率的目的。"黄先生想，公司发展了，确实应该考虑提高员工的待遇，这一方面是对老员工为公司辛勤工作的回报。另一方面也是吸引高素质人才加盟公司的需要。为此，F 公司聘请一家知名的咨询公司为企业重新设计了一套符合公司老总要求的薪酬制度。大幅度提高了公司各类员工的薪酬水平，并对工作场所进行了全面整修，改善了各级员工劳动环境和工作条件。

新的薪酬制度推行以后，其效果立竿见影，F 公司很快就吸引了一大批有才华有能力的人，所有的员工都很满意，工作十分努力，工作热情高涨，公司的精神面貌焕然一新。但这种好势头没有持续多久，员工的旧病复发，又逐渐地恢复到以前懒洋洋、慢吞吞的状态。

公司的高薪没有换来员工持续的高效率，公司领导陷入两难的困境，既苦痛又彷徨，问题的症结到底在哪儿呢？

请根据本案例，回答以下问题：

（1）该公司应采取哪些措施对员工的薪酬制度进行再设计、再改进？

（2）为了持续保持公司员工旺盛的斗志，应当采取哪些配套的激励措施？

分析

1. 该公司应根据企业发展的中长期方向和目标，坚持“对外具有竞争力，对内具有公平性”的基本原则。采取以下步骤，对公司的薪酬制度进行再设计、再改进。

（1）对全部岗位进行工作分析，建立健全定编、定岗、定员和定额等各项基础工作。

（2）对各类岗位进行系统的岗位评价和分类分级，以保证薪酬对内的公平公正性。

（3）建立薪酬调查的制度，定期地进行薪酬市场调查，掌握同类企业员工薪酬水平的变动情况，以提高公司员工薪酬水平，保持公司薪酬的市场竞争力。

（4）根据公司生产经营的状况和财务实力，对各类员工的薪酬结构进行再设计，采用适合岗位性质与工作特点的工资和奖励制度。

（5）定期进行员工薪酬满意度调查，掌握员工的动态，运用多种激励方式和手段，最大限度地调动员工的积极性、主动性和创造性。

（6）注重于员工薪酬制度相关制度的贯彻落实，提高其相互配套性和支撑性。

2. 应当采取配套的激励措施

（1）公司领导要转变观念，树立“以人为本”的经营管理思想，针对F公司的现状，其重点应当是建立以薪酬制度为基础的员工激励机制，使企业进入“高薪资、高效率、高效益”良性循环。

（2）强调外在激励的同时，更应当重视内在激励。

（3）引入适度的竞争机制。

（4）创造公平的工作环境。

（5）加大对团队绩效奖励的力度，以倡导团队的合作精神。

（6）设计适合员工需要的福利项目。

（7）在依据充分，公平公正的前提下进一步强化奖惩制度。

（8）将公司长远发展计划与员工短期目标密切结合在一起，帮助业务骨干制定职业生涯规划。

一、薪酬总额的预算

1. 计算年度薪酬计提比例

方法：预算原则上应该略高于实际，一般是高于实际5% ~ 10%，不同的企业可能实际操作有差异，工资预算一定是由上而下，再由下而上的。

今年工资计提比例 = 上年度实发工资（不含加班费）÷ 上年度的销售收入 ×100%

【案例】A 公司去年实发工资为 1400 万元，上年度销售收入为 30 000 万元，今年工资计提比例为 1400÷30 000×100%=4.7%。

2. 根据年度薪酬计提比例，计算公司明年年度薪酬总额

方法：采用提成工资制的企业，工资预算的做法是：

(1) 根据历史数据（同比、环比都可以，必须有数据支持，否则就是公司高层拍脑袋定了），计算出每年用于提成的工资是多少。

(2) 年度工资总额 = 年度计划销售额 × 工资计提比例

【案例】A 公司今年计划销售 40000 万元，计提比例已经算出为 4.7%，那么今年的工资总额应为 40 000 万 ×4.7%=1880 万元。

3. 月度实发工资总额的确定

方法：

(1) 月度实发工资总额 = 月度标准工资总额 + 月度浮动工资总额

(2) 月度标准工资总额 = 年度工资总额 ÷12

(3) 月度总额浮动额度 =（月实际销售收入 – 月计划销售收入）× 工资计提比例

【案例】

步骤一：A 公司月度标准工资总额 =1880 万 ÷12=156.67 万元

步骤二：假设本月销售收入为 400 万元，计划销售收入 333 万元，则月度总额浮动额度 =（月实际销售收入 – 月计划销售收入）× 工资计提比例 =（400 万 –333 万）×4.7%=3.13 万元。

步骤三：月度实发工资总额 = 月度标准工资总额 + 月度浮动工资总额 =156.67 万 +3.13 万 =159.80 万元

注意：以上情况适用于定编、定员相对稳定的情况下。

二、工资结构的设计方法

1. 目前比较通用的薪酬结构

(1) 薪酬总额 = 基本工资 + 岗位工资 + 浮动工资（绩效工资：提成、计件）+ 福利津贴

(2) 不同岗位薪酬结构，如表 7-15 所示。

表 7-15

岗位类别	固定工资（基本 + 岗位）比例（%）	浮动工资（绩效工资）比例（%）
基层销售人员	30	70
销售管理人员	40	60
基层生产人员	40	60

续表

岗位类别	固定工资（基本 + 岗位）比例（%）	浮动工资（绩效工资）比例（%）
中层干部（车间主任）	50	50
办公室非业务文员	70	30
高层	50	50（利润目标考核）

注意：越接近客户的岗位浮动工资比例越高，浮动工资的比例值应该这样分配：

市场营销 > 生产技术 > 采购 > 人事、行政、财务

（3）企业当年利润加倍完成或者不能按照计划完成，可参考如下分配方式。

①每个月提取浮动工资的 20% ～ 30% 作为风险金，不发放暂存到公司；

②年终奖按照利润完成情况发放；

③如果利润完成加倍发放：销售按 2 倍发放，生产技术按照 1.7 倍发放，经理人按照 1.7 倍发放，人事行政、财务按照 1.5 倍发放。

④如果未完成按照比例扣减：扣减与奖励对于同一个岗位的比例同等。

2．宽带薪酬设计与薪酬晋升空间

【案例】J 公司是一家以制造港口起重自动化设备为主的研发、生产、销售一体化的民营企业，现有员工 500 余人。随着产品产量的加大与销售业务的扩展，该公司在员工薪酬管理方面遇到不少困难和问题。比如，生产部门原有的固定工资制不能反映车间员工劳动强度的差别，员工怨声四起；技术部门和销售部门高薪聘请的高学历新员工与老员工的工资不平衡，导致其间冲突日益严重。整个薪酬体系的内部公平受到破坏，内部不和谐的因素逐渐增加。该公司的一次员工薪酬调查结果显示：大多数员工对自己的薪酬感到不满意（82.4%）；超过三分之二的员工认为工资没能体现其所在岗位的责任轻重和难易程度（67.8%）；四成员工认为工资无法体现个人的能力强弱和努力程度（42.1%）；绝大部分员工认为工资不能反映个人及公司的业绩好坏（94.1%）……这些数据给 J 公司 HR 敲响了警钟——员工对现行工资制度意见很大，薪酬所应有的激励作用根本没有体现出来，这就严重制约了公司的发展。作为公司 HR, 你认为应该如何解决薪酬体系的问题?

（1）什么是宽带薪酬?

宽带薪酬，主要指的是薪酬等级对应的薪酬浮动范围加宽。传统的薪酬设计重视职位的重要性，将职位设计成很多个级别，薪酬与职位基本成同级对应关系。宽带薪酬设计方案突出的变化就是削减职位的级别数，同时拉大同级薪酬的浮动范围，并且不同级别薪酬水平部分重叠。

案例分析：为了解决案例中出现的薪酬结构的问题，HR 部门应引入宽带薪酬体系。

（2）实施步骤

上例的方案设计实施步骤如下：

（1）工作分析与岗位评价；

（2）体系设计；

（3）实施保障；

（4）效果评价。

第一步：设计固定薪酬与浮动薪酬的比例。工资比例结构应遵循如表 7-16 所示的设计。

表 7-16

适用对象	薪酬结构		
	岗位技能工资	季度绩效工资	年度绩效工资
高层管理人员和核心技术人员（年薪制）	20% ～ 40%	0	60% ～ 80%
中层管理人员（月薪制）	60% ～ 70%	20%	10% ～ 20%
一般行政人员和一般技术人员（月薪制）	70%	20%	10%
销售人员（特殊单设）	30%	50%	20%

第二步：将公司相关职位进行排序，划分职级，J 公司岗位划分的十个等级，如表 7-17 所示。

表 7-17

职类		管理类	技术类	专业类	行政事务类	工勤类
职层	职等					
A 核心层	G10	■				
	G9	■				
	G8	■	■			
B 中间骨干层	G7	■	■	■		
	G6	■	■	■		
	G5	■	■	■		
	G4	■	■	■	■	
C 基层	G3			■	■	■
	G2				■	■
	G1					■

第三步：设计横向同级薪资晋升空间，以及职级薪资级差，各等各级岗位技能工资额度，如表 7-18 所示。

表 7-18

各等各级岗位技能工资额度											
岗位等级		基层 C			中间骨干层 B				核心层 A		
		G1	G2	G3	G4	G5	G6	G7	G8	G9	G10
等级（等比）		1	1.2	1.22	1.25	1.28	1.31	1.34	1.38	1.42	1.45
岗位技能等级工资	R1	500	600	730	920	1150	1500	2000	2800	4000	5800
	R2	520	720	790	1000	1250	1630	2160	3000	4240	6100
	……	—	—	—	—	—	—	—	—	—	—
	R15	780	1240	1570	2040	2550	3320	4240	5600	7360	10000
级差（等差）		20	40	60	80	100	130	160	200	240	300

综上所述具体步骤总结如下：

（1）对公司的相关职位进行评估。

（2）对公司相关职位的薪分进行排序，划分职级，并设计职级薪差（纵向薪差）。

（3）根据职级和晋空间设计，划分薪级，即设计宽带薪酬，横向通常以 7 ~ 10 级为宜，并计算横向薪资差距，以“等比系数”表示，低层次等比系数较小，越到高层等比系数越大，即基层薪资涨幅幅度较小，越到高层，薪资涨幅越大。

（4）再次审视岗位评估的准确性，讨论岗位之间薪资差距的合理性，如有不适，则需要重新评估。

（5）形成公司的薪酬空间表。

注意：横向晋升通常是本岗位随着能力的提升而晋升；而纵向则是根据职位的提升而晋升，职位名称必须与薪资等级挂钩，这样才能以示公平。

福利包括什么？如何进行福利管理？

【案例】某公司是一家小型的 IT 行业企业，地处偏僻郊区。总经理一直奉行一个理念，那就是“管理要简单。不要设置过多的管理项目，对于员工就是干活给钱，其他的都是白扯”。不可否认的是公司的薪资确实较高，但是员工依然不断跳槽。总经理很费解：难道说高工资还不能留人吗？于是，他委派人力资源部经理调查员工离职原因。经过调查发现，很多员工竟然是因为公司不能提供工作餐，而导致他们中午不能很方便就餐而离开。还有的是因为同行业都有过节费和班车，而我们没有。总经理心想，这钱不是在工资里了吗？难道给了这么高的工资，我还要再投入福利？

一、福利构成

福利构成如表 7-19 所示。

表 7-19

福利构成	具体福利内容	说明
法定福利	社会保险、医疗保险、住房公积金、带薪年假等	国家法定的福利内容
统一福利	过年过节发放的过节费、购物卡、物品等。每年定期的体检、交通补贴、通信补贴、餐补以及补充医疗保险，员工过生日的生日卡等	不患寡而患不均，公司内对待员工应该一视同仁，有福利就都发放，不要只给一部分员工
特别福利	如出差补贴、奖励优秀员工的旅游等	针对公司中的特殊人群而设计的福利

二、福利管理的步骤

福利管理的步骤如表 7-20 所示。

表 7-20

福利管理步骤	说明
了解公司发展阶段	设计福利要考虑企业处于创业期、发展期、成熟期还是衰退期。开创期只需要完成国家规定的福利即可，其他福利尽可能少，以便减少开支。成长期视财力的增长而增长；成熟期需要完善福利体系；衰退期则根据不同员工的需要设计特别福利
确定福利目标	列出福利项目、对象、金额，计算福利预算
了解福利需求	可以运用福利需求调查表或者与员工交流，得知员工最期望得到的福利
确定支付形式与对象	比如带薪年假，入职一年以上人员享受。不同级别和不同入职年限的员工享受的带薪年假天数不同。再比如：三八妇女节只有女员工享受，对象有所限定
执行方案	有书面化方案，执行简单

调薪怎么调？降薪如何规避劳动争议风险？

【案例】许多企业都面临过这样的问题，薪酬只能涨不能降，只要一降薪，势必会造成劳动争议。这个问题让很多 HR 甚至是老板望而却步，调薪分为涨薪和降薪，那么如何让降薪也变得容易呢？我们一起探讨这个问题。

一、年度涨薪

要进行有效的年度调薪，首先应明确年度调薪要调多少才合适的问题？这个问题通常企业通过年度调薪实现。

1. 影响调薪的因素

影响调薪的主要有以下因素：

(1) 绩效管理因素

一个员工的绩效表现是好是差，对企业的贡献是大是少，直接关系到他的个人收入。只有将员工的绩效表现与调薪挂钩，才能充分激励员工的工作积极性，有效调动员工的士气，并为组织的进一步发展提供必要的动力。

（2）市场变化因素

随着市场竞争的深化，人才的市场竞争也日益激烈。企业的薪酬结构只有在市场上具有足够的竞争力，才能留住既有的人才，并有足够的吸引力吸引外面的人才加盟。

（3）物价指数因素

当通货膨胀时，原定的薪酬水平的购买力降低，如不进行调整，实际上相当于降低员工的收入水平。如不进行及时调薪，长此以往，员工必会另觅他枝。

（4）企业赢利表现因素

当企业赢利表现良好时，通过恰当的调薪，将企业的经营成果与大家分享，员工才能保持高昂的士气。当企业赢利欠佳时，年度调薪必受影响，并通过年度调薪将企业的赢利欠佳的现状传达至每一位员工，由此激发员工的斗志，同心同德，共同奋斗，企业才可能有所转机。

2．调薪政策的制订

定位清晰正确的调薪政策会有助于企业留住关键岗位人员及表现优秀人才，而定位模糊的调薪政策则只会引发“劣币驱逐良货”的效应，引起关键岗位人员及表现优秀人才的不满，并导致他们的流失，最终削弱企业的竞争力。在进行企业的薪酬设计定位时，企业通常会根据其在市场中的地位，拟定适当的薪酬定位战略。

通常的薪酬定位战略有以下三类：

（1）市场领先战略；

（2）市场对应战略；

（3）市场跟随战略。

因此，年度调薪时的策略应与企业已有的薪酬战略定位相一致，以确保薪酬战略的有效性与统一性。

在制定调薪政策时，应考虑如何使用有限的资源达到最好的调薪效果，以达致提升企业的竞争优势。因此，结合本企业的经营特点，针对不同层级、不同专业、不同职能，而制定多元化的调薪政策，是人力资源专业人士必须思考的问题。在制定调薪政策时，对于市场上相对紧缺的人才，应该给予特别的政策倾斜。而对于一般性人才的调薪，则根据市场一般水平即可。

在实施多元的调薪策略时，可设定不同的调薪类别，注明哪一类人员属于哪一类别的调薪。其类别设置可考虑如下。

A类：市场因素调薪。这类调薪人员调薪的主要因素是市场竞争压力，主要适用于现时工资水平低于市场值的关键岗位，如研发技术类人才或高级管理人才等；其目的主要是保持此类岗位在薪资市场上的竞争力。

B类：绩效因素调薪。主要适用于以工作业绩为导向的员工，比如销售类人员或面向顾客第一线的工作人员，通过将调薪与员工工作表现挂钩，其目的主要是奖励先进，鞭策后进。

C 类：晋升调薪。主要适用于提升其职位或指派更加重要职责的人员，与员工的职位及管理职责挂钩。

D 类：能力调薪。主要适用于公司认可的技能力提升，比如经过培训而得以提升的最新的技能，其目的是能够更好激励员工在专业水平及技能上的提升。

E 类：工龄调薪。主要适用于后勤支持类的人员，幅度不大，主要是鼓励员工长期为企业服务。

3. 年度调薪的步骤

在具体的年度调薪中，主要按以下步骤进行。

（1）第一步，收集调薪的相关资讯。

在调薪时，企业通常最关心市场上竞争对手的薪酬情况。有一定规模的企业都会购买最新的薪酬调查报告，并会将企业现时的岗位和职称的现时薪资水平与市场的数值进行比较分析。对于规模较小的企业，则可通过留意收集报纸、杂志、网络等关于薪酬方面的资讯，以作为调薪的参考依据。

另一方面，相关的资讯还包括：①当地的物价通货膨胀指数；②当地的 GDP 增长；③当地的法规要求；④当地的劳动力市场走势等。

（2）第二步，拟制调酬建议报告。

调薪建议报告应包括以下内容：

①本年度的调薪策略；

②总体调薪的比例及金额，并附原因及分析报告；

③调薪前后的变化；

④调薪的成本；

⑤以往的调薪记录；

⑥调薪具体实施方案；

⑦调薪各项活动的时间进度表。

（3）第三步，调薪沟通。

很多企业往往缺乏必要的调薪沟通。每年，当调薪比例由企业负责人确实之后，就直接下发至各部门经理，由各部门经理填写相应的调薪数据。这样，由于在此过程中沟通不足，从而引发大家对调薪的不理解，产生不必要的抵触情绪。

调薪沟通会根据企业文化的不同而有所不同。有的公司会将本年度的调薪理念向全体员工进行公布，而大多数的公司则只是将其沟通到各部门的经理层级。而进行有效的调薪沟通，可以增进大家对公司薪酬政策的理解和认同，从而产生积极的作用。

一般而言，人力资源专业人士应在高层的支持下，将以下方面的调薪信息有效沟通至各部门的经理：

①公司的薪酬理念及政策；

②本年度的调薪政策；

③影响本次调薪的主要因素；

④调薪的流程；

⑤操作中须注意的事项；

⑥为部门主管如何与员工沟通面谈调薪提供必要的指导及培训等。

（4）第四步，人力资源部制作调薪建议表并派发至各部门。

由人力资源部制作的调薪建议表应包含以下信息内容。

①员工基本薪酬信息方面：

a．姓名；

b．服务公司年限；

c．现任职位名称；

d．何时调（升）任现职位；

e．现时薪资情况；

f．上次调薪时间；

g．上次调薪幅度及金额；

h．上年度绩效考评级别；

i．本年度绩效考评级别。

②员工本次调薪情况

a．本次调薪类别；

b．本次调薪岗位调动情况；

c．本次调薪幅度（比例）；

d．本次调薪金额；

e．本次调薪生效日期。

③部门汇总的本次调薪信息

a．按级别（员工类、主管类、经理类）划分的调薪信息（幅度、总金额、比例）；

b．按各职能（技术研发类、市场销售类、后勤支持类、生产营运类）划分的调薪信息（幅度、总金额、比例）。

（5）第五步，协调各部门交回的调薪建议表。

通常，各部门交回的调薪建议表主要存在的问题有以下方面：

①超出公司预算中规定的幅度及比例；

②调薪建议未能反映员工所担任的职位的重要性；

③调薪建议未能反映员工的工作表现；

④以工龄来代替绩效表现；

⑤未能针对人才市场的供求情况，对难招聘的职位，给予符合市场预期的薪金调幅；

⑥平均主义，未能合理拉开差距。

对以上问题，人力资源专业人士除了在第三步的调薪沟通时给予各部门经理必要的指示外，更要在审查各部门交回的调薪表时进行必要的协调，以确保调薪的公平、合理及其激励作用。

（6）第六步，汇总调薪各项资料并报企业负责人作最后之批准。

（7）第七步，进行调薪后的个人人事档案资料更新，制作个人薪金变动通知信，知会其部门主管及个人。

由于年度调薪总是“几家欢喜几家愁”，所以作为部门主管，在将薪金变动通知信发放给员工个人时，应与员工进行必要的个别沟通，以充分向其解释公司的薪酬政策及理念，让每一位员工明确知道，公司会鼓励怎么样的行为及绩效表现，会重视什么样的岗位及人才，并引导员工积极正面地看待年度调薪。

作为部门主管，在此有责任让下属知道公司给他调薪，主要是期望他能在未来有更卓越的工作表现，或是可以承担更多的工作职责。而员工要比较的对象便是过去的自己，要挑战的是以往的记录，而没有必要计较其他部门、其他岗位、其他同事的薪资和调薪幅度。

（8）第八步，接受员工的申诉。

在正式调薪以后，可为员工设置专门的申诉渠道，接受员工有关方面的投诉。对于公司关键岗位或优秀人才的投诉，人力资源专业人士应特别留意，并作出积极妥善的安排，以免造成人员流失。

二、降薪

1. 调岗、调薪及调级的法律概念及常见类型

（1）法律概念。

调岗、调薪及调级通俗的理解就是变更双方的劳动合同的内容，即用人单位在劳动合同履行过程中，根据法定或约定的情形的出现，通过协商达成合意或以单方的意思表示对劳动者的工作岗位、薪酬标准及职务级别等劳动合同内容进行变更的民事行为。我们之所以称前述变更行为为民事行为，系因为用人单位在作出前述“三调”处理决定时即会改变双方之间的劳动权力及劳动义务并产生一定民事法律后果。

（2）常见类型。

前述三调似乎从表面上看去均系相互独立、毫无关联，然而在实务处理时，经常会出现三者联动的情形，实务当中常见的几种类型简单列举如下。

①只调整工作岗位，不涉及薪酬及职务级别。

例如：一名普通文员从 A 部门调到 B 部门，继续从事同级的文员工作，此时其工资标准及职务均不改变。

②调整工作岗位及职务级别，不涉及薪酬。

例如：一个A部门的主管调整为B部门的经理，双方协商一致同意按原工资待遇执行。

③调整工作岗位及薪酬，不涉及职务级别。

例如：行政部文员调整到销售部从事普通销售工作，每月工资中增加交通补贴等项目。

④只调整薪酬，不涉及工作岗位及职务级别。

例如：A员工因工作业绩出色，获得一定程度的加薪奖励。

⑤调整薪酬及职务级别，不涉及工作岗位。

例如：A部门的普通员工因业务能力强，获得上级领导及同事的认同，晋升为组长并给予加薪奖励。

⑥既调整工作岗位，也调整职务级别及薪酬。

例如：A部门普通员工因业务出色，被晋升为B部门的业务经理，享受经理级别待遇。

可见，企业在对员工进行上述“三调”时很有可能会出现三个调整联动的情形，即通常会说到的“岗随薪变”或“薪随职变”等情形，这时就必须特别注意控制风险，因为任何一个调整行为出现与法相悖的情形时将面临不利后果。

2．调岗、调薪、调级的法律依据及基本原则

（1）法律依据

①《中华人民共和国劳动合同法》第三十五条：用人单位与劳动者协商一致，可以变更劳动合同约定的内容。变更劳动合同，应当采用书面形式。变更后的劳动合同文本由用人单位和劳动者各执一份。

②《中华人民共和国劳动合同法》第四十条：有下列情形之一的，用人单位提前三十日以书面形式通知劳动者本人或者额外支付劳动者一个月工资后，可以解除劳动合同：

a．劳动者患病或者非因工负伤，在规定的医疗期满后不能从事原工作，也不能从事由用人单位另行安排的工作的；

b．劳动者不能胜任工作，经过培训或者调整工作岗位，仍不能胜任工作的；

c．劳动合同订立时所依据的客观情况发生重大变化，致使劳动合同无法履行，经用人单位与劳动者协商，未能就变更劳动合同内容达成协议的。

（2）基本原则

①合法原则。合法是劳动合同有效的前提条件，也是最基本的一项法律原则，任何违反劳动法律法规的变更行为均不被认同。例如：用人单位领导对某员工的工作态度不满，便当场以口头通知的方式对该员工进行工作岗位调整，员工不服产生争议，问该单位的做法是否合法？答案是：不合法，首先系实体上的不合法，该员工在工作态度上是否达到违反岗位职责要求的规定，单位未能举证，应承担举证不能的不利后果。其次，该单位在变更劳动合同的程序上也不合法，新法要求变更劳动合同应采取书面形式进行，显然口头方式已不再合法，且弊端多多。

②合理原则。在满足合法性原则的前提下进行劳动合同内容的变更，同时还须满足一定的合理性原则的要求，即劳动合同的变更不能超出一般公众所能容忍的合理范畴，否则将可能不被法律认可。例如，将一名部门经理调整到保安队做保安员，该调整行为就明显超出了一般可以容忍的合理范畴，超出了企业自主经营管理权的范围，依法应予纠正。

③公平原则。即在符合法律规定的前提下，双方公正、合理地确立各自的权力义务。在对所有员工进行“三调”时均遵循统一、客观、可量化的评价标准，不搞特殊化。

④平等自愿原则。平等原则，所谓平等即劳动者和用人单位在订立劳动合同时在法律地位上是平等的，没有高低、从属之分，不存在命令和服从、管理和被管理的关系，只有平等才能自由表达真实意愿。其次，自愿原则是指订立合同完全是出于劳动者和用人单位双方的真实意志，任何一方不得将自己的意志强加于另一方。

⑤协商一致原则。要求合同双方对合同的内容达成合意，一方不能凌驾于另一方之上，不得把自己的意志强加给对方，也不能强迫命令、威胁另一方。

⑥诚实信用原则。一项基本的民事法律原则，即在合同的履行过程中双方应恪守信用、履行义务，不履行义务致使他人受到损害的，应自觉承担法律责任。

3．调岗、调薪及调级的实操技巧

（1）进行“三调”的前提条件。

①关于调岗。

（A）协商一致时。强调劳资双方的意思自治，协商一致即双方达成合意，因为调整工作岗位、薪酬及职务均属于变更劳动合同内容，故要求双方协商一致变更才属合法。注意，变更应采取书面形式进行，此处系新法的要求，便于保留证据，减少纠纷。变更后的劳动合同文本应交劳动者持有。

（B）员工患病或非因负伤导致不能从事原工作时。如以此为由对员工进行变更工作岗位时，应注意必须系在有证据证明员工不能从事原工作的条件进行，例如：某业务员本需经常外出与客户接触，但某天因病进行医疗，且期满后出现身体极度虚弱状况，医疗机构所出具医疗诊断意见书也建议其不能再从事高强度的工作，此时企业可依据医疗机构的建议书对其另行安排合理的工作岗位。再如：A 企业系食品制造企业，B 系其生产一线的工人，某次身体检查发现 B 患有某种传染性疾病，经治疗后出院，但该传染性疾病并未完全治愈，此时 A 企业有权认定 B 已不能胜任原工作岗位，可以合理进行工作岗位调整。

（C）员工被认定不能胜任工作时。

【重点问题】如何判断员工“不能胜任工作”？

通俗的理解认为员工达不到工作岗位的最基本任职要求，也不能完成合理的工作量，从某个角度说，不能胜任工作应属于劳动者个人的能力问题，一般不涉及其主观上是否存有过错，如存有一般过错，则应审查是否违反了岗位职责要求；如存有严重过错，则可能是属于严重违纪行为。例如：某公司的生产线共有10位工人，其中9位工人均能完成公司安排的生产任务，在排除未能完成生产任务员工系非因不可抗力或其他正当理由造成的情形下，可以认定其不能胜任工作。

【如何设定评价标准】

★制定岗位职责说明书。

通过制定详细的岗位职责，明确每个岗位工作人员的权力义务及工作权限，例如可以在职责规定中明确该岗位的上下级隶属关系、职责、权限、条件、新岗位的操作流程、新岗位应具备的有关专业知识、新岗位任职应持有的专业技能资格等，简单地说，工作岗位职责规定得越细对企业将越有保障。

★通过制定绩效考核制度实行对员工工作表现的量化评价

【如何制定绩效考核制度】

首先，绩效考核制度应以书面形式制定，并确保制定程序合法与民主，制定的考核制度应向员工进行公示。建议可在制定员工手册时一并制定。

【制定绩效考核的基本原则】

★让绩效考核的思想深入全体员工心中，消除和澄清对绩效考核的错误及模糊认识。

绩效考核不能为考核而考核，考核是手段，不是目的，如果考核不能激发员工发展并整合为公司成长，那我们考核的结果可想而知。

★进行工作分析，制定出切实可行的考核标准。

许多企业，尤其是一些高科技型企业，工程设计、科研开发人员、市场销售与售后服务人员以及管理人员的工作一直是我们考核工作的难点，因为他们的工作与生产工人、操作人员相比具有复杂性、创造性，在考核实施过程中对考核指标的把握上有一定的难度。但他们也确实需要得到一种科学合理公正的评价与认可，否则他们的工作积极性很难得到维持和提高，优胜劣汰的竞争环境也形成不了。为了保证一套科学有效的考核标准，进行有效的工作分析，确认每个人的绩效考核指标，就成为确立这些员工考核标准的必要环节。因此，企业应通过用调查问卷、访谈等方式，加强与各主管和员工之间的沟通与理解，在公司中为每位员工作出工作职位说明书，让员工对自己工作的流程与职责有十分明确的认识，也使员工从心理意识上进入状态，接受考核。不同的岗位，不同的职责要求，不同的工作职位说明书，考核指标也理所当然有所不同。

【如何设计绩效考评文件】

从总体上讲，设计绩效考评文件主要分三个步骤：(1)考什么？(2)谁来考？(3)如何考？如果很好地解决了这三个问题，那么你所设计的绩效考评文件就会非常实用有效。

【考什么】是指制定绩效考评的标准。不同职务绩效考评的标准是不同的，因为他们做的是不同的工作，所以用不同的考核内容来进行考核。建议企业首先要弄明白的是被考核职位的工作内容，可以参考该职务的岗位职责说明书，也可以对当事人进行工作调查，总之要确实掌握该职务的工作内容。然后，通过与该职务的直接上级、主管经理进行沟通，找出该职务工作的关键点在哪里。这些关键点就是在绩效考评时需要重点考核的内容。比如对于行政人员，事务性工作的处理速度、应急能力等就是工作的关键点。对于与开发人员来讲，是否按时完成开发任务就是工作的关键点。在公司发展的不同阶段，各职务的工作关键也不尽相同。所以要找的是当前的关键点。找到关键点之后，将各关键点所占的比例明确下来。下一步要将每个关键点的内容进行细化及量化，如考核的成绩可以分为几个层次：优秀、良好、合格、不合格等，并且对应相应的分数。为确保合理公平，避免主观臆断，可采取多层级考核的办法，即设置初评及复评，根据初评及复评的得分进行综合后确定最终考核得分。此外，还须制定一个调岗标准，即明确员工的绩效考核成绩到达某个合理的标准时（比如绩效考核制度中可明确规定：连续两次考核不合格的视为不能胜任工作，企业有权按公司的岗位体系对其进行合理调岗）。

【谁来考】是指考评人是谁。不同的考评内容考评人也不尽相同。对于不同的考评人都要有相应的考评表。建议企业可要求多层级的员工参与，其中包括但不限于被考核员工本人、员工的直接上级领导、同部门的工作人员、合作部门的领导及同事、客户考评等，一般如对于工作任务、工作习惯的考评，直接上级进行比较合适；而对团队合作的考评进行员工互评比较合适；另外，最好能够加上员工自评，员工自评不计入绩效考评的成绩，他只是给直接上级一个参考，如果绩效考评的成绩与员工自评的成绩相差甚远，就表明员工没有对自己进行正确的评价，或者公司的评价有问题，这个时候就要引起直接上级和人力资源部门的注意，积极地与员工进行沟通，认真调查原因。

【如何考】是指绩效考评的程序，考核以书面量化的形式进行，考核时应体现公平、公正、公开、合法等基本法律原则。建议企业可以先安排员工自评，再安排员工互评，条件允许可通过电话或其他有效方式对该员工接触的客户进行回访记录，可采取录音方式进行取证，最后由直接上级进行考评得出初评成绩，初评成绩再交直接主管高级领导进行复核考评，得出复评得分，根据考核得分确定是否符合调岗的条件。最后进行考评沟通并向员工书面送达综合考评成绩，此时可以面谈方式进行，从实践来看，面谈无疑是一种行之有效的方法。通过面谈可以交流双方对于这一问题的认识，求同存异，以达到最终的目的。

【如何减少绩效评估中的误差】

由于受评估中各种因素的影响，信度和效度再高的评估体系也会大打折扣。因此，我们要采取有效措施减少误差，使评估有效性最大化。可采取的措施如下：

A．对工作中的每一方面进行评价，而不是只是笼统评价。

B．评估人的观察重点应放在被评估人的工作上，而不要太过注重其他方面。

C．在评估表上不要使用概念界定不清的措辞，以防不同的评估者对这些用词不同的理解。

D．一个评估人不要一次评估太多员工，以免评估先松后紧或前紧后松，有失公允。

E．对评估人和被评估人都进行必要的培训。

（D）合同订立时的客观情况发生重大变化，致使原劳动合同无法继续履行时。

此处的客观情况发生重大变化是指履行原劳动合同所必要的客观条件，如自然条件、原材料或能源供给条件、生产设备条件、产品销售条件、劳动安全卫生条件等，也可以指发生不可抗力或出现致使劳动合同全部或部分条款无法履行的其他情况，如企业迁移、被兼并、企业资产转移等情况。如果这类客观条件由于发生不可抗力或者出现其他情况，而发生了足以使原劳动合同不能履行或不必要履行的变化，用人单位可以且应当与劳动者进行协商变更，其中包括了工作岗位的变更等，此时亦有可能因工作岗位变更引起相关薪酬及职务级别的变更。

②关于调薪。

（A）协商一致。

（B）因工作岗位变动引起的薪酬调整（薪随岗变原则）。

（C）因实行工资调整机制引起的薪酬变化（如企业工龄的增加，企业必须建立合理的工资调整机制）。

（D）因职务晋升引起的薪酬调整（由普通员工晋升为领导级别）。

（E）因企业整体经济效益下浮引起的薪酬调整［法律依据：劳动部 1995 年 5 月 12 日发布的（劳部发［1995］226 号）《对〈工资支付暂行规定〉有关问题的补充规定》第三条第 4 项：企业工资总额与经济效益相联系，经济效益下浮时，工资必须下浮的（但支付给劳动者工资不得低于当地的最低工资标准）不属克扣工资］。

③关于调级。

（A）协商一致。

（B）因考核引起的职务调整（如公司规章制度规定连续 2 次年终考核被评定为优秀者可获职务晋升机会或连续 2 次考核不合格可作降级处分）。

（C）因工作岗位变动引起的职务调整（A 部门主管被依法调整到 B 部门从事经理工作）。

（2）进行“三调”的实操技巧

①建立、完善规章制度。

（A）建立、完善岗位、职务结构体系。建立完整的岗位、职务结构体系，可以作为对员工进行调岗、调级合理性、公正性的有效依据。制定时应明确不同的工作岗位具有的职务层级。例如：工作岗位：行政部；职务层级可有：经理、副经理、主管、普通文员等。

（B）建立、完善薪酬结构体系。薪酬体系应根据公司的岗位、职务层级体系制定，薪酬结构体系一般规定每一岗位相关职务级别的起薪标准，此制度可作为薪酬调整的有效依据，例如施行“薪随岗变”原则。

（C）明确岗位职责制度。形成书面的岗位职责说明，明确每个工作岗位的职责及权限，并进行不定期的更新及完善。必要时，可要求员工在上岗前根据相关的岗位职责要求出具承诺书。

(D) 制定绩效考核制度。通过绩效考核制度固定相关的调岗、调薪执行标准，即明确员工的考核成绩到达某个合理的标准时（比如：三次定期考核成绩都为不及格等），企业有权对其进行调岗。通过这样劳动合同结合岗位制度的安排，用人单位就可以合法地进行调岗了。

上述四项制度均属劳动规章制度，涉及劳动者的切身利益，故均应经职工代表大会或全体职工讨论，提出方案和意见，与工会或职工代表平等协商确定。制度应告知员工或履行向员工公示的法定义务。如企业未能做到前述要求，则所制定的相关规章制度均对员工不具法律约束力。（《劳动合同法》第四条，讲解公示的方法）

②巧妙利用劳动合同约定。实践中，大多数的用人单位的劳动合同中对于调岗调薪都只是简单的规定，如“用人单位有权根据经营状况以及员工的表现进行岗位及薪酬调整”。但是，实际中这样的条款几乎没有可操作性。因为这一条款规定得过于笼统，实际中用人单位如果真的要依据这一条对员工进行调岗，在员工有异议的情况下，必须充分证明调岗的必要性、合理性。而这些通常都是非常难以举证的。如果用人单位不能充分举证，则其行为就构成了单方面变更劳动合同。而新法明确规定劳动合同的变更需要双方协商一致。所以，用人单位的这种单方面变更自然是不合法的。因此，根据新法，在没有约定或约定不明的情况下，调整工作岗位就是变更了劳动合同中对于岗位的约定，必须双方协商一致。而如果员工认为新岗位对自己不利，往往会拒绝。因此，协商一致的调岗只有在对员工有利的情况下才有可能性。而实际情况是，大多数的调岗往往对员工并不一定有利，员工通常不会同意，又该如何处理呢？

对此，我们认为，可通过在劳动合同中进行合同条款设计，将调岗这一行为的性质从“合同变更”变为“合同履行”。即在劳动合同中做出相关的明确约定，当一定条件成就时，可以依据该约定来进行岗位调整，这就无须另行征得员工同意了。

那么如何进行上述的“条款设计”呢？首先就是完善前述相关的规章制度，然而，即使具备了前述所有的制度规定也并不代表企业可以随意进行调整，因此，我们建议，如何进行调整同样需要事先在合同中明确，故此，用人单位应该在对各个岗位有确切的了解后，明确规定各个岗位可能会调整到的岗位。比如可在一个销售经理的劳动合同中明确约定：如果经公司依法考核被认定不能胜任销售经理岗位工作时，本人（即员工）同意公司按相关的调岗制度规定调整到普通销售人员的工作岗位任职，薪酬标准依调整后的岗位确定。

此处应注意相关的调岗、调薪制度可作为劳动合同的附件或以员工手册的方式加以固定并告知员工；或者也可以根据该员工拟担任工作岗位的具体情况，将上述调岗制度中相关的考核标准、调岗标准以及拟调整的岗位等内容明确写入劳动合同，作为合同的一部分。当一定的条件成熟时，用人单位就可以按约而调。通过岗位制度的制订以及岗位制度与劳动合同相结合，即我们所指的“条款设计”，从而可以将用人单位对员工进行调岗由“合同变更”调整为“合同履行”。

③关注调整程序的合法性及合理性。

企业对员工进行“三调”属变更劳动合同之法律行为，一经作出即会对双方的权力义务产生影响，此时应特别注重法律程序，一般认为，一个法律行为如程序违法，则可不必再审查该法律行为的实体问题，因为该行为已不具备相应的合法效力。

（A）关于调岗程序的注意事项。关注员工的日常工作表现，当员工出现违反工作职责的行为及时进行评价及进行书面处理；依公司规章制度定期对员工进行相关考核评价，做好考核记录的保存；证据确凿时，应向被调岗员工出具书面的处分决定书，并进行有效的送达。

（B）关于调薪程序的注意事项。保证对员工施行工资表签收制度，工资表应具体明确列明薪酬标准，如薪酬等级、结构及总额等；施行“薪随岗变”制度时，在依法进行岗位变动的同时根据公司的薪酬结构体系作相应的薪酬调整，形成书面处理决定后送达员工；如果因企业连续亏损，须对全体员工施行工资整体下浮措施时，应首先通过专业机构对公司的财务状况进行审计，如聘请专业的会计师事务所，经营亏损状况必须客观存在且持续时间相对较长（一般认为半年以上），在取得专业机构出具的财务审计报告后，制作相应的薪酬调整方案（方案应涉及施行的时间、对象及应对措施），通过召开全体员工会议或其他适当的方式向员工送达相关报告及方案并说明情况，听取员工的意见后决定是否执行。

（C）关于调级程序的注意事项。注意确定每个岗位员工的职务等级，可在合同、工资表、工作证等材料上予以明确；对员工进行考察及定期考核并作出评价，注意保留相关记录；对拟被调级的员工进行商谈，保留商谈记录；根据情况以书面形式决定对员工进行职务级别的调整，并向员工送达。

4．“三调”的法律风险分析及应对策略

（1）常见的违法情形

①无正当理由进行调岗、调薪及调级（即企业单方变更劳动合同）。

②证据不足的情况下进行调岗、调薪及调级（企业在证据缺失的情况下进行三调）。

③未按双方约定程序执行“三调”。

④调整行为合法但不合理。

（2）法律风险提示

①无正当理由、证据不足及违反约定程序的情况下进行三调将不受法律保护，员工有权要求按原劳动合同约定继续履行或以用人单位未按合同约定提供劳动条件为由主张解除劳动合同经济补偿金。

②用人单位调整行为虽合法但明显超出合理范畴，员工有权要求撤销用人单位的调整处理决定，并按原合同约定继续履行劳动合同或以用人单位未按劳动合同约定提供劳动条件为由主张解除劳动合同的经济补偿金。

③经济补偿金按员工的企业工龄计发。

(3) 应对策略

①避免未经协商一致或法定程序的情况下单方作出“三调”处理。

②进行“三调”时必须保证证据充分，程序合法，建议尽量采取书面形式固定证据，如相关的考核评价、商谈笔录等，必要时可采取录音录像措施。

③发现有必要进行三调时应及时作出处理决定，处理决定应以书面形式制作并向员工送达，决定中尽量应明确变更前后的内容，如进行调岗处理决定中应记载包括但不限于以下内容：A．调岗的理由或原因；B．调岗的依据；C．调岗的时间；D．应办理手续的内容；E．新岗位报到的时间；F．新岗位工作的基本介绍（含职务、薪酬、具体的工作要求等）；G．未按期到岗报到应承担的法律责任……

④确保调整行为在合理范畴内执行。

5．疑难问题研讨

(1) 进行“三调”后的员工能否再次约定试用期？

不能，只能与员工约定一次试用期，即使系员工的工作岗位变动或再行入职。

(2) “三期”女职工可否调岗、调薪？

一般情况下认为，三期女职工如因生理状况确不适合在原有的工作岗位进行工作，可以进行协商变更工作岗位，但应注意合理性安排，避免强行调岗。三期女工的工资标准应给予适当的保护，一般情况下，女职工在产假期间的工资待遇不得降低，孕期与哺乳期期间的工资待遇可根据实际工作岗位的安排给予适当调整，但不得低于法定标准。

(3) 工伤职工能否调岗、调薪？

工伤职工在停工留薪期内的工资待遇不变。医疗终结期满后，用人单位应为工伤职工安排力所能及的工作，即此时应根据工伤职工的实际工作能力安排工作岗位，如能继续在原工作岗位上工作，薪酬根据岗位的变动进行合理调整。

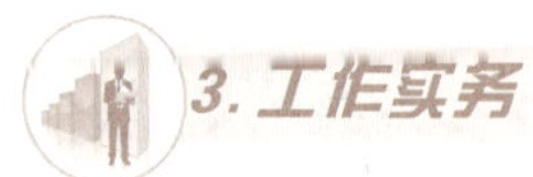

3. 工作实务

实务操作一：××公司薪酬设计方案

一、对每个岗位进行工作分析

准备岗位职责说明书，以人事行政经理岗位职责说明书为样板，具体方法参见本书第4章。

人事行政部经理任职岗位责任书

<table>
<tr><td colspan="3">岗位信息</td></tr>
<tr><td colspan="2">公司名称：北京众智亦源人力资源管理有限公司</td><td>部门：人事行政部</td></tr>
<tr><td colspan="2">岗位名称：人事行政部经理</td><td>任职者：</td></tr>
<tr><td colspan="2">直接上级岗位：副总经理</td><td>直接上级：</td></tr>
<tr><td colspan="3">岗位目的</td></tr>
<tr><td colspan="3">协助总经理制定、贯彻、落实各项经营发展战略、计划、实现公司的经营管理目标及发展目标。</td></tr>
<tr><td colspan="3">岗位概述</td></tr>
<tr><td colspan="3">负责公司人事行政工作的全面管理，人事行政工作的计划安排和具体落实，对人事行政部门内部进行统筹管理。</td></tr>
<tr><td colspan="3">岗位职责</td></tr>
<tr><td>工作概述</td><td>职责描述</td><td>工作流程</td></tr>
<tr><td>年度经营计划</td><td>1．根据公司的年度经营计划和战略目标组织拟定部门的年度工作计划。组织分解审批后的年度计划拟订月度、周工作计划，并组织实施。</td><td>将公司年度战略目标和计划进行分解，组织召开部门工作会议，落实年、月、周的各项工作。落实成本部门的年度计划。</td></tr>
<tr><td>费用预算</td><td>2．组织拟订公司年度行政、后勤费用支出预算并进行分解。指导、审核各部门年度行政费用需求计划的编制。</td><td>每年12月对次年人事行政费用做出预算，并报财务审核，报总经理审批。</td></tr>
<tr><td>制度流程编订</td><td>3．负责制度、流程的修编工作。</td><td>每年12月组织相关人员对公司制度和流程进行修订和补充，12月31日前完成。</td></tr>
<tr><td>监督执行</td><td>4．负责组织监督各项人事行政管理制度和流程的执行。</td><td>熟知公司的人事行政管理规定，对人事行政管理制度的执行和流程进行严格监督。</td></tr>
<tr><td>文件起草</td><td>5．公司重要的函件起草工作。</td><td>通过人事行政部发布的文件的编写和审核工作。</td></tr>
<tr><td>证照存档和借用</td><td>6．公司的证照年检、分类，登记编号，建立管理台账并建立目录索引清单。每年年初建立借阅归还记录，借阅必须先登记借阅记录，并督促使用者归还。</td><td>对于证照的登记、保管和外借等工作进行监督管理，对外借流程进行细化。</td></tr>
</table>

续表

日常管理	7．监督和管理人事行政部的各项工作。	1．面试审核；2．员工培训；3．员工关系管理和劳动风险控制；4．劳动合同签订；5．员工异动、离职的审批；6．员工流失率的控制；7．假期的核准；8．考勤纪律监督检查；9．制度的完善和有效执行；10．固定资产的盘查；11．行政费用的有效控制；12．公司撰写和存放的规范程度；13．采购项目的审核；14．办公用品的领用监督；15．证照的使用和保存；16．会议的组织和会议管理；17．车辆管理；18．宿舍管理；19．安全管理。20．绩效管理。
行政费用审核	8．审核行政类报销凭证，控制各项行政费用的实际支出。	对日常行政费用支出进行审核。
绩效管理	9．针对员工的工作流程和重要性，设定有效的绩效管理指标。	查找员工主要工作的KPI，并查找考核数据来源和设计考核公式，实现有效考核，并建议奖惩方案。
协调沟通	10．负责协调与公司其他部门的工作，确保部门之间良好协作。	协调部门之间和员工之间的关系，每月与员工进行一次沟通，做好员工关系管理。
培训教育	11．负责组织公司内部的培训工作，做好培训评估。	定期开展业务技能培训和职业培训，提升员工技能。
企业文化	12．负责公司企业文化建设，组织开展部门内的丰富多彩的活动，创造良好的工作氛围。	每年年底编写企业文化创建计划，建立多种有效的企业文化形式。
其他工作	13．领导临时交办的其他工作任务。	
权力		
1．对公司经营计划有建议权。		
2．各项人事行政费用的支出的审核权。		
3．所辖范围内各项人事行政事务工作审批权。		
4．公司各项行政制度和流程执行情况的监督、检查权。		
5．依照制度、流程，对公司员工违反人事行政制度有处罚建议权。		
6．对部门内部员工的聘任、调配、任免、解聘有建议权。		
7．对部门内部员工的考核权。		
责任		
1．对员工劳动争议风险的有效防范负责。		
2．对人事资料存放的完整性和有效性负责。		
3．对人事行政工作计划的按时完成负责。		
4．对人事行政部保管的证照完好性负责。		
5．对提升员工的整体技能水平和职业水平负责。		
6．对发布的文件的准确性负责。		
7．对所有人事行政工作负责。		
8．对人事行政费用审核负责。		
9．对人事行政涉及的所有工作负责。		
考核		
详见《奖惩制度》和《绩效考核表》。		

续表

岗位从业要求	
教育程度	专科及以上学历，企业管理、工商管理、人力资源管理等相关专业毕业。
工作经验	三年以上人事行政岗位管理经验。
知识要求	熟悉国家劳动法律法规。
	经过人力资源专业或者工商管理专业的系统性学习。
能力素质	熟悉现代企业人力资源规划、招聘、培训、绩效考核、薪酬、劳动关系等管理技能。
	较强的公文处理能力，灵活处理突发问题的能力，善于接受新知识的能力，有较强的计划、分析、判断、沟通、协调能力。
	掌握商务礼仪，计划管理，时间管理，职业化，沟通协调等技巧。

二、组成岗位评估小组，确定评估标准

1. 定评估小组成员

公司总经理、副总经理、人力资源部全体员工、各部门经理、车间主任。

2. 明确要求

岗位评估是基于对岗位的了解，所以必须以岗位说明书为基础。如果岗位说明书的描述不够充分，需要与岗位任职者的直接主管说明和解释。评估同一级岗位时，一次评一个，不允许互相商量。每个专家小组成员都要发表自己的意见，组长负责讨论的整体协调。首先各部门将本部门的“标杆岗位”列出，逐个部门进行评估。

3. 确定评估标准

岗位要素	岗位评估要素	权重	层级与分数										
		八要素	A		B		C		D		E		F
输入	专业知识与经验	15%	8	10	12	15	20	25	31	40	51	62	75
	管理技能	15%	8	10	12	15	20	25	31	40	51	62	75
过程	人际沟通	10%	5	7	9	12	16	21	28	37	50		
	问题复杂度	10%	5	7	9	12	16	21	28	37	50		
	创新程度	10%	5	7	9	12	16	21	28	37	50		
	决策力	10%	5	7	9	12	16	21	28	37	50		
输出	岗位产出	15%	8	10	13	18	24	32	42	56	75		
	岗位影响	15%	8	10	13	18	24	32	42	56	75		
		100%											

说明：

- **模型中组成要素的权重分别为输入（30%），过程（40%），输出（30%）；**
- **在组织内进行岗位评估所得的各个岗位评估分数是可比的；**
- **评估层级间的级差分数是使用“几何积数累进法”计算得出的；**
- **该评估方法中的最高岗位价值分数为500分；**
- **使用评估要素对所选择的岗位进行分析，编写岗位描述，并根据完整岗位描述的内容匹配相应的**

评估要素层级定义，然后决定该岗位各评估要素的适当层级，累加所有评估因素相关层级的分数，得出评估总分（即反映该岗位相对价值的分数）并进行排序，即可得出初步的岗位级别结构。

排序	职位名称	评估要素								总分
		岗位输出		工作过程				岗位产出		
		专业知识与经验	管理技能	人际沟通	问题复杂度	创新程度	决策权	岗位产出	岗位影响	
9	总经理	44	75	50	39	42	50	75	75	450
8	运营总监	33	51	38	29	31	34	47	45	308
	媒体合作经理	27	31	37	27	22	28	32	31	235
7	市场发展部经理	36	31	25	27	20	21	28	32	220
	人力资源部经理	32	34	28	21	19	21	28	27	210
	财务部经理	38	31	21	16	15	21	27	28	197
	业务部经理	25	31	21	21	21	16	32	28	195
6	流程管理部经理	24	31	21	20	18	19	29	23	185
	设计部经理	26	31	21	16	20	18	26	22	180
	IT 主管	30	15	17	24	20	17	23	23	169
	行政部经理	19	23	18	13	14	17	20	21	145
5	策划主管	29	10	16	21	19	12	12	13	132
	市调主管	28	8	15	18	16	12	12	14	123
	设计主管	25	12	13	11	16	12	13	12	114
4	人力资源主管	21	13	16	12	10	10	12	11	105
3	市场专员 生产计划员 客服员									
	IT技术支持	22	8	11	14	11	8	10	9	93
	广告编辑	19	9	11	9	16	7	9	9	89
	行政主管	17	10	11	10	9	8	10	10	85
2	文案	20	10	9	7	16	6	9	8	85
	设计员	20	8	8	8	16	6	8	9	83
	会计	23	8	9	10	6	8	9	9	82
	广告审查员	12	8	13	9	7	9	10	9	77

续表

排序	职位名称	评估要素								总分
		岗位输出		工作过程				岗位产出		
		专业知识与经验	管理技能	人际沟通	问题复杂度	创新程度	决策权	岗位产出	岗位影响	
1	业务主管	10	9	13	8	8	8	9	9	74
	业务助理	11	9	10	8	8	7	10	9	72
	出纳	14	11	7	7	6	6	8	8	67
	档案管理员	11	9	7	7	7	7	9	8	65
	前台接待	9	8	7	7	6	6	8	8	59

4. 外部薪酬调查

序号	岗位名称	岗位价值	客户平均	50P	75P	90P	比较行业	数值取样
1	总经理	450	312 000	154 444	308 178	707 306	广告业	行业平均
2	副总经理			117 331	192 509	302 922	广告业	行业平均
3	运营总监	308	234 600	120 097	202 183	327 053	广告业	行业平均
4	媒体合作经理	235		64 030	85 357	106 623	广告业	行业平均
5	市场发展部经理	220		76 325	114 139	178 079	广告业	行业平均
6	人力资源部经理	210	68 800	85 389	118 059	171 891	所有行业	行业平均
7	财务部经理	197	72 000	83 012	124 952	198 976	所有行业	行业平均
8	业务部经理 / 客户经理	195	210 300	59 376	87 983	130 993	广告业	行业平均
9	流程管理部经理	185	78 640					
10	设计部经理	180						
11	IT 主管	169						
12	行政部经理	145		51 091	71 422	98 451	所有行业	行业平均
13	策划主管	132	72 000	45 771	61 125	77 981	所有行业	行业平均
14	市调主管	123	40 000	46 898	67 176	93 462	广告业	行业平均

根据采集的数据绘制薪酬趋势分析曲线

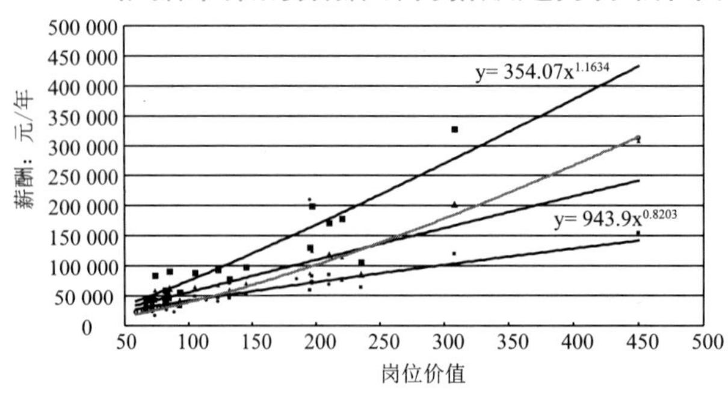

5. 设立薪酬区间与薪酬范围

职位级别	职位等级	最低	最高	增长幅度	岗位价值中值	薪酬中值	薪酬政策	幅度最小值	薪酬幅度	幅度最大值	幅度
基层	第 1 级	59	76	27%	67.5	29 888.50	50P	20 922	17 933	38 855	0.3
	第 2 级	77	96	27%	86.5	36 632.00		25 642	21 979	47 622	0.3
中层管理	第 3 级	97	122	27%	109.5	61 156.00	75P	42 809	36 694	79 503	0.3
	第 4 级	123	156	27%	139.5	77 394.00		54 176	46 436	100 612	0.3
	第 5 级	157	198	27%	177.5	97 826.00		68 478	58 696	127 174	0.3
	第 6 级	199	251	27%	225	123 198.70		86 239	73 919	160 158	0.3
高层管理	第 7 级	252	319	27%	285.5	155 305.10	75P	108 714	93 183	201 897	0.3
	第 8 级	320	406	27%	363	196 163.40		137 314	117 698	255 012	0.3
	第 9 级	407	500	27%	453.5	243 573.60		170 501	146 144	316 646	0.3

6. 建立岗位薪酬对照表

职位等级		第九级	第八级	第七级	第六级	第五级	第四级	第三级	第二级	第一级
岗位价值区间		407 ~ 500	320 ~ 408	252 ~ 319	199 ~ 251	157 ~ 198	123 ~ 156	97 ~ 122	77 ~ 96	59 ~ 76
区间薪酬范围（元 / 年）	高	316 645.68	255 012.42	201 896.63	160 158.31	127 173.80	100 612.20	79 502.80	47 621.60	38 855.05
	低	170 501.52	137 314.38	108 713.57	86 239.09	68 478.20	54 175.80	42 809.20	25 642.40	20 921.95
	中值	243 573.60	196 163.40	155 305.10	123 198.70	97 826.00	77 394.00	61 156.00	36 632.00	29 888.50
	幅度	30%	30%	30%	30%	30%	30%	30%	30%	30%

续表

职位等级		第九级	第八级	第七级	第六级	第五级	第四级	第三级	第二级	第一级
典型岗位	经理室	总经理								
	市场部			运营总监						
					媒体合作经理					
					市场发展部经理					
							市调主管			
	行政人事部				人力资源部经理					
						IT 主管				
							行政部经理			
								人力资源主管		
									IT 技术支持	
										前台接待
	财务部					财务部经理				
									会计	
										出纳
典型岗位	广告设计部					设计部经理				
								设计主管		
									广告编辑	

续表

职位等级		第九级	第八级	第七级	第六级	第五级	第四级	第三级	第二级	第一级
典型岗位									文案	
									设计员	
									广告审查员	
	流程管理部					流程管理部经理				
										档案管理员
	创意部						策划主管			
	业务部					业务部经理				
										业务主管
										业务助理
职务系列		高层管理			中层管理				基层员工	

7．根据上述分析建立薪资等级表（薪资等级表样表参见实物操作二）

实务操作二：××公司薪酬管理暂行规定

第一节 总则

第一条 本规定系公司及分子公司全体人员工作报酬标准制定与发放的基本政策，规定中所指薪酬包括定期发放的工资、奖金及各项福利、津贴。

第二条 公司高级管理人员的薪酬实行**年薪制**与公司利润分享计划相结合，其他员工根据不同岗位类别分别实行**岗位绩效工资制、计件工资制和提成工资制**。公司高级管理人员一般指公司总经理、副总经理及分子公司正、副总经理。

第三条 根据公司当期经济效益水平和可持续发展状况，对员工薪酬实行动态管理，即岗位薪酬水平与公司薪酬总额的增长幅度均随公司经济效益的变动而变动。

第四条 公司每年度年终根据同行业平均薪酬水平、公司综合绩效、公司人力资源规划目标、公司财务实际支付能力等因素，对员工薪酬水平进行必要调整。

第五条 薪酬总额控制管理

公司年度薪酬总额计划与分解计划根据公司主要经济指标上年度完成情况，结合本年度目标任务综合测算提出，由总经理办公室提请公司总经理审定后呈报董事会核准实施。其中注意薪资的增长速度不能超过利润的增长速度，人均收入的增长速度不能高于人均产出的增长速度。

第六条 薪酬管理权责

1．薪资建议权：公司各部门及分子公司享有薪资建议权。

2．薪资保密责任：员工薪资属于公司保密范畴，任何人不可探问他人或泄露自己薪资。探问或泄露薪资者，一经查实将根据公司相关规定给予处罚。

第七条 适用范围：本规定适用公司统聘及各分子公司聘用员工。

第二节 薪酬体系概述

第八条 根据公司职能或业务特点，将员工划分为管理、营销、专业职能技术、工勤事务、生产共五个系列。其中：

1．管理系列：包含公司聘任的高层管理人员、中层管理人员和基层管理人员。

2．营销系列：包含公司直接从事销售和营销服务类的工作人员。

3．专业职能技术系列：包含公司所有从事某种专业职能工作人员，以及从事信息技术、产品和技术设计、工艺制定与改良、生产管理、质量监督、设备维护等业务的技术人员。

4．工勤事务系列：包含公司从事工勤事务类工作人员。

5．生产系列：包含公司从事生产操作类的工作人员，一般不含生产文职人员和生产管理人员。

第九条 岗位绩效工资根据员工工作的岗位和岗位所需要的技能来确定，不同岗位对应不同的岗位（技能）工资级别，详细的《薪资等级表》见附件。岗位绩效工资在本工资等级内根据考核情况和技能评定予以调整工资档次，达到本级最高档次后不再上涨。其中基本工资按岗位等级划分 4 个档次，详见下表；绩效工资除公司高管人员外统一按岗位绩效工资的 20% ~ 40% 设定，并根据考核结果和业绩水平进行浮动。

基本工资等级表

岗位等级	A1/A3	B2/B3	C3/B1	C1/C2	D1/D2
北京	5000 元	3000 元	2000 元	1500 元	1300 元

第十条　提成工资根据员工的岗位技能与业绩水平，以及公司业务性质与销售业绩来确定，底薪（基本工资）参考岗位绩效工资中的基本工资核定，销售提成则根据不同的业务设定。

第十一条　计件工资根据员工的劳动生产率以及公司产品产量来确定，计件工资总额为计件单价 × 实际件数。

第三节　岗位绩效工资制

第十二条　公司及各分子公司属管理序列、专业职能技术序列、工勤事务序列的人员（实行承包或利润分成形式的总经理及其他高管人员除外）采用岗位绩效工资制，与职等、绩效挂钩。

第十三条　岗位绩效工资制薪酬总额构成 = 固定工资（基本工资 + 岗位（技能）工资）+ 浮动工资（绩效工资）+ 奖金 + 各种福利

第十四条　薪资项目释义

1. 基本工资：又称基础工资，是从岗位（技能）工资分离出来用以维持员工基本生活的工资，是合同工资及各种假期、加班工资的计算依据。

2. 岗位（技能）工资：岗位（技能）工资是根据员工所任职务或所在岗位的重要程度、任务与责任轻重、工作复杂性与强度大小和工作条件好坏确定的工资。公司实行岗位（技能）等级制，根据各岗位所承担工作的特性及对员工能力要求不同，将岗位（技能）划分为不同的级别。

3. 绩效工资是从薪资总额分离出来进行职责考评的部分，占薪资总额的比例为 20% ~ 40%（依不同岗位核定绩效工资占比），具体考核办法另行制定。

4. 奖金：奖金（含年终奖金和专项奖金）是企业对员工超额劳动部分或工作绩效突出的部分所支付的劳动报酬（《奖金管理办法》另行制定），具体考核办法另行制定。

第十五条　岗位绩效工资制的薪资等级

根据职级划分薪级（从高到低），每个薪级各有若干薪等（见附件《薪资等级表》）。

第四节　计件工资制

第十六条　适用范围为公司及分子公司属生产序列的人员。

第十七条　计件工资总额 = 计件单价 × 实际件数（过渡期间部分岗位实行岗位绩效工资 + 计件奖）

第十八条　计件单价根据产品生产流程、工艺难度、操作难度，以及人工耗费、工时耗费等情况来核定。

第十九条　实行计件工资的员工的病休假等假期工资可参考岗位绩效工资中的基本工资（D档）核发。

第二十条　计件工资的具体实施细则，另行制定。

第五节　提成工资制

第二十一条　适用范围为公司及分子公司中属营销序列的人员。

第二十二条　薪酬总额由底薪（基本工资）和销售提成（业绩提成与奖金）两部分组成。具体项目、标准和实施办法根据不同产品分别专项设定。

第二十三条　实行提成工资制的员工不再核发加班工资。

第二十四条　营销提成工资及其他激励方案，另行制定。

第六节　年薪制

第二十五条　适用范围为公司总经理、副总经理、分子公司总经理和其他关键岗位管理人员等高管人员。

第二十六条　年薪制薪酬总额构成 = 基本年薪 + 年终效益奖 + 股权激励 + 各种福利。其中股权激励是根据公司不同阶段和需要针对特定对象设定的一种激励方式。

第二十七条　基本年薪是高层管理人员的一个稳定的收入来源，它是由个人资历和职位决定的，根据年基薪额的 1/12 按月支付。其薪酬水平确定的依据是上一年度的公司总体经营业绩以及对外部市场薪酬调查数据的分析。

第二十八条　年终效益奖是对高层管理人员经营业绩的一种短期激励，一般以货币的形式于年底支付，该部分应占高管全部薪酬的 40% ~ 60%（依岗位性质核定）。在公司财务年度经营报表经审计与个人绩效考评后核算计发。

第二十九条　股权激励是非常重要的一种激励手段，股权激励主要有股票期权、虚拟股票、限制性股票等方式。股权激励方案另订。

第七节　薪酬调整与计发

第三十条　薪酬调整与计发另行制定。

第八节　附则

第三十一条　本规定系公司员工薪酬福利政策的基本指南，凡公司及分子公司制订的与员工薪酬福利相关的各项辅助制度均不得与本规定冲突。

第三十二条　本规定由总经理办公室负责制订、修订并解释。

第三十三条　本规定由董事长审批后，公司总经办负责具体执行。

附件：

薪资等级表（一）

<table>
<tr><th rowspan="3">岗位级别</th><th rowspan="3">等次</th><th rowspan="3">管理职系</th><th rowspan="3">专业职能技术类</th><th rowspan="3">工勤事务类</th><th colspan="15">岗位绩效工资（基本工资 + 岗位工资 + 绩效工资）</th></tr>
<tr><th colspan="3">1 档</th><th colspan="3">2 档</th><th colspan="3">3 档</th><th colspan="3">4 档</th><th colspan="3">5 档</th></tr>
<tr><th>基本工资</th><th>岗位工资</th><th>绩效工资</th><th>基本工资</th><th>岗位工资</th><th>绩效工资</th><th>基本工资</th><th>岗位工资</th><th>绩效工资</th><th>基本工资</th><th>岗位工资</th><th>绩效工资</th><th>基本工资</th><th>岗位工资</th><th>绩效工资</th></tr>
<tr><td rowspan="6">A</td><td rowspan="2">3</td><td rowspan="2">公司总经理 / 副总经理</td><td rowspan="2"></td><td rowspan="2"></td><td colspan="3">12 000</td><td colspan="3">15 000</td><td colspan="3">18 000</td><td colspan="3">20 000</td><td colspan="3">25 000</td></tr>
<tr><td>5000</td><td>7000</td><td></td><td>5000</td><td>10 000</td><td></td><td>5000</td><td>13 000</td><td></td><td>5000</td><td>15 000</td><td></td><td>5000</td><td>20 000</td><td></td></tr>
<tr><td rowspan="2">2</td><td rowspan="2">营业总监 / 生产总调度 / 生产厂长 / 印前设计中心总监</td><td rowspan="2"></td><td rowspan="2"></td><td colspan="3">9000</td><td colspan="3">10 000</td><td colspan="3">12 000</td><td colspan="3">13 000</td><td colspan="3">15 000</td></tr>
<tr><td>5000</td><td>400</td><td>3600</td><td>5000</td><td>1000</td><td>4000</td><td>5000</td><td>2200</td><td>4800</td><td>5000</td><td>2800</td><td>5200</td><td>5000</td><td>4000</td><td>6000</td></tr>
<tr><td rowspan="2">1</td><td rowspan="2">营业副总监 / 生产副厂长 / 印前设计中心副总监 / 总经理助理</td><td rowspan="2">总工程师</td><td rowspan="2"></td><td colspan="3">8000</td><td colspan="3">9000</td><td colspan="3">10 000</td><td colspan="3">11 000</td><td colspan="3">13 000</td></tr>
<tr><td>5000</td><td>600</td><td>2400</td><td>5000</td><td>1000</td><td>3000</td><td>5000</td><td>1000</td><td>4000</td><td>5000</td><td>1600</td><td>4400</td><td>5000</td><td>2800</td><td>5200</td></tr>
<tr><td rowspan="6">B</td><td rowspan="2">3</td><td rowspan="2">总经办正副主任；财务 / 营业 / 技术设备 / 采购正副经理</td><td rowspan="2">高级工程师 / 高级工艺师 / 高级设计师</td><td rowspan="2"></td><td colspan="3">6000</td><td colspan="3">6500</td><td colspan="3">7000</td><td colspan="3">7500</td><td colspan="3">8000</td></tr>
<tr><td>3000</td><td>1200</td><td>1800</td><td>3000</td><td>1550</td><td>1950</td><td>3000</td><td>1200</td><td>2800</td><td>3000</td><td>1500</td><td>3000</td><td>3000</td><td>1800</td><td>3200</td></tr>
<tr><td rowspan="2">2</td><td rowspan="2">印刷车间 / 装订车间 / 制版车间正副主任；人资 / 计划 / 质检 / 信息正副经理</td><td rowspan="2">工程师 / 工艺师 / 设计师电分 / 电拼（专业 职能经理）</td><td rowspan="2"></td><td colspan="3">5000</td><td colspan="3">5200</td><td colspan="3">5500</td><td colspan="3">6000</td><td colspan="3">6500</td></tr>
<tr><td>3000</td><td>500</td><td>1500</td><td>3000</td><td>640</td><td>1560</td><td>3000</td><td>300</td><td>2200</td><td>3000</td><td>600</td><td>2400</td><td>3000</td><td>900</td><td>2600</td></tr>
<tr><td rowspan="2">1</td><td rowspan="2">仓储 / 行政正副经理</td><td rowspan="2">高级文员（专业职能经理、副经理）</td><td rowspan="2"></td><td colspan="3">4500</td><td colspan="3">4800</td><td colspan="3">5000</td><td colspan="3">5200</td><td colspan="3">5500</td></tr>
<tr><td>2000</td><td>700</td><td>1800</td><td>2000</td><td>880</td><td>1920</td><td>2000</td><td>1000</td><td>2000</td><td>2000</td><td>1120</td><td>2080</td><td>2000</td><td>1300</td><td>2200</td></tr>
</table>

续表

岗位级别	等次	管理职系	专业职能技术类	工勤事务类	岗位绩效工资（基本工资 + 岗位工资 + 绩效工资）														
					1 档			2 档			3 档			4 档			5 档		
					基本工资	岗位工资	绩效工资	基本工资	岗位工资	绩效工资	基本工资	岗位工资	绩效工资	基本工资	岗位工资	绩效工资	基本工资	岗位工资	绩效工资
C	3	财务 / 人资 / 行政 / 营业 / 采购 / 技术设备主管；印刷车间 / 装订车间班组长	平版 / 轮转机长专员：薪酬考核专员 / 主办会计 / 输出（专业副经理）		4000			4200			4500			4800			5000		
					2000	400	1600	2000	520	1680	2000	700	1800	2000	880	1920	2000	1000	2000
	2	计划 / 质检 / 信息 / 仓储主管	精装 / 胶装 / 骑订 / 折页 / 锁线 / 单面刀 / 覆膜机长专员：网管 / 系统管理员 / 车间核算员 / 会计 / 采购员 / 人资行政专员 / 招聘培训专员 / 企管专员 / 印前质检 / 设计员	熟练司机	3200			3500			3700			3900			4000		
					1500	740	960	1500	600	1400	1500	720	1480	1500	840	1560	1500	900	1600

续表

岗位级别	等次	管理职系	专业职能技术类	工勤事务类	岗位绩效工资（基本工资＋岗位工资＋绩效工资）														
					1 档			2 档			3 档			4 档			5 档		
					基本工资	岗位工资	绩效工资	基本工资	岗位工资	绩效工资	基本工资	岗位工资	绩效工资	基本工资	岗位工资	绩效工资	基本工资	岗位工资	绩效工资
C	1		平版 / 轮转机大助精装 / 胶装 / 骑钉 / 覆膜机大助文员：跟单 / 外协 / 人资文员 / 财务文员 / 生产客服 / 生产质检 / 出纳	熟练电工 / 司机 / 主厨	2800			2900			3000			3200			3300		
					1500	460	840	1500	240	1160	1500	300	1200	1500	420	1280	1500	480	1320
D	2		文员：统计员 / 车间文员 / 入库员配送员 / 晒版员 / 喷墨员 / 仓管员 / 领料员 / 质检员 / 行政文员 / 财务文员 / 出纳 / 一般文员	电工 / 维修工	2400			2500			2600			2800			3000		
					1300	140	960	1300	200	1000	1300	260	1040	1300	380	1120	1300	500	1200
	1			保洁工 / 前台文员	2000			2200			2400			2500			2600		
					1300	0	700	1300	20	880	1300	140	960	1300	200	1000	1300	260	1040

绩效考核管理

绩效评估系统不起作用吗？

绩效管理能解决什么问题？

许多企业绩效考核存在怎样的误区和错误做法？

如何通过绩效管理激励一线员工？

如何设定绩效目标？

绩效的影响因素有哪些？

绩效考核有哪些实用的工具？

SMART 在绩效考核中的具体应用

如何进行绩效沟通与绩效应用？

1. 反面案例

绩效评估系统不起作用吗？

【案例 1】某印刷企业已经发展多年，在印刷行业属于中型企业，每个月都美其名曰地进行着所谓的“绩效考核”，其内容分为四项，工作技能、工作态度、出勤率以及工作完成满意度。没有具体分解指标，这样的绩效考核实行了近两年，每个月主管都要凭着印象大概打分，短时间还可以，长此以往，主管的感觉是费时而且无效，打分全凭印象和心情。员工更是如此，干得多和干得少得到的薪酬差不多，于是，干得多的也不再积极，整个企业人浮于事。这种情况一直维持着。

随着国家对各地方最低工资的调整，2011 年该公司人力成本迅速上涨，公司总经理李总决定压缩人力成本。于是对人力资源方面提出的要求是，要按照绩效精准计算薪酬。

新上任的人力资源王经理犯了愁，目前绩效就这四项，还不详细，打分都是拍脑门打出来的，何谈精准啊。经过一番思量，王经理决心带领人力资源部同事对公司实行精细化的绩效考核，真正实现通过绩效考核精准地实现薪酬的多劳多得，以改变人力资源现状。

【案例 2】一家电子公司，决定在整个公司内实施目标管理。事实上他们之前在为销售部门制定奖金制度时已经用了这种方法。公司通过对比实际销售额与目标销售额，支付给销售人员相应的奖金。这样销售人员的实际薪资就包括基本工资和一定比例的个人销售奖金两部分。

销售大幅度提上去了，但是却苦了生产部门，他们很难完成生产任务。销售部抱怨生产部不能按时交货。总经理和高级管理层决定为所有部门经理以及关键员工建立一个目标设定流程。为了实施这个新的方法他们需要用到绩效评估系统。生产部门的目标包括按时完成生产任务和产品质量两个部分。

他们请了一家咨询公司指导管理人员设计新的绩效评估系统，并就现有的薪资结构提出改变的建议。他们付给咨询顾问高昂的费用修改基本薪资结构，包括岗位分析和工作描述。还请咨询顾问参与制定奖金系统，该系统与年度目标的实现程度密切相连。他们指导经理们如何组织目标设定的讨论和绩效回顾流程。总经理期待着很快能够提高业绩。

然而不幸的是，业绩不但没有上升，反而下滑了。部门间的矛盾加剧，尤其是销售部和生产部。生产部埋怨销售部销售预测准确性太差，而销售部埋怨生产部无法按时完成生产任务，所以才无法争取更多的客户。每个部门都指责其他部门的问题。客户满意度下降，利润也在下滑。

公司管理层一直不解，问题出在哪里呢？为什么设定了目标，并与工资挂钩，反而导致了矛盾加剧和利润下降？

问题的引出

- 绩效管理能解决什么问题？
- 许多企业绩效考核存在怎样的误区和错误做法？
- 如何通过绩效管理激励一线员工？
- 如何设定绩效目标？
- 绩效考核有哪些实用的工具？
- SMART 在绩效管理中如何应用？
- 如何进行绩效沟通与绩效应用？

因为

- 我们中国式的传统思维认为绩效考核只是震慑员工。
- 绩效考核是衡量员工技能的重要途径。
- 绩效考核不是简单的填表打分。
- 绩效考核是需要动员公司领导全员开展的工作。
- 绩效考核指标需要量化，否则无法推行。
- 权重的设置需要根据岗位的重要性不同而不同。
- 绩效考核要进行业绩目标和行为目标双重考核。
- 考核的结果是为了和员工达成共识，改善员工行为。

2. 问题解答

绩效管理能解决什么问题？

图 8-1

绩效管理涉及的问题有很多，如图 8-1 所示，绩效管理在于用人，一个员工在企业里每天都会经历 8 小时。而同样的 8 小时，有的员工会创造出惊人的绩效，而有的员工则当一天和尚撞一天钟。提高员工的绩效首先在于员工对文化与价值观的认可，其次在于公司战略目标是否深入人心。总之，提高绩效会对公司的业务提升有良好的作用。

此外，针对第二个反面案例而言，我们可以发现几个基本问题：

（1）设定的目标不全面。每个部门只专注于对自己非常重要的几个目标。

（2）因为这家公司的传统是一年进行一次绩效评估，目标一旦定下来就不能再改变。所以即使他们发觉有些目标有问题，他们也不会进行及时的修改。

（3）各部门的目标之间互相没有联系，只是和组织内上下级之间有联系。

（4）修改后的绩效评估系统仍然存在定性或主观评估。这就意味着私人关系对绩效评估流程还是有很重要的影响。经理在考核绩效时仍然存在主观因素，经理和下属的关系亲密与否导致了系统的不平等性。

（5）这也可能是最重要的一点，目标不符合公司扩大市场份额的特定战略。原来的目标只关注销售额和按时交货，但是战略最重要的几个关键面没有得到特别体现。

因此，绩效管理更包含着 KPI 的科学设定、考核周期问题、考核评估问题以及企业战略如何分解问题。

一、绩效考核的概念

1. 绩效考核定义

绩效考核有很多解释，但我认为用在职场当中最容易被理解的解释有三种：

（1）绩效 = 按照预定目标完成了的任务

（2）绩效 = 结果 + 过程

（3）绩效 = 做了什么 + 能做什么（实际收益 + 预期收益）

2. 绩效管理的定义

（1）就目标及如何达到目标而达成共识，并增强员工成功地达到目标的管理方法。

（2）绩效管理不是简单的任务管理，它特别强调沟通、辅导及员工能力的提高。

（3）绩效管理不仅强调结果导向，而且重视达到目标的过程。

3. 绩效管理考核体系的构成

（1）考核目标：企业要求员工实现的工作目标。

（2）考核对象：就是将绩效方案覆盖的组织或者人群范围。

（3）考核主体：是指绩效考核工作的发起部门或者人员。如用人部门或者人力资源部等。

（4）考核指标：也就是对考核对象的哪些方面进行考核。

（5）考核方法：具体实施考核过程的程序和办法。

二、绩效考评的类型

根据组织中不同的工作性质，员工绩效考评有不同的形式。从考评的内容来说，主要有以下三种类型。

1. 部门绩效

部门绩效是衡量部门完成企业任务和目标的指标，具体而言一般可以使用达到企业的使命要向外部客户提供一定的产品或者服务的数量、质量、时间和成本这样一些词汇来制定绩效指标。例如：部门年销售环比增长、市场占有率、生产成本指标等部门宏观指标。

2. 员工绩效

员工绩效的目的主要体现在怎样促使员工努力工作以达到其工作岗位的要求，因此在员工层级的绩效指标制定过程中，需要明确对岗位评价的指标维度有哪些，比如，业绩、能力、态度等，再基于工作职责制定考核指标。

3. 流程绩效

流程绩效与部门绩效、员工绩效的作用有些区别，前两个部分更多的是倾向于评价与考核，而流程绩效管理的任务更多的是倾向于考察组织工作流程中哪里出现了问题或什么地方需要改进，通过优化工作来满足企业的战略要求。

三、通常使用的考核内容

绩效考核的具体内容取决于绩效考核活动的目的。一般将绩效考核的内容分为德、能、勤、绩四个方面：

1. 德

主要是指员工的道德品质、思想觉悟、组织倾向、价值取向等，通常通过绩效软指标进行考核。

2. 能

指员工从事工作的实际能力。主要包括专业知识、技能、经验和潜能。通常通过绩效硬指标进行考核。

3. 勤

主要是指工作态度。通常通过绩效软指标进行考核。

4. 绩

主要指工作业绩，就是员工履行岗位工作职责的直接结果。通常通过绩效硬指标进行考核。

许多企业绩效考核存在怎样的误区和错误做法？

“绩效考核”目前虽然已经在企业中普遍运用，但很多企业的绩效考核流于形式，没有达到预期的效果。对于人力资源部工作人员而言，“绩效考核”几乎是工作中最大的困扰。

【案例】绩效考核就是“打打分”？

A 企业从 2006 年开始实施绩效考核，主要做法是：每个部门都有一张相应的通用绩效考核表，由人力资源部提供考核工具，组织各个部门设计本部门的绩效考核指标；各个部门设计好本部门的绩效考核指标再反馈给行政人事部；由总经理、董事长审核修订好考核指标后再反馈给各个部门。

每个季度末，直接上级对员工的考核进行定量评定。考核结果与员工月度的工资不挂钩。员工年底奖金发放时，会参考绩效考核的结果，但没有具体的计算依据。

平常由于考核与大家切身利益并不相关，员工大多不关注绩效考核。到年底发奖金时，大多数员工对绩效考核结果颇有争议，认为其绩效考核结果不能反映个人的绩效表现。管理人员对绩效考核也不重视，普遍认为绩效考核就是对员工“打打分”，起不到实质性的作用。

【分析】A 企业绩效考核的几个误区

1. 问题一：绩效考核的理念有误区。

公司上下对绩效考核的概念了解不深入，对绩效考核的作用也没有正确认识。大多数管理人员认为绩效考核仅仅是发奖金的工具，甚至有的人认为是为了惩罚员工而考核。而员工认为“绩效考核”仅仅是公司走走形式的幌子，只有惩罚缺乏奖励，对此心怀抵触。于是，每次到考评的时候，大家都随随便便填写表格，完成任务了事，考核流于形式。

2. 问题二：绩效考核的指标设置无法衡量。

首先，目前 A 企业对员工的绩效考核指标没有将公司的战略管理目标层层分解融入其中，造成各个部门的绩效考核不能与企业的发展紧密联系。结果无法体现个人绩效对部门绩效的贡献进而对公司整体绩效的贡献，往往只是局部的提高和改进。

其次，绩效考核指标的主观随意性较大。

在绩效考核指标的设定过程中，没有从员工的工作岗位出发，脱离员工的岗位职责和工作内容，容易导致考核不到位，最终影响考核结果，失去绩效考核的公平性。

再次，绩效考核指标的设定内容不完善。

很多临时安排的工作任务没有纳入考核体系，考核指标设立得比较模糊，没有具体的考核工作事项，很难获得客观的绩效评价。

3. 问题三：绩效实施过程没有监控。

由于大家对绩效理念认识的误区，仅认为绩效考核就是发奖金、扣工资。所以，在绩效实施过程中并没有对员工的绩效实现情况进行监控。在实施绩效考核的环节过程中，没有通过沟通、反馈等方式，指导和帮助下属实现预期的绩效。

4. 问题四：绩效反馈与激励机制不健全。

绩效考核的最终目的是要激励员工，为实现企业的总体目标不断努力，通过绩效考核的结果不断改进员工的工作态度、工作方式和工作方法，达到提高绩效的目的。

然而，A 企业没有绩效反馈机制，员工并不清楚自己的绩效完成情况如何，应该如何改进。

同时，目前绩效结果激励机制单一，仅与员工的年终奖金挂钩，未与员工的晋升、培训、职业发展相关联。绩效对员工的激励性不足，也导致员工对绩效普遍不关注，绩效考核发挥不了应有的作用。

一、绩效考核普遍存在的误区

各部门的考核者乐于充当好好先生，应付了事，大大有悖于绩效考核的初衷。

在考核过程中，公司员工缺少参与的积极性。抵触情绪很强，不少员工甚至质疑：是否绩效考核就是通过反复地填表、交表来挑员工的毛病。

推行过程中往往又因为得不到高层的足够支持而阻力重重。

由于平均主义的思想残余还十分严重，因而考评结果的使用力度不大，缺乏吸引力。或者，由于配套机制的缺乏，诸如岗位目标责任制、能上能下制度、奖惩制度等尚不完善，导致在实践中对考评结果的使用即使“有心”但却奈何“无力”。从而没有让考评结果充分发挥效用。

被考核者认为年年都是那套考核方式，没有新意，失去积极性，只不过是领导布置的事情，不得不应付，所以考评只是走过场。没有从根本上发挥作用。

尽管考核的方案中明确地说考核与人事的升迁、工资的升降等方面挂钩，但最后的结果总是不了了之，没有任何下文。

另外，考核过程和结果的公正性难以保证，大多数员工对于考核的结果都心怀不满、怨声四起，同事的关系也往往因考核而变得紧张，不利于公司的日常工作开展。

在实施过程中存在以下问题：

1. 绩效考核体系设计的非科学性

绩效考核体系设计的非科学性主要表现为考核目的不明确，有时甚至是为了考核而考核，企业考核方和被考核方都未能充分清楚地了解绩效考核只是一种管理手段，本身并非是管理的目的。同时，绩效考核体系的非科学性还表现为考核原则的混乱和自相矛盾，在考核内容、项目设定以及权重设置等方面表现出无相关性，随意性突出，常常仅仅体现上司意志和个人好恶，且绩效考核体系缺乏严肃性，任意更改，难以保证政策上的连续一致性。

2. 绩效考核标准模糊化

目前多数企业的绩效考核标准过于模糊，表现为标准欠缺、标准走样、难以准确量化等形式。以欠缺的标准或不相关的标准来对被考核者进行考评，极易引致不全面、非客观公正的判断，模糊的绩效考核指标很难使被考核者对考核结果感到信服。

3. 绩效考核角度的单一

在人力资源绩效考核的实践中，往往是上级对下属进行审查或考核，考核者作为员工的直接上司，其和员工的私人友情或冲突、个人的偏见或喜好等非客观因素将很大程度影响绩效考核的结果，考核者的一家之言有时候由于相关信息的欠缺而难以给出令人信服的考核意见，甚至会引发上下级关系的紧张。要想科学全面地评价一位员工，往往需要从多视角来观察和判断。

4．绩效考核体系的理解不统一

有的企业在制定和实施一套新的绩效体系时，不重视和员工进行及时、细致、有效的沟通，员工对绩效考核体系的管理思想和行为导向不明晰，各人仅凭想当然的了解看待该体系对自己的影响，常常产生各种曲解和敌意，并对所实施的绩效体系的科学性、实用性、有效性和客观公平性表现出强烈的怀疑，对体系的认识产生心理上和操作上的扭曲。

5．考核过程的形式化

这是一个非常普遍的现实问题，很多企业已经制定和实施了完备的绩效考核工作，但是每位员工内心都认为绩效考核只是管理当局的一种形式主义，每年必须走的过场，无人真正对绩效考核结果进行认真客观的分析，没有真正利用绩效考核过程和考核结果来帮助员工在绩效、行为、能力、责任等多方面得到切实的提高。

6．考核结果无反馈

考核结果无反馈的表现形式一般分为两种：

一种是考核者主观上和客观上不愿将考核结果及其对考核结果的解释反馈给被考核者，考核行为成为一种黑箱操作，被考核者无从知道考核者对自己哪些方面感到满意和肯定，哪些方面需要改进。出现这种情况往往是考核者担心反馈会引起下属的不满，在将来的工作中采取不合作或敌对的工作态度，也有可能是绩效考核结果本身无令人信服的事实依托，仅凭上司的意志得出结论，如进行反馈势必引起巨大争议。

另一种是指考核者无意识或无能力将考核结果反馈给被考核者，这种情况出现往往是由于考核者本人未能真正了解人力资源绩效考核的意义与目的，加上缺乏良好的沟通能力和民主的企业文化，使得考核者没有驾驭反馈绩效考核结果的能力和勇气。

7．考核资源的浪费

企业在实施绩效考核中，通过各种资料、相关信息的收集、分析、判断和评价等流程，会产生各种中间考核资源和最终考核信息资源，这些信息资源本可以充分运用到人事决策、员工的职业发展、培训、薪酬管理以及人事研究等多项工作中去，但目前很多企业对绩效考核信息资源的利用出现两种极端，一种是根本不用，白白造成宝贵的绩效信息资源的巨大浪费；另一种则是管理人员滥用考核资源，凭借考核结果对员工实施严厉惩罚，以绩效考核信息威慑员工，而不是利用考核信息资源来激励、引导、帮助和鼓励员工改进绩效、端正态度、提高能力。

8．考核者态度的极端化

考核者在进行绩效考核时，特别是对被考核者进行主观性评价时，由于考核标准的不稳定等因素，考核者很容易自觉不自觉地出现两种不良倾向：过分宽容或过分严厉。有的考核者奉行“和事佬”原则，对员工的绩效考核结果进行“趋中”处理，使得绩效考核结果大同小异，难以真正识别出员工在业绩、行为和能力等方面的差异。另一种倾向就是过分追究员工的失误和不足，对员工在能力、行为和态度上的不足过分放大，简单粗暴地训斥、惩罚和威胁绩效考核不佳者，使得员工人人自危。

9．业绩考核方法的选择不当

各国学者和管理人员开发出了多种业绩考核方法和考核技术，如员工比较评价法、行为对照表法、关键事件法、等级鉴定法、目标管理评价法、行为锚定评价法，等等。这些方法各有千秋，有的方法适用于将业绩考核结果用于职工奖金的分配，但可能难以指导被考核者识别能力上的欠缺，而有的评价方法和技术可能非常适合利用业绩考核结果来指导企业制订培训计划，但却不适合于平衡各方利益相关者。准确地选择和组合考评技术和方法对考核者和绩效考核体系设计者提出了很高的要求。遗憾的是，目前大多数企业既无意识，也无能力适当地选择、组合和运用这些成熟的评价方法和评价技术。

10．考核者心理、行为上的错误

考核者在对员工的绩效进行评估时，会不自觉、下意识地出现各种心理上和行为上的错误举动，这类错误一般包括光环效应、隐含人格假设以及近因性错误等。所谓光环效应就是当考核者对一位员工的总体印象是以该员工某项具体的特点，如相貌、聪明或某个事件作为判断基础，得出的结论往往以点概面；隐含人格假设就是当考核者在进行绩效考核之前，就对被考核者的人格类型进行了分类，在进行绩效考核中，就会“戴着墨镜看人”；近因性错误的出现是因为人类正常的记忆衰退，人们总是对最近发生的事情和行为记忆犹新，而对远期行为逐渐淡忘，在经过一个较长的时间后进行绩效考核时，被考核者的考核结果就更多地受到近期表现的影响。

二、如何解决绩效考核的误区

1．从绩效计划来看

它是绩效管理的起点，有一个好的绩效计划意味着绩效管理成功了一半。它应该是建立在公司整体战略的基础上并对战略进行分析依次分解，经过公司工作重点，到部门工作重点，再到具体的工作岗位。从上到下或者自下而上都是统一、明确的，并且是具有引导性的。通常我们对绩效计划的判断是依据具体性、衡量性、目的性、相关性和时限性等五个方面。可以说，这也是对整个绩效管理体系合理性进行评价的首要步骤。

2．从绩效辅导来看

它是企业主管辅导自己员工达成绩效计划的过程，连接了绩效计划与绩效评价。做好绩效辅导，必须要在做好数据收集和记录的基础上保持好管理者和员工之间的持续沟通，以分享信息。可以这么说，除掉沟通就不是绩效管理，它是绩效管理体系能够在企业内部得到成功实施的重要保障。

3．从绩效评价来看

评价方法的选择是一个关键而敏感的问题。由于导入绩效管理体系的时间直接影响到绩效考评文化的形成，在一个刚开始导入绩效管理体系的企业，如果机械地套用一些较成熟的评价

办法，很容易使考核过程成为考核者与被考核者之间博弈的游戏，结果可能使员工与主管之间产生矛盾，影响员工的工作热情，导致协同性下降；或者成为填表游戏，结果使考核流于形式。这样都不能真正发挥提高绩效的作用，所以合力的评价方法应该慎重考虑公司的文化和管理者的素质和一些企业自身特有的因素，才能保证员工充分参与，在定量与定性之间寻求合理而公正、公平的平衡点支持。

4．从绩效反馈来看

它的目的可以归纳为：了解主管对自己工作绩效的看法；共同分析原因，找出双方有待改进的地方；共同确定下一期的绩效计划和改进点。这是整个绩效管理体系循环回路中非常重要的一个节点，也往往是最容易忽视的一个阶段。绩效反馈是为最终的绩效改善提供支持，其作用可以反映出绩效管理体系的动态性和成长性。

三、绩效管理的作用

绩效管理是组织实现其战略目标的有效工具之一。其作用主要表现在以下几个方面。

1．绩效管理对员工的作用

员工在工作中会产生诸多烦恼：不了解自己工作得好还是不好；不知道自己有什么权力；工作完成很好时没有得到认可；没有机会学习新技能；自己不能作决策；缺乏完成工作所需要的资源等。

绩效管理要求有效开展绩效沟通和指导，能使员工得到有关他们工作业绩和工作现状的反馈。而且，由于绩效管理能帮助员工了解到自己的权力大小，即进行日常决策的能力，从而大大提高了工作效率。

2．绩效管理对管理人员的作用

尽管绩效管理不能直接解决所有的问题，但它为处理好其中大部分管理问题提供了一个工具。只要管理者投入一定的时间，和员工形成良好的合作关系，绩效管理可以为管理者的工作带来极大的便利：

上级主管不必介入所有的具体事务。

通过赋予员工必要的知识来帮助他们合理地进行自我决策。员工可以知道上级希望他们做什么，自己可以做什么，必须把工作做到什么程度，何时向何人寻求帮助等，从而为管理者节省时间。

减少员工之间因职责不明而产生的误解。

减少出现上级主管需要信息时没有信息的尴尬局面。

通过帮助员工找到错误和低效率的原因来减少错误偏差。

3．绩效管理对企业的作用

绩效管理通过员工参与制订绩效计划，强化了员工对绩效目标的认同度，在日常工作中通过绩效实施提供有效的工作指导，找出工作的优点和差距，有效制订绩效改进计划和措施，有利于企业业绩的改善和企业目标的实现。同时，绩效管理流程中基于企业战略目标的绩效计划制订、围绕核心能力的员工能力发现和评价等措施有助于企业核心竞争力的构建，有利于企业的持续发展。

四、绩效管理如何实施及具体步骤

绩效管理通常被看作是一个循环系统（PDCA 循环，P-Plan 计划，D-Do 执行，C-Check 检查，A-Action 行动或调整），它主要包括绩效计划、绩效实施、绩效检查、绩效调整四个环节。如图 8-2 所示为企业绩效管理的基本运作规律，得出以下企业绩效管理的基本流程及相关的操作步骤。不同企业根据现实需要可繁可简、可增可删。

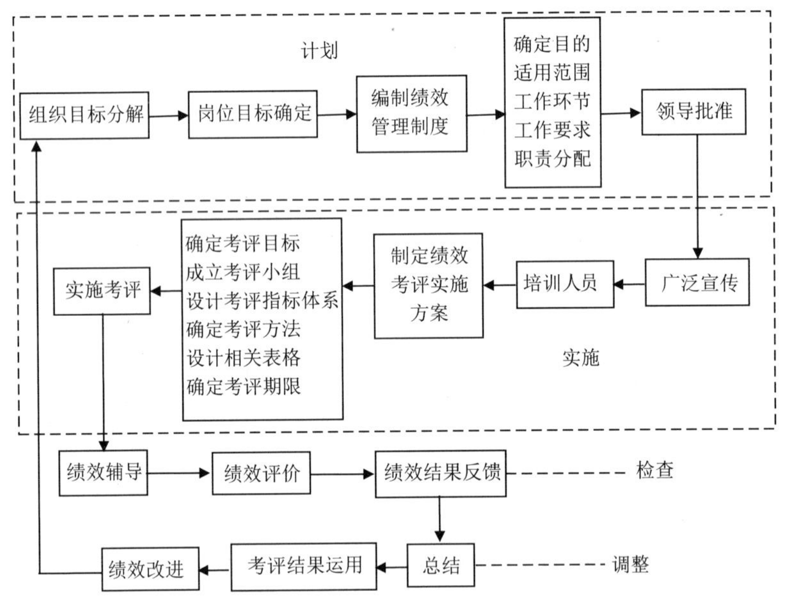

图 8-2　基于企业动作的绩效管理流程图

1. 绩效管理流程一：计划阶段

绩效计划的实质是管理者与员工共同讨论，就实现目标的时间、责任、方法和过程进行沟通，以确定员工以什么样的流程、完成什么样的工作和达到什么样的绩效目标的一个管理过程。计划阶段共分为三个步骤。

步骤一：目标分解

（1）根据企业发展规划或目标确定公司级别 KPI。

（2）将公司级 KPI 分解为企业各个部门 KPI。

（3）将部门 KPI 分解为员工 KPI。

（4）部门负责人与员工就目标达成进行沟通，形成一致意见并做出承诺。

以上 KPI 的分解可参考企业各岗位说明书进行。

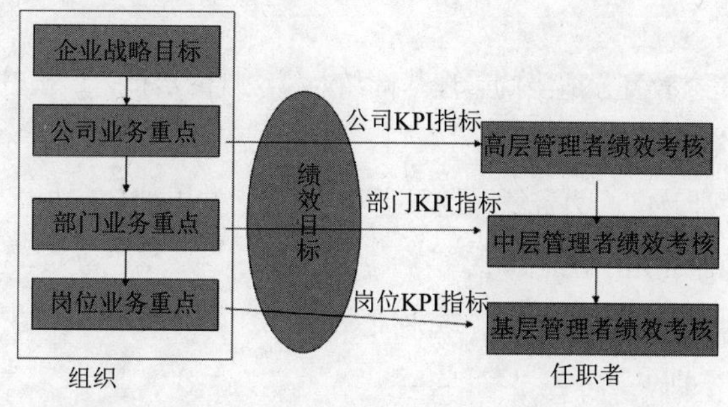

图 8-3

步骤二：编制绩效管理制度

绩效管理制度是人力资源部门根据公司实际情况编制的以规章制度的形式对绩效管理的目的、意义、性质以及绩效管理的程序、原则、方法和要求做出的统一规定。绩效管理制度由总则、主文和附则等章节组成。一般包括如下内容。

（1）绩效管理的地位、作用、建立原因。

（2）绩效管理的组织机构设置，机构的职责、工作范围和分工。

（3）绩效管理不同对象的参与者。

（4）绩效管理的目标、程序和步骤。

（5）考评指标体系和标准体系的规定。

（6）考评的类别、方法、期限等的规定。

（7）绩效管理对员工申诉的管理办法。

（8）考评结果应用的原则和范围及配套措施。

（9）绩效管理总结的规定。

（10）对绩效管理制度的解释、实施和修改等问题的说明。

步骤三：绩效管理制度的审批

审批环节是取得高层管理者的认同和支持的过程。

（1）与高层管理者探讨绩效管理的理论、方法、意义和作用，说服高层管理者。

（2）在高层管理者的支持下，进行实践推动。每一个环节都要向高层管理者汇报，并通过高层管理者的意志将之传达下去，使绩效管理的每个环节都落到实处。

2．绩效管理流程二：实施阶段

步骤一：广泛宣传

可通过公司内刊、宣传栏、局域网等媒介手段对绩效管理的理论、方法、意义和作用等进行宣传，制造声势。以培养经理、员工对绩效管理的感性认识，树立企业的绩效观，为以后绩效管理的实施打下坚实的群众基础。

步骤二：培训直线经理

好的管理手段要由高素质的管理者来组织实施，因此对管理者的培训必不可少。培训的内容主要包括以下几点。

（1）绩效管理理念教育，适当的管理基础和人事法规的培训，严格按规则办事；

（2）道德素养的培训；

（3）绩效管理中涉及的人力资源开发和管理、心理学知识、统计知识、控制论的有关原理、计算机应用知识等基础知识的培训；

（4）绩效管理中涉及的面谈技巧、如何把握标准、如何应用考评结果、如何避免陷入种种误区等相关技能的培训。

步骤三：制订绩效考评实施方案

（1）明确绩效考评目标。绩效考评的总体目标是实现组织的战略目标，但在具体的考评目的（如薪酬、奖惩、晋升等）方面又有所区别。

（2）成立考评小组。用相关证据说明管理层特别是总经理的支持度，请总经理在大会上口头或者书面表态。并成立绩效考核管理小组，由总经理挂帅任组长，人资总监或者经理任副组长，各部门经理任执行专员。确定管理范围、关键岗位、个人。增强部门的协作，将绩效考核工作深入管理者的心里。

（3）设计考评指标体系。

①工作分析（岗位分析）。根据考评目的，对被考评对象的岗位的工作内容、性质以及完成这些工作所应具备的条件等进行研究和分析，初步确定出绩效考评指标。

②对不同岗位进行指标调查。

③确定指标体系。主要包含考评要素、评分标准、权重分配等。

④审核、报批。将所确定的指标体系提交领导、专家会议讨论，征求相关主管人员和员工的意见，修订后报相关公司领导审批执行。

（4）选择适当的考评方法（中国企业大多采用目标考核法即 KPI 关键绩效指标法，其他方法还有平衡计分法、360 考核法、多人比较法等）。

（5）设计考评相关的表格（考核基础管理用表）。表格应包括考核指标、指标的定义、指标的计算方法、计算的数据来源、合格目标、挑战目标、实际结果、考核周期、考核人等信息。

【案例】某印刷公司生产部绩效考核样表，见表 8-1。

表 8-1

绩效指标	定义 / 计算方法	合格目标	挑战目标	实际结果	考核周期	考核人
产品完成率	实际产量 ÷ 计划产量	100%			每周	生产总监
产品合格率	1- 产品不合格数 ÷ 交货总数	98%	100%	98%	每周	质检部
废品率	废品总数 ÷ 总产量	2%	1%	1.9%	每周	质检部
辅料节约率	实际节约金额 ÷ 辅料消耗计划定额	5%	15%	5.8%	月度	采购物料部

续表

绩效指标	定义 / 计算方法	合格目标	挑战目标	实际结果	考核周期	考核人
生产效率	实际开机工时 ÷ 预定开机时间	80%	90%	82%	月度	生产总监
工艺准确率	抽查工单的工艺准确性次数 ÷ 检查总次数	100%			每月	工艺计划部
交货不及时数	因公司原因导致产品订单延误 10 小时以上的实际单数	0			每月	营业部
客户投诉索赔金额	由于返工或延迟交货而导致扣款的金额数量	5 万元	2 万元		每月	营业部
安全事故率	发生工伤或者通报消防隐患次数	4 次	0 次		每年	保卫部 / 人力资源部
设备完好率	实际正常运转时间 ÷ 应开机总时间	90%	96%		每月	设备管理部
员工培训率	实际培训人数 ÷ 应培训人数	95%	100%		每季度	人力资源部
生产报表准确率	6 张报表	次月 2 日提交财务部，数值准确			周报表、月报表	财务部

步骤四：确定考评期限

考评周期分为月度、季度和年度，主要对不同阶段工作业绩、能力和态度进行综合考评。季度考评中，第四季度可直接进行年度考评。绩效评估标准见表 8-2。

表 8-2 绩效评估标准

准绳	解释说明	评估标准	举例
基本规章	安全操作、5S 管理、基本人事行政、财务、安全管理制度、员工手册等	只处罚、不奖励	例如：遵守安全操作规程没有奖励，违反操作规章要有处罚。出勤迟到要处罚，按时出勤无奖励
日常工作	岗位职务说明书上要求的工作重点及关键性指标	做不好要罚，连续做好要奖，有新突破要奖	例如：薪酬专员做薪酬错误一次要罚，连续一个季度不出差错要奖。设计出新的薪酬设计方案要奖
专案目标	为突破现状或改善工作流程，经上下级协商讨论的工作	不罚或者少罚，最好只奖不罚	例如：装订车间在设备上安装检数器，降低人工成本，无论实验是否成功，应只奖不罚，鼓励员工创新

步骤五：组织实施

绩效考评方案制订出来后，人力资源部门还须做好各种具体组织指导工作。

3. 绩效管理流程三：检查阶段

步骤一：绩效辅导

（1）可通过部门例会和定期汇报的形式，管理者与员工进行持续不断的沟通，以了解工作进展，解决工作中的问题。

（2）收集数据，形成记录，获得评价依据。

步骤二：绩效评价

管理者要依据绩效计划阶段所确立的标准和辅导阶段收集的数据对员工在考核期内的绩效进行评价。

步骤三：绩效结果反馈

（1）做好反馈面谈前的准备工作。回顾对员工的工作要求、达成的工作目标，找出相关的工作记录，回顾员工过去的工作表现，并与期望作对比，将绩效考评等级确定在不可接受和非常优秀之间；特别注意与员工对绩效看法的分歧；考虑该被考评者的职业机会和职业限制，准备与他们进行这方面的讨论。

（2）选择适宜的时间和场所。最理想的面谈地点是在中立性的地方，最好是在远离办公室的地方进行。不宜让别人看到面谈的过程。

（3）面谈。与员工就本次绩效评估的目的和评估标准进行沟通，肯定员工的工作成就及其优点，指出待改进的方面，制订绩效改进计划；协商下一个绩效管理周期的目标与绩效标准。并填写《绩效考评面谈表》。如表 8-3 所示的例子。

表 8-3　绩效考评面谈表

<table>
<tr><td>部门</td><td colspan="2">职位</td><td>姓名</td><td>考核日期</td></tr>
<tr><td></td><td colspan="2"></td><td></td><td>年　　月　　日</td></tr>
<tr><td colspan="2">工作成功的方面</td><td colspan="3"></td></tr>
<tr><td colspan="2">工作中需要改善的地方</td><td colspan="3"></td></tr>
<tr><td colspan="2">是否需要接受一定的培训</td><td colspan="3"></td></tr>
<tr><td colspan="2">本人认为自己的工作在本部门和公司中处于什么状况</td><td colspan="3"></td></tr>
<tr><td colspan="2">本人认为本部门工作最好、最差的员工是谁？全公司呢？</td><td colspan="3"></td></tr>
<tr><td colspan="2">对考核有什么意见</td><td colspan="3"></td></tr>
<tr><td colspan="2">希望从公司得到怎样的帮助</td><td colspan="3"></td></tr>
<tr><td colspan="2">下一步的工作和绩效的改进方向</td><td colspan="3"></td></tr>
<tr><td colspan="2">面谈人签名：</td><td colspan="3">日期：</td></tr>
<tr><td colspan="5">备注：</td></tr>
</table>

（4）接受员工申诉。员工若对评估结果表示出不同意见可以提出申诉并填写绩效评估申诉表，人力资源部门应在规定时间内回复处理意见和处理结果。

4．绩效管理流程四：调整阶段

步骤一：总结

（1）完成考评工作，形成考评结果分析报告。

（2）召开绩效管理总结会议，并把考评结果及使用情况告知员工，进行反馈。

（3）保存相关资料。

（4）对达成共识的下期绩效目标进行整理，形成新的考核指标和考核标准。

步骤二：考评结果的运用

（1）招聘录用。根据考评结果，可确定采用何种评价指标和标准招聘和选择员工，以提高招聘的质量并降低招聘成本。

（2）薪酬管理。作为业绩工资发放的依据，以鼓励和肯定员工的工作。

（3）职务调整。多次绩效考评的结果可以作为员工晋升和降级的依据之一。

（4）员工培训与开发。

（5）人力资源规划。为组织提供总体人力资源质量优劣程度的确切情况，获得所有人员晋升和发展潜力的数据，便于组织制订人力资源规划。

（6）员工关系管理。公平的绩效考评，为员工在奖惩、晋升、调整等重大人力资源管理环节提供公平客观的数据，减少主观不确定因素对管理的影响，能够保持组织内部员工的相互关系建立在可靠的基础之上。

步骤三：绩效改进

此阶段是绩效管理的终点，同时又是一个新的绩效管理工作循环的起点。各个部门主管应针对考评所揭示出来的问题拟订绩效改善计划，以保证本部门的工作沿着正常的轨道前进。

五、如何将企业战略目标转化成员工绩效考核指标

在完成战略目标的逐级分解之后，就要结合各个岗位的工作职责和实际工作内容，来确定岗位要完成目标需要进行哪些工作内容了。不同的绩效指标设计的思路，其体现的效果也会有所不同。目前，比较流行的岗位绩效考核表的设计主要是将定量指标 KPI（关键业绩指标，Key Performance Indicator）、定性指标 GS（工作目标设定，Goal Setting）、素质指标 CPI（即能力态度指标，Competency Performance Indicator）等。但是在进行方法选择时，要分析哪一种方法适合企业目前的发展现状，要根据实际需要设计岗位绩效考核表。

（1）目标的制定和分解必须是从上往下逐级进行的。即，首先是战略目标的制定，然后将公司战略目标分解到部门，再分解到个人。但是，在实际过程中，很多企业都是由员工制定绩效考核指标，再报到领导进行审核。这样，员工往往从自身的角度去考虑如何制定绩效考核指标，而不会站到整个企业的角度去规划自己的工作。特别是在绩效与薪酬、晋升等对接的情况下，员工也可能会出于自身利益的考虑而设置一些并不合理的考核指标，对企业整体绩效的提升也难以起到促进作用。

（2）绩效考核指标的制定不只是人力资源部的事情，需要各部门的积极参与和配合。实际的操作过程中，往往各级职能部门会把绩效指标的设计任务全部归于人力资源部，认为自己只是最后绩效管理的执行者。其实这样的想法是不对的，没有各部门的实际支持，任何绩效指标的设计都会论为应付性的工作。

（3）制定绩效目标的过程中，沟通环节非常重要。在分解和制定绩效目标时，领导与下属一定要进行充分的沟通，让下属认同个人的绩效目标，让其明白设置具体绩效目标的作用所在，明白如何开展工作和改进工作，如果绩效指标属于“单向指定”的情况，增大了推行阻力不说，也并不一定能起到绩效考核真正的作用。此外，双方沟通时，不应该只限于指标该怎么定、标准该怎么定的问题，也应该就如何改进工作、如何提升绩效等进行沟通和协调。同时，领导在工作过程中要与下属不断沟通、不断辅导与帮助下属，以保证目标达成的一致性，这比考核本身更重要。

（4）绩效目标不是一成不变的，需要根据实际情况进行调整。部门、个人的绩效指标和目标的设定都必须能支撑企业战略目标的达成，而市场环境、技术发展等因素也必将影响企业的发展和管理，这就要求绩效管理体系也随之进行调整，避免出现个人绩效很高，而部门或公司的业绩很差的现象。

如何通过绩效管理激励一线员工？

【案例】张林是某印刷设备制造公司生产部的副部长，分管生产。一个月前，他为了搞好生产，掌握第一手资料，就到制作部甲班去蹲点调查。一个星期后，他发现工人劳动积极性不高，主要原因是奖金太低，所以每天产量多的工人生产也无法达标。

张林和部长等负责人商量后，决定搞个定额奖励试点，每天每人以生产 20 只零件为标准，超过 20 只零件后，每生产一只零件奖励 0.5 元。这样，全班 23 个人都超额完成任务，最少的每天生产 29 只零件，最多的每天生产 42 只零件，这样一来，工人的奖金额大大超过了工资，使其他班、其他车间的工人十分不满。

现在又修改了奖励标准，每天超过 30 只零件后，每生产一只零件奖励 0.5 元，这样一来，全班平均生产每天只维护在 33 只左右，最多的人不超过 35 只，张林观察后发现，工人并没有全力生产，离下班还有一个半小时左右，只要 30 只任务已完成了，他们就开始休息了。他不知道如何进一步来调动工人的积极性了。

分析：张林在激励员工时有哪些不妥之处，该如何改正？

1．分析

（1）定额标准在设计的时候，没有充分地去进行测试，定额基数设置不科学，从试行后，员工产量飙升可以看出此点。定额标准在试行初期只能先高后低，不可以先低后高，这样容易挫伤员工积极性。订定额方法过于简单，不严谨。

（2）考核标准化基础不真实，考核标准量不符合实际，考核标准量太低。

(3) 考核前期工作未做到位，标准化的生产流程和生产量未能考证。

(4) 考核的随意性太强。考核者未能理会考核的内涵。

(5) 考核制度变化太随意，让员工有不相信的心理，我现在努力了，你后面还是会降的，还不如不要那样辛苦。

(6) 考核奖励的机制过于简单。

(7) 在发现员工工作效率低下的情况下，未进行科学有效的分析，“拍拍脑子作决定”，未进行标准的计件核算及生产成本核算，对于员工的考核标准缺少实际的数据支持。

(8) 犯了管理人员的大忌：朝令夕改，既然已经经过公司中研究所推行出来的激励方式，那么就应该按照规定来执行，至于员工的工资是否过高，这属于公司决策层的问题，不能因为员工的工资过高就立即调整员工的绩效考核标准，这样做的后果，将会严重打击员工的工作积极性，最终会导致企业制度不能很好地贯彻落实，不利于企业发展。

2. 建议

(1) 设置定额标准的时候，挑选几个操作熟练的员工，进行产能测试，确定合理、科学的定额标准。

(2) 对每个工序进行科学的工时分析，并做好成本分析，建立公司合理、科学的工价制定系统。

(3) 对员工操作动作和规范进行细化分解，并现场观察员工操作动作。

(4) 在试行定额奖励时，采取先严后松、先高后低的原则，根据试行结果，来确定定额标准的是高了，还是低了，如果高了，可以适当考虑调低。定额标准不宜由低调高，这样容易挫伤员工的积极性，所以在定标准的时候一定要留有空间。

(5) 选定单个车间进行试验前，就要对全厂员工说明，规定试行多长时间，什么时间开始全厂推行，这样可以避免其他车间员工有情绪。

(6) 可以采取多种定额基数相结合，对不同的产量基数试行不同的激励标准，这样就可以预防最后无法调动员工积极性的状况出现。

(7) 用 IE 工程分析法首先进行工人动分析和秒表测算，去掉无用功时间，得出每个小时工人能生产多少只配件 ×8 小时得出定额。定出超额配件的价格作奖金。

(8) 可用 5W2H 管理法，操作内容是 WHO——什么人，WHAT——何事，WHEN——何时，WHERE——何处，WHY——为何，HOW——如何，HOW MUCH——多少钱。

以上案例是某印刷设备制造企业的实际案例，在发生问题后，总经理第一时间组织召开了研讨会，上述的建议和提出的问题就是集体讨论的结果，也许我们也面临过计件的难题，无论从测算的方式方法还是产生的激励结果，各不相同，也许我们也曾犯过上述案例的错误，但通过这个案例，我们能够看到绩效考核的几个关键性问题。

第一，考核指标的设定可以量化。生产性岗位通常比较容易做到这一点，但是非生产性岗位就需要根据流程进行设定绩效指标。

第二，考核指标要能够反映关键绩效点。尤其是工作与工作之间的衔接点，重点表现在人与人之间的衔接点和部门与部门之间的衔接点。

第三，基础数据的采集需要通过查找绩效中等的员工水平进行测量，基础数据既不能太高也与不能过低，否则都会造成测算数据不准，导致绩效失败。

第四，绩效考核前，为谨慎起见，可以先行试点，成功后再进行全面推广。

第五，为激励员工的积极性，可进行分段计件。即达到某一产量值后，随着产量的继续增长，计件单价也随之变化，产量越高，单价越高，这样可以有效地刺激员工寻求高产的积极性。与此同时，如果期间发生质量不合格产品，要相应地扣除既得产量，用此法可以控制产品质量，避免盲目追求高产。

如何设定绩效目标？

【案例】调查中发现，很多企业都会出现这样的问题：公司岗位职责很清晰，工作流程也很明确，就是不知道该如何将工作的目的转化成绩效指标，不知道某一项具体工作用一个什么指标衡量好，是该用"率"呢，还是用"次"呢？类似的问题在查找完成后，还要面临数据从哪里取得，数据的准确性如何，以及计算公式如何设定。谁负责中间过程的监督……，绩效考核看似简单，实则最难。管理的核心就在于绩效考核，而指标的设定，又恰恰是绩效考核的命脉。

一、思考：如何将"业务内容"转化成"工作结果"呢？

1. 转换的方法和思路

"业务内容"向"工作结果"的转化见表 8-4。

表 8-4

业务内容	→	工作结果
动词 + 内容	→	名词
举例：		
制订全年的工作计划	→	工作计划书
分配下属的工作，对责任进行划分	→	职务说明书
开展销售活动	→	销售额
接听外部客户打来的电话	→	铃响次数
安排全体员工的住宿	→	住宿满意度
控制不合格产品数量	→	产品合格率
维护和保养设备	→	设备维修率

通常绩效指标的设定都是从六个方面来衡量：分别是数量（产量、销售额、采购量、损耗量）、质量、交货期、成本、安全、员工素质。但很多时候往往绩效指标描述不准确，导致绩

效无法实现，比如说，负责货款回收工作（不具体，没有说明是负责货款收回工作的时间监督还是负责坏账处理）；提高交货准时率（不具体，无时间限制，未量化）。类似的指标在我们企业中可谓随处可见，如果指标不明确，想必执行起来会很难。

2. 通常把指标分为三种：结果、能力、态度

(1)能力、素质指标。考量员工是怎样的人，侧重点是员工的个人特质，如沟通能力、可靠度、领导技巧等。

(2) 行为、态度指标。侧重点是考量员工的工作方式和工作行为，此类绩效指标对人际接触和交往频率的工作岗位尤其重要。

(3) KPI 结果指标。侧重点是考量“员工完成了哪些工作任务或生产了哪些产品？”这是一种以员工的工作结果为基础的评价方法。此类绩效指标应先为员工设立一个工作结果的标准，然后再将员工的工作结果与标准对照。工作标准是衡量工作结果的关键，一般应包括工作内容和工作质量两方面内容。

3. 业绩指标和行为指标

绩效考核被分成两大类，一类是业绩指标（business indicator），一类是行为标准（behavior standard）。这两类指标基本上概括了一个员工的工作，从行为上对员工进行约束，从业绩上对员工的工作进行定位。可见，在我们订立关键绩效指标时，首先要从行为标准和业绩指标两个方面着手。

确立整体的框架之后，就要考虑该如何选取指标，如何确立标准，在指标的选取上，我们应注意以下几个问题：

(1) 业绩指标必须和员工的工作紧密联系，必须基于员工的职位说明书而做，坚决杜绝诸如“工作量”“工作质量”“工作积极性”之类模棱两可的用词。

(2) 业绩指标必须是员工工作内容的关键所在，数量不在多，在于其是否关键，一个员工的工作细分起来可能有 10 项内容，甚至更多，我们不可能把所有的工作都写进去，我们需要做的是选取其中 3 ~ 5 项最为关键的指标，抓住员工绩效指标中的关键所在，把好钢用在刀刃上。

二、权重设置方法和原则

1. 绩效权重设置的方法和步骤

(1) 一般一个岗位的考核指标有 5 ~ 8 个，而每一指标的权重一般设定在 5% ~ 30% 之间，不能太高，也不能太低，如果某个指标的权重太高，可能会使员工只关注高权重指标而忽略其他，而如果权重过低，则引不起他的足够重视而放弃这个指标，这个指标就没有意义了。

(2) 越是高层的岗位，他所承担的财务性经营指标和业绩指标的权重就越大；越是低层的岗位，所承担的流程类指标的权重就越小，而工作结果类指标的权重越大。

(3) 对于多数岗位来说，根据指标“定量为主，定性为辅，先定量后定性”的制订原则，一般优先设定定量类指标权重，而且定量类指标总权重要大于定性类指标权重。

（4）根据20/80法则，通常最重要的指标往往只有那么两三个，如果有1个，那么其权重一般要超60%；如果有2个，那么一般每个指标权重都在30%以上；如果有3个，那么每个指标权重一般在20%以上。

（5）为了便于计算和比较，指标权重一般都为5%的倍数，最小为5%，太小就无意义了。

（6）设立指标权重的方法有“简单排序编码法（人为赋编码值，过于简单主观）、倍数环比法（需要有历史数据的支撑）、优序对比法（比较实用）、层次分析法（太过复杂）”等，根据我们的实操经验，我们用得最多的是采用德尔菲法和两两对比法结合的方式来确定指标权重。

（7）具体操作时，我们会请该岗位的任职者、上下游同事代表、直属上司、部门负责人、HR和公司绩效委员会成员代表组成专家组，按如下步骤来进行：

第一步，先对指标的重要性进行两两比较，排序，得出票数最高的指标排序组合方式即为指标的重要程度最终次序。重要程度越高，排在越前面，权重相应就越大，反之亦然。

第二步，根据指标权重的设置原则，由专家组成员对各指标所占权重进行设定，然后由HR进行汇总平均并将该结果反馈给各“专家”，然后，专家根据这一反馈结果，对各自设定的指标权重进行调整，最后由HR负责汇总平均（取整数），即为最终的指标权重。

这其中，HR会尽量收集更多的历史数据和组织战略目标要求供“专家”借鉴参考，并在评定前对专家进行“权重设置的普遍规律和原则”的相关培训。因此，即使是人为凭经验确定指标权重，也要有所根据和规律，由跟被考核岗位密切相关的多人进行综合评议决定，而不是交给一个人随意拍脑袋。

2. 工作实际中高、中、基层岗位绩效的权重

绩效权重＝素质/能力（20%）＋行为/态度（10%）+KPI结果（70%）

注意：关于“能力、态度、结果”三个范畴，在不同的行业、不同的企业，不同的岗位，权重也不尽相同。作为我们生产制造业来讲，具体比例设置如下：

高层领导（结果）：绩效权重＝素质/能力（10%）＋行为/态度（5%）+KPI结果（85%）

中层领导（能力）：绩效权重＝素质/能力（20%）＋行为/态度（10%）+KPI结果（70%）

基层员工（态度）：绩效权重＝素质/能力（40%）＋行为/态度（30%）+KPI结果（30%）

【案例】某公司生产部部长绩效考核表（指标、权重），见表8-5。

表8-5

职位名称		生产部部长			所属部门		生产部	
考核期		月度			难度系数			
序号	指标	指标定义/公式	权重	配分	信息来源	考核周期	评分准则	备注
1	产量完成情况	产量达成率＝（实际产量÷目标产量）×100%	25%	100分	仓库（以纸张令数为单位）	月度	得分＝产量达成率×100，每低于1个百分点扣5分，低于10个百分点为0分，最高值为120分	

续表

序号	指标	指标定义 / 公式	权重	配分	信息来源	考核周期	评分准则	备注
2	质量情况	质量目标达成率 =（实际质量合格率 ÷ 目标合格率）×100%	20%	100 分	技术质检部	月度	依据每月质量合格率计算，每超出目标一个百分点扣 5 分，超出 5 个百分点为 0 分	
3	成本控制	物耗控制指标达成率 =（实际消耗量 ÷ 标准消耗量）×100%	15%	100 分	财务	月度	每高于目标值一个百分点扣 10 分	
4	设备正常运转率	设备正常运转率 = 设备实际运行正常时数 ÷ 目标运行时数 ×100%	10%	100 分	设备管理	月度	得分 = 设备正常运转率 ×100，每低于目标值一个百分点扣 10 分，小于等于 60% 为 0 分，最高值为 120 分	
5	安全事故发生次数	生产安全事故发生的次数	10%	100 分	企管部	月度	当月发生一起及以上重大安全事故，该项指标得分为 0；发生一起小安全事故，该项指标扣 50 分。隐瞒事故不报，一经查出，本项得分为 0 分	
6	生产人员配置及培训情况	对生产人员进行合理配置，做好技能、安全培训	10%	100 分	企管部	月度	对于由于人员安排不合理而造成影响生产，发现一次扣 10 分； 没有按照计划进行培训，发现一人次扣 5 分； 没有计划扣 50 分	由企管部与生产部共同制定人员培训计划及培训内容；
7	现场管理（5S 管理）	现场管理质量达到 5S 要求	10%	100 分	企管部	月度	根据每月 5S 的检查评比情况进行平均。为车间两个班本项得分的平均值	

绩效的影响因素有哪些？

员工个人绩效与团队绩效、组织绩效相互联系，不可分割。员工绩效的高低直接影响到公司的盈利状况及未来经营发展的方向。

一、影响员工绩效的七大因素

影响员工绩效的七个关键因素如下。

1. 个人兴趣

兴趣是做工作的动力。如果员工对一份工作感兴趣，做起来就会事半功倍；相反，如果员工对一份工作缺乏兴趣，做起来就会事倍功半。

2. 与岗位的适应性

每个人的性格都是不同的。有的人性格外向，善于言谈，人际关系能力强，喜欢在公众面前发表自己的言论；有的人则性格内向，忠厚老实，喜欢独立地去思考问题。其实对于不同的人来说，没有能力高低之分，仅仅只有适合与不适合之分。企业要做的是，在适当的时间把适当的人安排在适当的岗位上，使人其尽才。同等情况下，性格不适合某一岗位的员工和性格适合某一岗位的员工，他们所取得的绩效肯定是不一样的。

3．是否感到公平

亚当斯的公平理论认为，员工经常会就自己的所得与其他人的所得相比较。当自己的所得与付出之比的数值小于其他员工的所得与付出之比时，他就会感到明显的不公平。要么要求公司提高自己的所得，或者是自己减少对公司的付出。同时，他也会将自己现在所得与付出之比的数值与以前自己所得与付出之比的数值相比较，当前者较小时，他也会感到明显的不公平，而自动减少对公司的付出。无论是哪一种情况的发生，员工的绩效都会或多或少地降低。因此，公司一定要采取相关的措施，以消除或防止员工产生的不公平感，如采用保密工资制、积极主动地与员工进行沟通等。

4．公司的激励

激励包括两大类，一类是物质激励，一类是精神激励。物质激励主要是指公司的薪酬和福利，精神激励主要体现在口头表扬以及培训与升迁的机会等。如果公司的薪酬低于行业的平均水平，这在一定程度上就会影响员工的积极性的发挥，从而影响到员工的绩效，长期下去，员工流动率就会增高。人是经济人，同时也是社会人和自我实现的人，如果公司一直采用外部招聘的方式来填空缺的职位，公司现有员工便会感到自己所做的贡献没有得到公司的认可，长期下去也会出现绩效下降的情况。此外，无论是物质激励还是精神激励，都应该体现出及时的原则，如果激励不及时，就起不到应有的效果。

5．公司考核体系的影响

每个公司都有自己的考核体系，但据有关调查显示，真正拥有适合自身发展的考核体系的公司并不多。也就是说，大多数公司的绩效考核或流于形式，或有失公平，或起不到应有的效果。

6．工作环境

良好、令人舒适的工作环境，会让员工提高工作效率，从而有利于自身潜能的发挥；混杂、让人不安或不适的工作环境，会让员工效率低下，不利于潜能的发挥。这里的工作环境不仅指地理环境，同时也包括人文环境。当一个员工处于一个充满活力与创造力、勇于开拓与进取、彼此之间相互激励与促进的团队中，他个人的绩效也肯定会高；相反，当一个员工处于相互猜疑与妒忌、安于现状、彼此之间不提供任何帮助的团队中时，他个人的绩效也肯定会低。这是团队规范对个人影响的集中体现。

7．是否有相应的培训及培训的效果

当公司新开拓一个市场或新开发出一种产品或新上一条生产线时，就必然要有员工来进行相关的业务联系或操作。但有一点需指出的是，员工对新的事物并不是很熟悉，所以要给他们提供培训与指导。员工在新的领域所能取得业绩的好坏除了自身因素影响外，与培训的效果是直接相关的。

此外，新加入公司的员工也要提供相关业务或领域的培训的，以让他们尽快地了解公司的文化与章程，尽快地融入到公司中来，同时给予他们工作和岗位上的指导，提高其未来工作的绩效。

二、如何激励员工

影响员工绩效的因素还有很多，譬如说员工的心理状况、精神状态及家庭因素等。对于员工自身的因素，我们一定要积极主动地与员工进行沟通，帮助他们解决问题；对于公司层面的影响因素，我们找出问题的关键点，及时地对问题做出处理，从而提高员工的实际工作绩效。

当然，满足各种需要所引起的激励深度和效果是不一样的。物质需求的满足是必要的，没有它会导致不满，但是即使获得满足，它的作用往往是很有限的、不能持久的。要调动人的积极性，不仅要注意物质利益和工作条件等外部因素，更重要的是要注意工作的安排，量才录用，各得其所，注意对人进行精神鼓励，给予表扬和认可，注意给人以成长、发展、晋升的机会。随着人的基本生活需要得到满足以后，这种内在激励的重要性显得越来越重要。

1. 公司层面

公司层面的影响因素很多，薪酬与福利体系、奖惩体系、绩效管理体系、员工晋升体系、培训与发展体系、劳动保护与安全、工作环境等。因此公司必须结合企业的实际情况，采取相应的措施进行变革，适应公司发展要求。比如：薪酬与福利体系必须认真进行周密的薪酬外部调查，综合考虑同行业的薪酬水平，也要考虑当地的薪酬水平，保证薪酬的外部公平；另一个方面要进行岗位评价，保证薪酬的内部公平，不同岗位之间根据岗位的贡献价值，设定不同的薪酬水平，避免大锅饭同时又要适当拉开距离。

2. 管理者层面

除了公司层面进行改进之外，更重要的是作为公司的中层、基层管理者要掌握一些技能。如加强以下几个方面工作：深入了解员工的需求；创造良好的工作氛围；认可与赞美员工；促进员工成长。

绩效考核有哪些实用的工具？

【案例】与某小型公司总经理在一次交谈中谈到，公司一直以来，总是总经理在操心处理，每天加班到深夜，既要从宏观上把控公司的发展方向，又要在微观上注重每项工作的细节。所以常常精疲力竭，但问题却越来越多。鉴于此情况，人力资源部经理决定通过绩效改革改变公司的现状。于是，他决定实施绩效考核。问题又出来了，考核一定能解决这些问题吗？如果指标设定了，指标不精确，无法实施，结果会导致考核失败，自信心受到重创。即使考核指标设定得很精确，员工会不会因为奖惩力度不够导致考核失败呢？到底该如何让员工产生主动性思维，将工作当成自己的事业在做，变“你要我做”为“我要去做”呢？这种激励方式是奖惩对等呢？还是奖大于惩呢？绩效考核到底有哪些实际的工具可以解决此类问题呢？

一、常用的绩效考核考评方法比较分析

常用的对个体的绩效评估方法见表 8-6，对组织的绩效评估方法见表 8-7。

表 8-6　对个体的绩效评估方法

序号	考核方法	方法定义	使用范围	优点	缺点
1	民意测验法	民意测验法就是请被考核者的同事、下级及有工作联系的人对被考核者从几个方面进行评价，从而得出对被考核者绩效的考核结果	比较适宜管理人员，但这种方法往往要结合其他的考核方法一起使用	简单、容易操作，适用于规模较小的企业；体现了民主集中的原则	调查的数据因人为的因素，导致信度与效度有所降低
2	共同确定法	这一方法的基本过程是：先由基层考评小组推荐，然后进行专业考核小组初评，再由评定分委员会评议投票，最后由评定总委会审定	对管理人员比较适合	体现了考核的民主性	考核没有标准，基本上是人际关系的体现，不能反映工作的成绩
3	配对比较法	就是将被考核者进行两两逐对比较，比较中认为绩效更好的得 1 分，绩效不如比较对象的得 0 分。在进行完所有比较后，将每个人的所得分加总就是这个人的相对绩效，根据这个得分来评价出被考核者的绩效优劣次序	适用于工作绩效能够以数量来衡量的工作	考核操作简单、方便，适用于管理基础薄弱的中小公司	主观性强，考核标准不能量化，考核结果不精确
4	等差图表法	在实际操作中主要考虑两个因素：一是考核项目，即要从哪些方面对员工的绩效进行考核；二是评定分等，即对每个考核项目分成几个等级。在确定了这两者后，即可由考核者按照评定图表的要求对被考核者给出分数	规模小的公司比较适宜	考核操作简单、方便	主观性强，考核标准不能量化，考核结果不精确；考核要素没有重点与非重点之分
5	要素评定法（点因素法）	实际上是在等差图表法的基础上，经过两点改动而形成的。第一，考虑到不同的考核项目具有不同的重要性。因而考虑加权的因素，将不同的因素赋予不同的重要性，这个重要性是通过他们各自的分值范围体现的	规模小、管理基础薄弱的公司比较适宜	考核操作简单、方便；考核要素能够体现出工作的重要性来	主观性强，考核标准不能量化，考核结果不精确

续表

序号	考核方法	方法定义	使用范围	优点	缺点
6	关键绩效指标（KPI）	KPI 考核是通过对工作绩效特征的分析，提炼出的最能代表绩效的若干关键指标体系，并以此为基础进行绩效考核的模式。KPI 必须是衡量企业战略实施效果的关键指标，其目的是建立一种机制，将企业战略转化为企业的内部过程和活动，以不断增强企业的核心竞争力和持续地取得高效益	适用于有战略规划的公司，年度目标的公司	在公司战略目标的指引下，能够把目标分解到部门及员工的日常工作当中来；能够使公司集中有限的资源来达到公司目标；很好地体现了20/80原则	指标之间没有驱动要素；追求结果，忽略了过程；没有关注重点指标之外的其他基础指标，致使重点指标的完成受到影响
7	目标管理法	目标考核法是根据被考核人完成工作目标的情况来进行考核的一种绩效考核方式。在开始工作之前，考核人和被考核人应该对需要完成的工作内容、时间期限、考核的标准达成一致。在时间期限结束时，考核人根据被考核人的工作状况及原先制定的考核标准来进行考核	对各级管理人员比较适用	能够提升员工工作的积极性、主动性、创造性；提高员工的成就感	以结果为导向，重视结果轻视过程；难以对不同的员工设定不同的工作目标；对考核人员的素质提出了很高的要求；并非所有的工作都可以设定明确的目标
8	平衡计分卡	平衡计分卡是从财务、顾客、内部业务过程、学习与成长四个方面来衡量绩效（参见图2）。平衡计分法一方面考核企业的产出（上期的结果），另一方面考核企业未来成长的潜力（下期的预测）；再从顾客角度和从内部业务角度两方面考核企业的运营状况参数，充分把公司的长期战略与公司的短期行动联系起来，把远景目标转化为一套系统的绩效考核指标	以目标、战略为导向的企业；具有很好的执行文化的企业；成本管理水平较高的企业；企业信息化管理程度较高的企业；面临市场竞争压力很大的企业	能够从不同的角度评价公司绩效；能够把组织远景和战略转化为有形的目标和衡量指标；使财务和非财务指标达到平衡；企业内外群体的平衡；长期目标和短期目标的平衡；过程和结果的平衡；前置与之后指标的平衡	BSC始终只关心股东价值、客户价值，却没有关注到其他相关利益者：例如供应商，员工、企业合作伙伴等
9	360 度反馈	360 度反馈也称全视角反馈，是被考核人的上级、同级、下级和服务的客户等对他进行评价，通过评论知晓各方面的意见，清楚自己的长处和短处，来达到提高自己的目的	在强调以绩效为导向的公司较为适用	从多角度评价员工，产生的结果也比较客观公正	容易导致员工之间不团结

续表

序号	考核方法	方法定义	使用范围	优点	缺点
10	主管述职评价	述职评价是由岗位人员作述职报告，把自己的工作完成情况和知识、技能等反映在报告内的一种考核方法。述职报告可以在总结本企业、本部门工作的基础上进行，但重点是报告本人履行岗位职责的情况，即该管理岗位在管理本企业、本部门完成各项任务中的个人行为，本岗位所发挥作用状况	主要针对企业中、高层管理岗位的考核，是经常使用的一种考核方法	定期对工作进行述职，能够检讨工作得失并且为下阶段工作计划的制定及工作改善指明了方向，是一种较为民主的方法	考核方法单一，不能精确反映出被考核人的工作质量状况，仅仅设定几个考核要素进行评定，主观性强
11	等级评定法	是根据一定的标准给被考核者评出等级，例如S、A、B、C、D等	管理基础薄弱的公司	考核简单、能迅速完成	对考核人的诚信度要求很高；主观性强；标准模糊
12	排名法	是通过打分或一一评价等方式给被考核者排出名次	管理基础薄弱的公司	考核简单、能迅速完成	标准模糊；主观性强
13	流程考核法	按照系统工程理论对相关的工作制定作业操作流程，找出影响工作产出的关键流程点并对这些点进行控制和考核的方法	基于流程的绩效考核体系更适合流程性比较强、公司组织结构比较扁平的企业	该方法具有相对的稳定性、全面性和连续性；能够激励每个职位的员工相互配合，有利于培养团队精神	企业往往在流程没有优化的情况下进行考核，致使工作效率没有提高，顾客抱怨没有减少，员工对考核产生误解
14	小组评价法	小组评价法是指由两名以上熟悉该员工工作的经理，组成评价小组进行绩效考核的方法。为了提高小组评价的可靠性，在进行小组评价之前，应该向员工公布考核的内容、依据和标准。在评价结束后，要向员工讲名评价的结果。在使用小组评价法时，最好和员工个人评价结合进行。当小组评价和个人评价结果差距较大时，为了防止考核偏差，评价小组成员应该首先了解员工的具体工作表现和工作业绩，然后再作出评价决定	体现了较为民主的方法，被经常使用	小组评价法的优点是操作简单，省时省力	缺点是容易使评价标准模糊，主观性强。可靠性不高

续表

序号	考核方法	方法定义	使用范围	优点	缺点
15	关键事件法	考核人在平时注意收集被考核人的“重要事件”，这里的“重要事件”是指被考核人的优秀表现和不良表现，对这些表现要形成书面记录。对普通的工作行为则不必进行记录。根据这些书面记录进行整理和分析，最终形成考核结果	对中层管理人员及基层操作人员使用比较适宜	能够记录反馈员工日常工作中好的、不好的工作行为；控制关键的行为，促进工作绩效的提升	考核人常常漏记关键事件，这样导致近期效应的偏差被夸大，员工会觉得管理人员编造事实来支持其主观意见
16	评语法	是指由考核人撰写一段评语来对被考核人进行评价的一种方法。评语的内容包括被考核人的工作业绩、工作表现、优缺点和需努力的方向	评语法在我国应用得非常广泛，但因难以量化一般不单独使用	简单、易行、迅速	该考核方法主观性强
17	综合法	综合法顾名思义，就是将各类绩效考核的方法进行综合运用，在实际工作中，很少有企业使用单独的一种考核方法来实施绩效考核工作	管理相对完善的公司	提高绩效考核结果的客观性和可信度	比较复杂需要进行专门的系统的培训
18	德、能、勤、绩	对一个人的工作过程和结果从思想道德、工作能力、勤奋程度等方面依次与一定针对性的标准进行比较，得出各个方面的评估结果，然后再进行综合的方法。这种方法在对管理人员进行评价时经常使用	使用这种方法的企业已经不多见，现在绝大多数企业不再使用或即便是使用也会和其他的方法结合在一起使用	对员工进行综合的、多方面的评价，尤其是对管理人员的综合素质评价曾经起到了积极的作用	否定了“德能勤”定能产生绩效；考核指标庞杂、没有针对性（统一划齐）、没有明确的标准、考核重点不突出。考核不能真正反映员工的业绩，往往“老好人”“庸人”考核分数反而最高
19	行为锚定等级评价法	由考核者收集关键事件来描述每项工作的有效行为、一般行为和无效行为。在对被考核者进行考评时，每一项工作范畴都可以作为一项衡量指标	适用于基层事务人员	能够反馈员工工作质量的相关信息，而且所设计的方式能够让上级主管更容易作出评估决策	考核人常常漏记关键事件，这样导致近期效应的偏差被夸大，员工会觉得管理人员编造事实来支持其主观意见

续表

序号	考核方法	方法定义	使用范围	优点	缺点
20	行为等级量表法	是由考评者依据量表，对员工每一考评项目的表现做出评价和计分	对管理人员可以使用，但对基层操作人员则不宜使用	不需要复杂的操作技术，简单容易理解	考核不能量化，主观性太强。考核结果不精确，往往导致员工的抱怨
21	交替排序法	是由上级主管人员按照整体的工作表现从员工中先挑绩效最好的，再挑出最差的；然后挑出次最优的，再挑出次最差的，直至排完	适用于劳动密集性企业及对考核要求不高的企业	容易操作，结果令人一目了然	因为在员工中间进行比较，迫使员工相互竞争，容易对员工造成心理压力
22	强制正态分布法	就是按照事物“两头小、中间大”的正态分布规律，先确定好各等级在总数中所占的比例，然后按照每个员工绩效的优劣程度，强制列入其中的一定等级	适用于工作绩效难以通过数量来衡量的工作	有利于管理控制，能明确筛选出淘汰的对象具有激励和鞭策的作用；避免考核标准过宽或过严及考核结果全部趋中的现象	如果一个部门的员工都的确是优秀的，可能会带来多方面的弊端。如员工对公司的凝聚力，对公司的忠诚度；员工失去安全感；不利于创造团队合作的氛围等
23	图表尺度法	主要是在一个等级上对业绩的判断进行记录，它列举出了一些绩效的构成要素，还列举出了一些跨越范围很宽的绩效等级。在进行绩效考核时，首先针对每一位下属员工从每一项考评要素中找出最能符合其绩效状况的分数，然后将每一位员工所得到的所有分值进行加总，就会得到最终的工作绩效考评结果	适用于规模小、管理薄弱的公司	操作简单、迅速，能使考核者以较短的时间内完成对员工的考核	考核没有量化的标准，考核结果不精确，考核者容易“拍脑袋”，导致考核容易流于形式
24	岗位绩效指数化法	是指对考评对象的工作业绩和所确定的岗位指数之间进行比较的考评方式。由于岗位指数是职位要素、岗位目标以及影响目标达成的各种因素的综合指数，岗位绩效指数一旦确定，考评就有了一个动态的、相对固定的参照坐标	一般在管理基础好的公司可开展使用，但因对考核人的要求比较高，因而制约了其推广	引入数学模糊理论，使员工的工作质量和员工的岗位重要性结合在一起，能直观地反映关键岗位的工作绩效对企业的影响程度	要求考核人具有比较高的个人素质；岗位指数难以精确确定，从而影响到绩效结果的精确度

续表

序号	考核方法	方法定义	使用范围	优点	缺点
25	层次分析法	将定性与定量集中于一身，能够很好地提高绩效的可比性和客观性。它将复杂问题分解成为各个组合因素，又将这些因素按支配关系组成层次结构，通过两两比较的方式确定层次中诸因素的相对重要性，然后综合决策者的判断，确定决策方案相对重要性的总排序	适用于员工素质比较高的企业，尤其是考核人的素质比较高	采用多角度的考评，体现民主集中的原则；可以确保权重确定的可靠性和客观性；可以满足选拔、提升晋级、素质测评及培训等多方面的需求	对考核人员的素质要求很高，要求熟练地掌握计算机程序的应用，而且具有运筹学的基础，不能广泛地推广
26	增强效力法	要求上司和员工一同决定考评绩效的具体细节，包括多种表格、方法、会晤周期等。在实施的过程中，将员工个人置于客户的位置来考虑	比较适合欧美等外资企业，本土企业因观念、文化、管理水准等原因不常使用	针对不同的个体，能够设计出个性化的绩效方案	因为对考核人的素质提出了更高的要求而不能推广；考核没有形成系统，难以操作与管理维护

表 8-7　对组织的绩效评估方法

序号	考核方法	方法定义	特点	优 / 缺点	应用范围
1	全面总结法	一个组织对其在评估期内各方面的工作进行系统的回顾与评述，列出分类、成绩、不足、改进措施和下一期的工作计划，最后得到上级管理者或上级组织对该总结认可的评估方法	强化了组织自我全面系统的总结	优点：系统全面，自我反省进步、不足和改进措施，有益于后期工作。 缺点：没有批评标准，易于夸大优点和自我满足	部门、政府机构、事业单位、非营利组织、协作配套的内部分组织等
2	目标任务法	依据事先设定的目标标准或被上级组织认可的指标，对一个组织在评估期内主要工作任务的成果进行评估的组织评估方法	对组织主要使命目的的工作任务进行总结	优点：评估目的明确，结果针对性强。 缺点：不全面，重视结果轻视过程	简化的评估，小型组织、项目管理部、协作配套的内部分组织等
3	财务指标法	依照事先设定的收入、利润、投资收益率等财务指标，对一个组织的业绩进行评估，评判各项财务指标达到的程度的评估方法	主要测算经济利益	优点：促进获得经济利益。 缺点：易引导组织追求短期的经济利益从而忽视长期利益	利润中心组织、独立企业
4	综合指标法	对一个组织的业绩评估依据事先设定的多项指标，评价各项指标达到程度的评估方法	将多项要求以指标指示的方向进行评估	优点：评估全面客观 缺点：选取指标困难且即便指标较多也会要求不全面	集团内的分子公司、非营利组织、政府机构

一、常用考评技术实操详解

1. 图尺度考核法

图尺度考核法也称为图解式考评法，是最简单和运用最普遍的工作绩效评价技术之一。它列举出一些组织所期望的绩效构成要素（质量，数量，或个人特征等），还列举出跨越范围很宽的工作绩效登记（从“不令人满意”到“非常优异”）。在进行工作绩效评价时，首先针对每一位下属员工从每一项评价要素中找出最能符合其绩效状况的分数。然后将每一位员工所得到的所有分值进行汇总，即得到其最终的工作绩效评价结果。当然，许多组织并不仅仅停留在一般性的工作绩效因素上，他们还将这些作为评价标准的工作职责进行进一步的分解，形成更详细和有针对性的工作绩效评价表。

2. 直接排序法

这是一种较为常用的排序考核法。即在群体中挑选出最好的或者最差的绩效表现者，将所有参加评估的人选列出来，就某一个评估要素展开评估，评估要素可以是整体绩效，也可以是某项特定的工作或体现绩效的某个方面。首先找出该因素上表现最好的员工，将其排在第一的位置，再找出在该因素上表现差的员工，将他排在最后一个位置，然后找出次最好、次最差，以此类推。

直接排序法的优点是：容易识别好绩效和差绩效的员工；如果按照要素细分进行评估，可以清晰地看到某个员工在某方面的不足，有利于绩效面谈和改进。

缺点是：如果需要评估的人数较多，超过 20 人以上时，此种排序工作比较烦琐；严格的名次界定会给员工造成不好的印象，最好和最差比较容易确定，但中间名次是比较模糊和难以确定。

3. 强制分配法

强制分配法是指在考核进行之前就设定好绩效水平的分布比例，然后将员工的考核结果安排到分布结构里去。按照每人绩效的相对优劣程序，列入其中的一定等级。考评方法的基本步骤：

第一步，确定 A、B、C、D 各个评定等级的奖金分配的点数，各个等级之间点数的差别应该具有充分的激励效果。

第二步，由每个部门的每个员工根据业绩考核的标准，对自己以外的所有其他员工进行百分制的评分。

第三步，对称地去掉若干个最高分和最低分，求出每个员工的平均分。

第四步，将部门中所有员工的平均分加总，再除以部门的员工人数，计算出部门所有员工的业绩考核平均分。

第五步，用每位员工的平均分除以部门的平均分，就可以得到一个标准化的考评得分。

第六步，根据每位员工的考评等级所对应的奖金分配点数，计算部门的奖金总点数，然后结合可以分配的奖金总额，计算每个奖金点数对应的金额，并得出每位员工应该得到的奖金数额。

4. 关键事件法

这是一种通过员工的关键行为和行为结果来对其绩效水平进行绩效考核的方法，一般由主管人员将其下属员工在工作中表现出来的非常优秀的行为事件或者非常糟糕的行为事件记录下来，然后在考核时点上（每季度，或者每半年）与该员工进行一次面谈，根据记录共同讨论来对其绩效水平做出考核。其主要原则是认定员工与职务有关的行为，并选择其中最重要、最关键的部分来评定其结果。

【案例】关键事件法——STAR 分析法

王琳是公司的物流主管。物流主管负责将客户从海外运过来的货，清关、报关，并把货提出来，然后按照客户的需求运到客户那里，负责整个物流的顺利进行。

这家公司很小，共有 27 位员工，只有王琳一人负责这项工作。物流工作除了她再没人懂了。在刚进行完一月份考评后，王琳二月份就发生一件事情：她 80 多岁的祖母，在半夜里病逝了。她由祖母从小养大，祖母的病逝使她很悲伤。她为料理后事，人很憔悴，也病了。碰巧第二天，客户有一批货从美国进来，并要求清关后，要当天六点钟之前准时运到，而且这是一个很大的客户。王琳是怎么做的呢？她把家里的丧事放在一边，第二天早上九点钟准时出现在办公室，她的经理和同事都发现，她的脸色铁青，精神也不好，一问才知道家里出了事。但是，这个小女孩什么话也没说，一直做着进出口报关、清关的手续，把货从海关提出来，并且在下午五点钟就把这批货发出去了，及时运到了客户那里。然后，五点钟时，她就下班走了，可公司是六点钟下班，她提前走了，回去处理祖母的丧事去了。

这是一个关键性事件。如果这件事情她的部门经理没有发现，不记下来，或者人力资源部也没有发现，那在其他员工的眼里，六点钟下班，她五点钟就走了，会认为是早退。但是，如果部门经理善于观察，发现了这件事情，问清楚是怎么回事儿，会发现这是很光彩的事情。如果她的祖母没有去世，那帮助客户快速办理货物，这是一个物流主管正常的工作，是不会记下来的。但这一天，她置个人的事情于不顾，首先考虑公司的利益，为了不让客户受损失，克服了种种困难出现在办公室里，提前完成了任务。这是要加分的一件事情，就应当把这件事情记录下来。

根据 STAR（即 Situation（情景）、Task（任务）、Action（行动）和 Result（结果））原则分析一下：

当时的情景 S 是：王琳的祖母头一天晚上病逝了。

当时的目标 T 是：为了第二天把一批货完整、准时地运到客户那里。

当时的行动 A 是：她置家里的事于不顾，准时出现在办公室，提前一个小时把货发出去了。

当时的结果 R 是：客户及时收到了货，没有损伤公司的信誉。

STAR的四个方面就记录全了。这个例子可以帮助理解什么叫STAR法。STAR是最典型的关键事件法，可以记光彩的事情，也可以记不光彩的事情，同样要用情景、目标、行为和结果这四个方面。

5．行为锚定等级考核法

行为锚定等级考核法是基于对被考核者的工作行为进行观察、考核，从而评定绩效水平的方法。行为锚定等级考核法是一种将同一职务工作可能发生的各种典型行为进行评分度量，建立一个锚定评分表，以此为依据，对员工工作中的实际行为进行测评级分的考评办法。

行为锚定等级考核法实质上是把关键事件法与评级量表法结合起来，兼具两者之长。行为锚定等级考核法通常要求按照以下5个步骤来进行。

（1）进行岗位分析，获取关键事件，以便对一些代表优良绩效和劣等绩效的关键事件进行描述。

（2）建立进行评价等级。一般分为5～9级，将关键事件归并为若干绩效指标，并给出确切定义。

（3）对关键事件重新加以分配。由另一组管理人员对关键事件做出重新分配，把它们归入最合适的绩效要素指标中，确定关键事件的最终位置，并确定出绩效考评指标体系。

（4）对关键事件进行评定。审核绩效考评指标登记划分的正确性，由第二组人员将绩效指标中包含的重要事件由优到差，从高到低进行排列。

（5）建立最终的工作绩效评价体系。

6．目标管理法

目标管理法是现代更多采用的方法，管理者通常很强调利润、销售额和成本这些能带来成果的结果指标。在目标管理法下，每个员工都确定有若干具体的指标，这些指标是其工作成功开展的关键目标，它们的完成情况可以作为评价员工的依据。

7．360度考核法

“360度考核法”又称为“全方位考核法”，最早被英特尔公司提出并加以实施运用。传统的绩效评价，主要由被评价者的上级对其进行评价；而360度反馈评价则由与被评价者有密切关系的人，包括被评价者的上级、同事、下属和客户等，分别匿名对被评价者进行评价。员工如果想知道别人对自己是怎么评价的，自己的感觉跟别人的评价是否一致，就可以主要提出来作一个360度考核。当然，这种考核并不是每个员工都必须要做的，一般是工作较长的员工和骨干员工。360度考核法共分跟被考核员工有联系的上级、同级、下级、服务的客户这四组，每组至少选择6个人。然后公司用外部的顾问公司来作分析、出报告交给被考核人。

360度考核法的优点在于：（1）打破了由上级考核下属的传统考核制度，可以避免传统考核中考核者极容易发生的“光环效应”“居中趋势”“偏紧或偏松”“个人偏见”和“考核盲点”等现象。（2）一个员工想要影响多个人是困难的，管理层获得的信息更准确。（3）可以反映出不同考核者对于同一被考核者不同的看法。（4）防止被考核者急功近利的行为（如仅仅致力于与薪金密切相关的业绩指标）。（5）较为全面地反馈信息有助于被考核者多方面能力的提升。360 度考核法实际上是员工参与管理的方式，在一定程度上增加他们的自主性和对工作的控制，员工的积极性会更高，对组织会更忠诚，提高了员工的工作满意度。

【案例】360 度考核法

一、公司介绍

浙江柳桥羽毛有限公司，是柳桥集团旗下核心企业，位于杭州市萧山区。羽绒羽毛供应商，行业排名第一。全国民营企业 500 强，2004 年销售额 16 亿元。2005 年，集团旗下品牌“迪欧达”被评选为中国名牌，以“北有波司登，南有迪欧达”为未来几年的品牌目标。创业 13 年来，柳桥一直致力于成为声誉卓著的亚洲羽绒专家。2005 年被称为“管理年”，进行渐进的管理变革。年初组建人力资源部。

二、方案背景

经过半年多的探索与融入，人力资源管理的变革从边缘逐渐切入核心。公司老板提出了年终奖如何分配的现实问题。由于公司缺乏目标管理的基础，人力资源部提出将年终奖划分为两部分：上半年年中奖，占总包的 30%；下半年年终奖，占总包的 70%。上半年引入 360 度绩效考核，下半年建立 KPI 体系。

360 度考核在柳桥公司算是新概念。虽然公司老板支持 360 度考核，但人力资源部首次在经营班子会议上提交的方案，还是受到了质疑，支持和反对的声音各占一半。有一种观点认为，由“责任意识、团队意识、创新意识、学习意识”构成的工作表现，仅仅是对员工工作行为的考核，并不能完全反映员工的工作结果。第二种观点认为，打分是主观评价，缺乏公平性。第三种观点认为，如果真的要进行 360 度考核，必须要像某些选秀节目一样，要有一个多人组成的评委团，并且要去掉最高分和最低分，评委的选择要有代表性和公平性。会议最终决定进行试点，要求人力资源部按照上述思路，重新拟定方案。我们感觉到实施这个方案的压力：一招不慎，有可能满盘皆输。部门员工对拟定新方案也流露出不自信的情绪。但是我们已经没有退路。只有按照内部客户的需求，根据这个公司的实际，走一条与众不同的创新道路，去建立一种本地化的实施方案。

三、方案思路

经过几天的思考和讨论，我们拟定了针对副总级和经理级的方案（员工级方案略）：将 360 度的思想和抽签等土办法结合起来，建立评委团。每个人对应的评委团，均由 8 人组成，评委来源于每个职位的上级、同级、下级和客户部门员工代表，每个来源 2 名。在每个来源中，如何确定 2 名评委，由抽签决定。方案主要内容简述如下：

1. 评估指标

评估项目为员工上半年的工作表现。从责任意识、团队意识、创新意识、学习意识四个维度综合评分，经公司经营班子讨论，确定四个维度的权重分别为：55%、20%、15%、10%。

2. 评估流程

(1) 确定考核规则上级2人+同级2人+下级2人+客户部门2人组成评委团经营班子。

(2) 召开经营班子会议，抽签并讨论确定评委团名单在每一来源中“抽签”，并最终讨论确定评委团名单经营班子、监察审计部。

(3) 组织实施考核人力资源部应组织安排考核活动，将《工作表现考核表》（附件1）下发到评委团成员手里，打分人力资源部。

(4) 上交考核表格请每位评委团成员填写好打分表，并直接上交至人力资源部评委。

(5) 统计对上交表格进行统计人力资源部。

(6) 反馈将统计结果提交至总经理人力资源部。

(7) 调节权限有权对初步考核等级进行调整，但比例应控制在10%以内部门经理。

3. 评委团确定原则

评委团成员的确定本着“谁了解谁考核”的原则，一般从上级、同级、下级、内部客户四个来源产生评委团8人，如下所示。

(1) 总经理的评委团来源：

上级：1人（董事长）；

同级：在5个副总之间抽取2人；

下级：在部门经理中抽取2人；

相关部门（员工代表）：市场部2人，行政部1人。

(2) 副总级的评委团来源：

上级：2人（董事长、总经理）；

同级：在5个副总之间抽取2人；

下级：在部门经理中抽取2人；

相关部门（员工代表）：内部客户中抽取2人。

(3) 经理级的评委团来源：

上级：2人（在经营班子中抽取）；

同级：在部门经理中抽取2人；

下级：在其本部门下属中随机抽取2人；

相关部门（员工代表）：内部客户中抽取2人。

会议由监察审计部经理公证。

4．填写打分表格

由评委团成员填写《工作表现考核表》，进行评价打分。

5．考核结果

考核总分X＝评委团评分平均分（除去最高分和最低分）

6．考核结果应用

将公司年终奖的30%与此次考核结果挂钩。对此次考核结果进行排序，分为副总级、经理级。副总级、经理级的排序在各副总、各经理之间进行，按考评分数进行排序，并划分A、B、C、D、E五档。A、B、C、D、E档分别占人数的10%、30%、30%、20%、10%。

对A、B、C、D、E五档确定系数：

档级	A	B	C	D	E
系数	1.2	1.1	1	0.9	0.5
比例	≤10%	30%	30%	20%	≥10%

系数的基准为该岗位的年终奖金包的30%。年终奖的另外70%与下半年的绩效协议考核结果挂钩。

SMART在绩效考核中的具体应用

先解释一下SMART原则，该原则是在工作目标设定中，被普遍运用的法则。

S就是specific：意思是设定绩效考核目标的时候，一定要具体——也就是目标不可以是抽象模糊的。

M就是measurable：就是目标要可衡量，要量化。

A是attainable：即设定的目标要高，有挑战性，但是，一定要是可达成的。

R是relevant：设定的目标要和岗位的工作职责相关联。

T是time-bounding：对设定的目标，要规定什么时间内达成。

【案例】如何将SMART用于实际工作？

1．“量化”（measurable）

有的工作岗位，其任务很好量化，典型的就是销售人员的销售指标，做到了就是做到了，没有做到就是没有做到。销售额、利润额、回款周期等都是可以使用的量化工具。

再比如对前台的要求：要接听好电话——这该怎么量化、怎么具体呢？比如接听速度是有要求的，通常理解为“三声起接听”，就是一个电话打进来，响到第三下的时候，你就要接起来，不可以让它再响下去，以免打电话的人等得太久。

再比如：你对前台的一条考核指标是“礼貌专业地接待来访”，那么做到怎么样才算礼貌专业呢？有些业务员反映，前台接待不够礼貌，有时候来访者在前台站了好几分钟也没有人招呼——但是我们的前台又觉得她尽力了，这个怎么考核呢？前台有时候非常忙，她可能正在接一个电话，送快件的又来让她签收，这时候旁边站着的来访者可能就会出现等了几分钟还未被搭理的现象。此时，要让前台明白，应该先抽空请来访者在旁边的沙发坐下稍等，然后继续处理手中的电话，而不是做完手上的事才处理下一件。这才叫专业。

又比如什么叫礼貌，应该规定使用规范的接听用语，不可以在前台用“喂”来接听，早上要报：早上好，某某公司；下午要报下午好，某某公司；说话速度要不快不慢。所以，没有量化，是很难衡量前台到底怎么样算接听好电话了，到底礼貌接待来访了没有。

2．“具体”（specific）

我们在给客服员设定绩效时，常常会写“保证对客户的优质服务”。那么什么才算优质服务？这个指标很模糊。所以要具体，比如当客户发生紧急情况时，保证在正常工作时间内 4 小时响应。那么什么算紧急情况，又要具体定义：比如客户对制作工艺的临时性更变，或者发货期紧急等。如果不规定清楚这些，到时候就会吵架或者推诿。

3．“可达成”（attainable）

让一个没有什么英文程度的初中毕业生，在一年内达到英语四级水平，这个就不太现实了，这样的目标是没有意义的；但是你让他在一年内把新概念第一册拿下，就有达成的可能性，他努力地跳起来后能够到的果子，才是意愿所在。

4．“相关性”（relevant）

毕竟是工作目标的设定，要和岗位职责相关联，不要跑题。比如一个前台，你让她学点英语以便接电话的时候用得上，就很好，你让她去学习生产管理，就比较跑题了。

5．时间限制（time-bounding）

比如你和你的下属都同意，他应该让自己的英语达到四级。你平时问他：有没有在学呀？他说一直在学。然后到年底，发现他还在二级三级上徘徊，就是绩效不合格，一定要规定好，比如他必须在今年的第三季度通过四级考试。要给目标设定一个大家都同意的合理的完成期限。

如何进行绩效沟通与绩效应用？

【案例】如此面谈——一次绩效反馈面谈诊断

2013 年年底的一个下午，公司销售部员工张三被其主管销售部赵经理请到了二楼会议室。张三进门时，看见赵经理正站在窗户边打手机，脸色不大好看。约五分钟后，赵经理匆匆挂了电话说:"刚接到公司一个客户的电话。前天人力资源部长找我谈了谈,希望我们销售部能带头实施面谈。我本打算提前通知你,好让你有个思想准备。不过我这几天事情比较多,而且我们平时也常沟通,所以就临时决定今天下午和你聊聊。"等张三坐下后,赵经理接着说:"其实刚才是大客户的李总打来电话,说我们的设备出问题了。他给你打过电话,是吧?"张三一听,顿时紧张起来:"经理,我接到电话后认为他们自己能够解决这个问题的,就没放在心上。"张三心想:这李总肯定向赵经理说我的坏话了!于是变得愈加紧张,脸色也变得很难看。"不解决客户的问题怎么行呢?现在市场竞争这么激烈,你可不能犯这种低级错误呀!这件事等明天你把它处理好,现在先不谈了。"说着赵经理拿出一张纸,上面有几行手写的字,张三坐在对面没看清楚。赵经理接着说:"这次的绩效考评结果我想你也早就猜到了,根据你的销售业绩,你今年业绩最差。小张呀,做市场是需要头脑的,不是每天都出去跑就能跑到业务的。你看和你一起进公司的小李,那小伙子多能干,你要向他多学着点儿!"张三从赵经理的目光中先是看到了批评与冷漠,接着又看到了他对小李的欣赏,张三心里感到了刺痛。"经理,我今年的业绩不佳,那是有客观原因的。我所负责业务的城市经济落后,产品市场还不成熟,跟江浙地区不能比。为了开拓市场,我可费了很多心血才有这些成绩的。再说了,小李业绩好那是因为……,"张三似乎有满肚子委屈,他还想往下讲却被赵经理打断了。"小张,你说的客观原因我也能理解,可是我也无能为力,帮不了你啊!再说,你来得比他们晚,他们在江浙那边已经打下了一片市场,有了良好的基础,我总不能把别人做的市场平白无故地交给你啊。你说呢?"赵经理无奈地看着张三说。"经理,这么说我今年的奖金倒数了?"张三变得沮丧起来。正在这时销售部的小吴匆匆跑来,让赵经理去办公室接一个电话。赵经理匆匆离去,让张三稍等片刻。于是,张三坐在会议室里,心情忐忑地回味着经理刚才讲过的话。大约过了三分钟,赵经理匆匆回到了会议室坐下来。"我们刚才谈到哪儿了?"赵经理显然把话头丢了。张三只得提醒他说到自己今年的奖金了。"小张,眼光要放长远,不能只盯着一时的利益得失。今年业绩不好,以后会好起来的。你还年轻,很有潜力,好好干会干出成绩来的。"赵经理试图鼓励张三。

"我该怎么才能把销售业绩做得更好呢?希望经理你能多帮帮我呀!"张三流露出恳切的眼神。

"做销售要对自己有信心,还要有耐心,慢慢来。想当年我开辟南京市场时,也是花了近一年的时间才有了些成效。那个时候公司规模小,总经理整天带着我们跑市场。现在我们已经有了一定的市场占有率了,公司知名度也有所提高,应该讲现在比我们那时候打市场要容易些了。"

张三本正打算就几个具体的问题请教赵经理时,赵经理的手机突然响了,他看了一眼号码，匆忙对张三说："我要下班接儿子去了，今天的面谈就到这里吧，以后好好干！"说罢匆匆地离开了会议室，身后留下了一脸困惑的张三。

绩效沟通是绩效管理的灵魂和核心，是整个绩效管理过程中耗时最长、最关键、最能产生效果的环节，它包括绩效目标沟通、绩效辅导沟通、绩效反馈沟通和绩效改进沟通。

一、绩效面谈目的

透过意见沟通，消除认知差异，达到提升组织效率的目的。

（1）检讨过去，建立绩效改善方案：发现问题，工作教导；

（2）把握现在，维持现有绩效：给予认同，肯定激励；

（3）展望未来，建立绩效发展计划：了解期望，设定目标。

二、绩效面谈的原则

绩效面谈必须遵循以下原则：

1. S-specific 直接具体原则

面谈交流要直接而具体，不能作泛泛的、抽象的、一般性的评价。对于主管来说无论是赞扬还是批评，都应有具体、客观的结果或事实来支持，使员工明白哪些地方做得好，差距与缺点在哪里。既有说服力又让员工明白主管对自己的关注。如果员工对绩效评估有不满或质疑的地方，向主管进行申辩或解释，也需要有具体客观的事实作基础。这样只有信息传递双方交流的是具体准确的事实，每一方所作出的选择对另一方才算是公平的，评估与反馈才是有效的。

2. M-motivate 互动原则

面谈是一种双向的沟通，为了获得对方的真实想法，主管应当鼓励员工多说话，充分表达自己的观点。因为思维习惯的定向性，主管似乎常常处于发话、下指令的角色，员工是在被动地接受；有时主管得到的信息不一定就是真实情况，下属迫不及待地表达，主管不应打断与压制；对员工好的建议应充分肯定，也要承认自己有待改进的地方，一同制定双方发展、改进的目标。

3. A-action 基于工作原则

绩效反馈面谈中涉及的是工作绩效，是工作的一些事实表现，员工是怎么做的，采取了哪些行动与措施，效果如何，而不应讨论员工个人的性格。员工的优点与不足都是在工作完成中体现出来的。性格特点本身没有优劣好坏之分，不应作为评估绩效的依据，对于关键性的影响绩效的性格特征需要指出来，必须是出于真诚地关注员工与发展的考虑，且不应将它作为指责的焦点。

4. R-reason 分析原因原则

反馈面谈需要指出员工不足之处，但不需要批评，而应立足于帮助员工改进不足之处，指出绩效未达成的原因。出于人的自卫心理，在反馈中面对批评，员工马上会做出抵抗反应，使得面谈无法深入下去。但主管如果从了解员工工作中的实际情形和困难入手，分析绩效未达成的种种原因，并试图给以辅助、建议，员工是能接受主管的意见甚至批评的，反馈面谈也不会出现攻守相抗的困境。

5．T-trust 相互信任原则

没有信任，就没有交流，缺乏信任的面谈会使双方都会感到紧张、烦躁，不敢放开说话，充满冷漠、敌意。而反馈面谈是主管与员工双方的沟通过程，沟通要想顺利地进行，要想达到理解和达成共识，就必须有一种彼此互相信任的氛围。主管人员应多倾听员工的想法与观点，尊重对方；向员工沟通清楚原则和事实，多站在员工的角度，设身处地为员工着想，勇于当面向员工承认自己的错误与过失，努力赢取员工的理解与信任。

三、如何做好绩效面谈

1．面谈准备要充分

面谈准备主要有两方面，一是心理准备，主管要事先了解下属的性格特点，工作状况，充分估计到下属在面谈中可能表现出来的情绪和行为，准备可能的应对策略。二是数据、资料准备。如工作业绩、计划总结、管理台账等，如表 8-8 所示。在面谈前，主管对有关资料熟谙于胸，用科学的数据、事实来证明自己的观点，员工也同样如此，这样上下级的分歧就很小。这就需要建立管理台账，及时记录员工的行为表现，对员工的计划、总结、报告等也要及时批示评点，这样面谈时才能言之有物，也避免了对下属工作不了解，分难打，提不出意见的窘况。再者，绩效面谈开始后就把面谈程序、目的和原则讲清楚，通过轻松的话题来培养融洽的气氛，这也是面谈不可或缺的环节。

表 8-8

准备人	准备材料
考评者	1．考核期间的绩效考评表 2．绩效指标管理表 3．上一次的《沟通反馈记录》 4．指标有关的事实记录 5．指标未达成的原因分析（方向性的） 6．指标改进的措施分析（方向性的） 7．沟通需要的其他资料
被考评者	1．指标未达成的原因分析（草稿） 2．指标改进的措施分析（草稿） 3．其他支持性材料

2．沟通地点的准备

考评者应选择一个不被打扰、便于沟通的地点，如果双方有放映文件需要的话必须保证沟通地点有可用的投影仪等设备。在沟通时能挂上一个提示“沟通进行中，请勿打扰”的提示牌就更完美了。

3．双向沟通，多问少讲

面谈是一种双向沟通的过程，发号施令的主管很难实现从上司到“帮助者”“伙伴”的角色转换。主管不要包办谈话，应该给下属充分的表达机会。首先要感谢下属这一阶段的工作贡献，引导下属说出工作中的酸甜苦辣，对问题的看法分析等，让员工自己思考和解决问题，表达心声。对有歧异的地方，要让下属陈述和解释。这样主管才能有效地了解下属的问题和想法。主管要善于发现部属的闪光点，分享下属的经验。尤其对绩效不佳的员工，也要表扬其好的一面，树立下属的信心，让其再接再厉，把工作做好。同时，主管给下属的反馈应具体，无论批评和表扬，都针对员工的具体行为或事实反馈，避免空泛陈述。如：“你的态度很不好”或是“你的工作做得不错”。模棱两可的反馈不仅起不到激励效果，反而易使员工产生不确定感。

4．问题诊断与辅导并重

一旦发现下属绩效低下，双方要查找原因。是组织因素还是个人因素，是目标制定不合理，还是人员能力、态度有问题，一旦查出原因，双方就需要齐心协力解决。如果是客观原因造成员工绩效下降，主管要协调各方面的关系和资源去排除障碍。通过诊断辅导，要让员工认识到：主管就在他的身边，在他前进的过程中会随时得到主管的帮助。这样他就不会抱怨面谈无用。在诊断辅导过程中，要对事不对人，只能说下属工作中存在的问题，不能涉及人格问题。最好不要拿他和其他员工做比较，而是与他的过去相比。当员工做出某种错误或不恰当的事情时，主管应避免用评价性标签，如“没能力”“真差劲”等，而应当客观陈述事实和自己的感受。

5．不仅谈论过去，更要发展未来

绩效管理是一个往复不断的循环，一个周期的结束，同时也是下一个周期的开始。因此在对人员绩效进行评价和回顾后，还要帮助员工找准路线，认清下一阶段的目标。主管与员工合作，对下一周期的工作重点，绩效的衡量标准、主管提供的帮助、可能的障碍及解决方法等一系列问题进行探讨并达成共识。最好的方法是让员工提出目标和解决方案，主管作为下属的支撑者，帮助他解决其中的疑难，而不只是下达命令，员工被动接受。这样绩效面谈就可以达到它的最佳结果：无论下属来的时候是什么心态，结束的时候都笑眯眯地出去，而且精神百倍，干劲十足。

6．面谈沟通是一个持续的过程

考核和面谈是几天的工作，但绩效沟通贯穿于工作的全过程。绩效管理的核心就在于通过持续动态的沟通真正提高个人和组织绩效。不懂沟通的主管不可能拥有一个高效的团队。主管与员工在目标实施过程中随时保持联系，及时排除遇到的问题和障碍。这样考核结果也不会出乎意料，因为在平时沟通中，员工们已就自己的业绩情况和主管基本达成共识，绩效面谈只是对平时讨论的一个复核和总结。此时，主管已从“考核者”转变为下属的“帮助者”和“伙伴”。

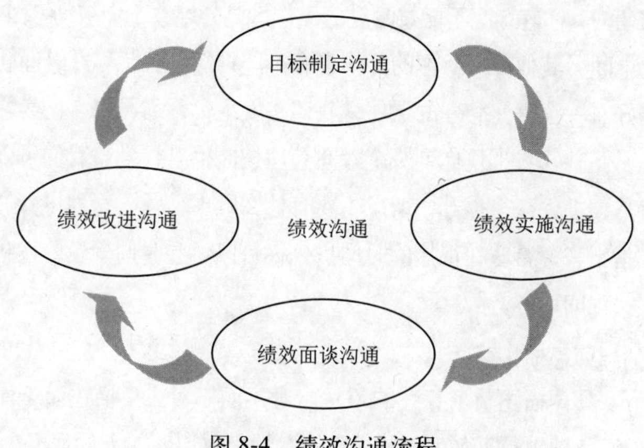

图 8-4　绩效沟通流程

四、面谈中应注意的问题

通常一个员工的绩效表现有正反两个方面，有表现优秀值得鼓励的地方，也有表现不足需要加以改进之处，所以，绩效面谈也应该从正反两个方面着手，既要鼓励员工发扬优点，也要鞭策员工改进不足。

1．对于正面的绩效面谈，有三点要特别注意

（1）真诚。真诚是面谈的心理基础，管理者在面对员工的时候，既不可过于谦逊，更不能夸大其词。通过绩效面谈，管理者要让员工真实地感受你确实是满意他的表现，你的表扬确实是你的真情流露，而不是“套近乎”，扯关系，同时，通过面谈也要让员工感受到你确实是在帮助他们进步，而不是走形式，应付了事。只有这样，员工才会把你的表扬和建议当成激励，在以后的工作中更加卖力，通俗地说，你的表扬和溢美之词一定要“值钱”，不是什么都表扬，也不是随时随处都表扬，而是在恰当之处表扬，表扬要真诚，发自肺腑。

（2）具体。我们知道，笼统地说一个人表现很好，没有任何价值，这样的话谁都会说，员工不会从中获得任何有价值的信息。因此，在表扬和激励员工的时候，一定要具体，要对员工所做的某件事有针对性地提出你的表扬。比如，员工为了赶一份计划书而加了一夜的班，这时你不能仅仅说员工加班很辛苦，表现很好之类的话，而是要把员工做的具体事特别点出，比如：“小王，你加了一夜的班赶计划书，领导对你的敬业精神很赞赏，对计划书的编写很满意，结构很清晰，逻辑很严谨，体现了你的文字水平和理解能力。”这样，小王就会感受到不仅加班受到了表扬，而且计划书也获得了通过，得到了赏识，相比较，后面的话可能对小王更有激励作用。

（3）建设性。管理者对员工的绩效表现提出自己的意见和建议的时候，不能仅仅指出了问题就停止了，那样对员工没有任何帮助。所以，管理者在指出员工绩效表现存在改善空间的时候，也一定要给出自己的改进建议。比如：“小王，我发现你的时间管理技能需要提升，在过去的一个绩效周期内，你有5次不能按时完成工作计划，导致工作被动，因为你的计划延期，使得工作流程多次中断，其他部门对你的工作也有一些抱怨，我想你在时间管理方面的技能需要提升。我这里刚好有一个时间管理的课件，我回头发给你，你可以自己学习一下，如有疑问可以直接找我交流。另外，我也请你列一个时间管理技能提升计划，我们可以一起来做好这个工作，我的任务就是帮助你获得提升，所以不要有什么顾虑，需要帮助尽管和我说，我发现了问题也会直接给你指出来。希望在很短的时间里，你可以学会时间管理的技巧，学会合理安排时间，把时间用在关键的地方。”

2．对于负面的绩效面谈，要注意

描述而不判断 。具体描述员工存在的不足，对事而不对人，描述而不作判断。你不能因为员工的某一点不足，就做出员工如何不行之类的感性判断。其实，人们都不喜欢别人评价自己，尤其不好的评价，更会引起员工的反感。而恰恰很多管理者喜欢对员工作出判断，他们经常无意识地甩出一大段毫无顾忌的言论，完全不管员工的感受如何。这是很伤害员工感情的行为。

所谓描述而不判断，这里有一个小例子，比如某单位的小王下午来的时候喝了很多酒，上班的时候，被上级主管刘经理发现了，刘经理就斥责他说，“小王，你喝醉了还来上班，还酗酒滋事，成何体统？”实际上，这就是一个判断，而不是描述。也许小王只是多喝了几杯，并不一定是喝醉了，走路有点打晃，站立不稳，也没有故意滋事，所以，刘经理应该说：“小王喝了很多酒，来上班的时候，站立不稳，还碰倒了几个桌子，文件都撒到地上了。”这样就是一个描述，这样的描述既不会伤害员工的感情，也不会引发员工的争论，因为刘经理客观地描述了小王喝酒上班，并因此给办公场所造成混乱的事实。这样的描述性话语既能让小王接受，也能提醒他以后要注意了，上班不要喝酒，喝了酒更不能在工作场所制造混乱，因为办公室不喜欢这样的行为。

【分析案例】赵经理错在哪儿了？

这是一个在小企业中很常见的典型绩效反馈面谈案例。为什么销售部赵经理与其下属张三的绩效反馈面谈让张三一脸的困惑呢？

我认为赵经理主要存在以下几个方面的问题：

（1）没有做好面谈准备工作，不重视绩效反馈面谈。赵经理对此次绩效反馈面谈没有做好准备工作，可以从多方面反映出来。例如，他没有事先通知员工让其做准备，临时决定面谈。而在面谈前他还接听手机并长达五分钟，使面谈受到第一次干扰。在绩效面谈过程中，他没有准备翔实的员工绩效记录作为证据，明显是没做准备。当张三提到年终奖时，赵经理却中途回办公室接了一个长达三分钟的电话，这种意外干扰本来是应该可以避免的。而最后赵经理突然响起的手机铃声及其稍后的匆忙离去，充分说明了赵经理没有为此次绩效反馈面谈事先做好时间安排。而之所以赵经理没有做好此次绩效反馈面谈的准备工作，根源还是他对绩效反馈面谈没有足够的重视。

(2) 考核方法不科学，过于简单。从赵经理的谈话中我们可以初步判断，该公司销售部员工的绩效考核标准是单一的业绩指标。这种单一的考核方法虽然简单易行，却会产生很大的问题，比如会导致员工对于绩效考核结果存有争议，会导致员工单纯追求业绩而忽略了公司整体战略目标的实现，等等。

(3) 只谈下属的缺点不谈优点，不给下属说话的机会。在绩效面谈正式开始之前，赵经理提到了客户来电话的事情，此时的批评让张三的心情变得紧张，情绪也低落了。而这种情绪状态明显不利于稍后进行的面谈。在赵经理的言语当中，明显存在着对张三本人能力的怀疑，但他却没有拿出具有说服力的证据。先是说张三不能犯“低级错误”，接着说出张三“没头脑”，则是赤裸裸的破坏性批评；接下来赵经理又拿同事小李与张三进行对比，犯了面谈的一大忌讳，严重挫伤了张三的自尊心！

(4) 未能直面问题的核心，提出改进绩效的具体措施。在赵经理告知张三绩效考评结果最差时，张三本打算和赵经理深入探讨他个人销售业绩不佳的深层次原因。尽管张三所述未必完全属实，赵经理还是应该认真对待，仔细听听他的看法。而赵经理却岔开了话题，没有探寻该问题的深层原因。还有一点，赵经理说“我也无能为力，帮不了你”时，事先应该想到这句话对于张三的影响，因为这会让张三感到更加失望以及经理的冷漠。

而由于缺乏对于绩效考评与绩效管理的正确理解，赵经理并未帮张三解开心头有关年终奖的疑惑，反倒是一味地“放空炮”，空洞无物的鼓励起不到任何作用。

在张三打算请赵经理给予具体的绩效改善的指导时，赵经理却仍旧说些“隔靴搔痒”的话，并把话题岔到了他当年的“奋斗史”，让张三一时摸不着头脑。

会诊：如何让绩效面谈更有效？

3. 工作实务

×× 印刷有限公司员工绩效考核标准

一、生产部员工考核标准

1. 生产部部长考核标准

序号	指标	指标定义 / 公式	权重	配 分	信息来源	考核周期	评分准则	备注
1	产量完成情况	产量达成率 =（实际产量 ÷ 目标产量）×100%	25%	100 分	仓库	月度	得分 = 产量达成率 ×100，每低于 1 个百分点扣 5 分，低于 10 个百分点为 0 分，最高值为 120 分	
2	质量情况	质量目标达成率 =（实际质量合格率 ÷ 目标合格率）×100%	20%	100 分	技术质检部	月度	依据每月质量合格率计算，每超出目标 1 个百分点扣 5 分，超出 5 个百分点为 0 分	
3	成本控制	物耗控制指标达成率 =（实际消耗量 ÷ 标准消耗量）×100%	15%	100 分	财务部	月度	每高于目标值 1 个百分点扣 10 分	
4	设备正常运转率	设备正常运转率 = 设备实际运行正常时数 ÷ 目标运行时数 ×100%	10%	100 分	设备管理处	月度	得分 = 设备正常运转率 ×100，每低于目标值 1 个百分点扣 10 分，小于等于 60% 为 0 分，最高值为 120 分	
5	安全事故发生次数	生产安全事故发生的次数	10%	100 分	企管部	月度	当月发生一起及以上重大安全事故，该项指标得分为 0 分；发生一起小安全事故，该项指标扣 50 分。隐瞒事故不报，一经查出，本项得分为 0 分	
6	生产人员配置及培训情况	对生产人员进行合理配置，做好技能、安全培训	10%	100 分	企管部	月度	对于由于人员安排不合理而造成影响生产，发现一次扣 10 分； 没有按照计划进行培训，发现一人次扣 5 分； 没有计划扣 50 分	由企管部与生产部共同制定人员培训计划及培训内容
7	现场管理（5S管理）	现场管理质量达到 5S 要求	10%	100 分	企管部	月度	根据每月 5S 的检查评比情况进行平均。为车间两个班本项得分的平均值	

2. 生产部车间主任考核标准

序号	指标	指标定义 / 公式	权重	配分	信息来源	考核周期	评分准则	备注
1	产量完成情况	产量达成率 =（实际产量 ÷ 目标产量）×100%	25%	100分	仓库	月度	得分 = 产量达成率 ×100，每低于 1 个百分点扣 5 分，低于 10 个百分点为 0 分，最高值为 120 分	
2	质量情况	质量目标达成率 =（实际质量合格率 ÷ 目标合格率）×100%	20%	100分	技术质检部	月度	依据每月质量合格率计算，每超出目标 1 个百分点扣 5 分，超出 5 个百分点为 0 分	
3	成本控制	物耗控制指标达成率 =（实际消耗量 ÷ 标准消耗量）×100%	15%	100分	财务部	月度	每高于目标值 1 个百分点扣 10 分	
4	设备正常运转率	设备正常运转率 = 设备实际运行正常时数 ÷ 目标运行时数 ×100%	10%	100分	设备管理处	月度	得分 = 设备正常运转率 ×100，每低于目标值 1 个百分点扣 10 分，小于等于 60% 为 0 分，最高值为 120 分	
5	安全事故发生次数	生产安全事故发生的次数	10%	100分	企管部	月度	当月发生一起及以上重大安全事故，该项指标得分为 0 分；发生一起小安全事故，该项指标扣 50 分。隐瞒事故不报，一经查出，本项得分为 0 分	
6	生产人员配置及培训情况	对生产人员进行合理配置，做好技能、安全培训	10%	100分	企管部	月度	对于由于人员安排不合理而造成影响生产，发现一次扣 10 分； 没有按照计划进行培训，发现一人次扣 5 分； 没有计划扣 50 分	由企管部与生产部共同制定人员培训计划及培训内容
7	现场管理（5S 管理）	现场管理质量达到 5S 要求	10%	100分	企管部	月度	根据每月 5S 的检查评比情况进行平均。为本班各工序本项得分的平均值	

3. 车间机长考核标准

序号	指标	指标定义 / 公式	权重	配分	信息来源	考核周期	评分准则	备注
1	产量完成情况	产量达成率 =（实际产量 ÷ 目标产量）× 100%	25%	100 分	仓库	月度	得分 = 产量达成率 × 100，每低于 1 个百分点扣 5 分，低于 10 个百分点为 0 分，最高值为 120 分	
2	质量情况	质量目标达成率 =（实际质量合格率 ÷ 目标合格率）× 100%	25%	100 分	技术质检部	月度	依据每月质量合格率计算，每超出目标 1 个百分点扣 5 分，超出 5 个百分点为 0 分	
3	成本控制	物耗控制指标达成率 =（实际消耗量 ÷ 标准消耗量）× 100%	15%	100 分	财务部	月度	每高于目标值 1 个百分点扣 10 分	
4	设备正常运转率	设备正常运转率 = 设备实际运行正常时数 ÷ 目标运行时数 × 100%	10%	100 分	设备管理处	月度	得分 = 设备正常运转率 × 100，每低于目标值 1 个百分点扣 10 分，小于等于 60% 为 0 分，最高值为 120 分	
5	安全事故发生次数	生产安全事故发生的次数	10%	100 分	企管部	月度	当月发生一起及以上重大安全事故，该项指标得分为 0 分；发生一起小安全事故，该项指标扣 50 分。隐瞒事故不报，一经查出，本项得分为 0 分	
6	现场管理（5S 管理）	现场管理质量达到 5S 要求	15%	100 分	企管部	月度	根据每月 5S 的检查评比情况进行平均。为本工序本项得分的平均值	

4. 设备主管考核标准

序号	指标	指标定义 / 公式	权重	配分	信息来源	考核周期	评分准则	备注
1	设备完好率	设备完好率 =（完好设备数量 ÷ 设备总数量）× 100%	20%	100 分	生产部	月度	得分 = 设备完好率 × 100	
2	设备维修及时性	按照要求维修时间完成	25%	100 分	生产部	月度	每出现一次延迟扣 3 分，当月延迟次数超过 3 次，本项不得分	

续表

序号	指标	指标定义 / 公式	权重	配分	信息来源	考核周期	评分准则	备注
3	维修费用控制情况	维修成本控制达成率 =（目标维修费用 ÷ 实际维修费用）× 100%	15%	100 分	财务部	月度	每高于目标 1 个百分点扣 10 分	
4	设备资料完整性	依照资料的完整性进行管理	10%	100 分	生产部	月度	每出现一次缺陷扣 3 分	
5	设备正常运转率	设备正常运转率 = 设备实际运行时数 ÷ 目标运行时数 × 100%	10%	100 分	生产部	月度	得分 = 设备正常运转率 × 100	
6	设备安全事故发生次数	设备安全事故发生的次数	10%	100 分	企管部	月度	当月发生一起及以上重大安全事故，该项指标得分为 0 分；发生一起小安全事故，该项指标扣 50 分。隐瞒事故不报，一经查出，本项得分为 0 分	
7	现场管理（5S 管理）	现场管理质量达到 5S 要求	10%	100 分	企管部	月度	根据车间各工序的检查情况进行平均。为各工序本项得分的平均值； 改善提案的执行的可以加分，每有 1 个改善提案通过执行，可以加 10 分； 具有重大效益的改善提案可以列为例外事项考核	

二、技术质检部员工考核标准

1. 技术质检部部长考核标准

序号	指标	指标定义 / 公式	权重	配分	信息来源	考核周期	评分准则	备注
1	品质管理制度的完善性	对于出现的管理漏洞有否及时制定或修订相关管理制度	20%	100 分	总经理	月度	每发现一次扣分值管理漏洞、没有及时制定或者修改制度扣 10 分	
2	检验及时性	以检验延迟次数计算	10%	100 分	生产部	月度	每出现延迟一次扣 10 分，三次以上本项不得分	
3	检验准确性	以检验失误次数计算（例如对出品率、单号比例、原料相关指标的判断与实际的对比差距程度）	10%	100 分	生产部	月度	每出现失误一次扣 10 分，三次以上本项不得分	

续表

序号	指标	指标定义 / 公式	权重	配分	信息来源	考核周期	评分准则	备注
4	质量信息反馈及时性、质量报告报表及时性	以质量信息反馈延迟次数计算	10%	100 分	生产部	月度	每出现延迟一次扣 20 分，三次以上本项不得分	
5	计量器具管理	计量器具的有效性及周期性校验检定	10%	100 分	技术质检部	月度	发现一次不符合扣 30 分，三次以上本项不得分	
6	新产品开发	新产品开发技术工艺的完整性	30%	100 分	技术质检部	月度	新产品工艺在运用中每发现一次漏洞扣 10 分，本项低于 70 分，得分为 0 分	
7	5S 管理	以公司每月所进行的 5S 检查评比分数的平均值计分	5%	100 分	企管部	月度	按照公司的 5S 管理相关制度进行评分	
8	人员管理	培训计划执行情况： 出勤率 =（实际出勤人・日 ÷ 应出勤人・日）×100%	5%	100 分	企管部	月度	每出现一次培训未进行扣 3 分，培训计划执行率≤ 85%，本项得分为 0 分；出勤率每降低 1% 扣 3 分，≤ 85% 时本项得分为 0 分	

2. 技术主管考核标准

序号	指标	指标定义 / 公式	权重	配分	信息来源	考核周期	评分准则	备主
1	新产品开发及时性	以样品延迟次数计算	20%	100 分	技术质检部	月度	每出现延迟一次扣 10 分，三次以上本项不得分	
2	技术工艺文件完整性	以工艺运用中出现漏洞次数计算	20%	100 分	生产部	月度	每出现失误一次扣 10 分，三次以上本项不得分	
3	胶印技术质量管理	以胶印机出现失误的次数计算	25%	100 分	生产部、营销部	月度	每出现一次扣 10 分，三次以上本项不得分	
4	技术工艺文件管理	产品工艺技术文件的有效性及完整性	15%	100 分	技术质检部	月度	发现一次不符合扣 10 分，三次以上本项不得分	
5	5S 管理	以公司每月所进行的 5S 检查评比分数的平均值计分	10%	100 分	企管部	月度	按照公司的 5S 管理相关制度进行评分	

续表

序号	指标	指标定义 / 公式	权重	配分	信息来源	考核周期	评分准则	备注
6	人员管理	培训计划执行情况出勤率 =（实际出勤人•日 ÷ 应出勤人•日）×100%，本部门出勤率每降低 1% 扣 3 分，≤ 85% 时本项得分为 0 分	10%	100 分	企管部	月度	每出现一次培训未进行扣 3 分，培训计划执行率≤ 85%，本项得分为 0 分；出勤率每降低 1% 扣 3 分，≤ 85% 时本项得分为 0 分	

3．品管主管考核标准

序号	指标	指标定义 / 公式	权重	配分	信息来源	考核周期	评分准则	备注
1	检验及时性	以检验延迟次数计算	20%	100 分	生产部	月度	每出现延迟一次扣 10 分，三次以上本项不得分	
2	检验准确性	以检验失误次数计算（例如对出品率、单号比例、原料相关指标的判断与实际的对比差距程度）	20%	100 分	生产部	月度	每出现失误一次扣 10 分，三次以上本项不得分	
3	质量信息反馈及时性、质量报告报表及时性	以质量信息反馈延迟次数计算	15%	100 分	生产部、营销部	月度	每出现延迟一次扣 20 分，三次以上本项不得分	
4	计量器具管理	计量器具的有效性及周期性校验检定	5%	100 分	技术质检部	月度	发现一次不符合扣 30 分，三次以上本项不得分	
5	5S 管理	以公司每月所进行的 5S 检查评比分数的平均值计分	10%	100 分	企管部	月度	按照公司的 5S 管理相关制度进行评分	
6	人员管理	培训计划执行情况出勤率 =（实际出勤人・日 ÷ 应出勤人・日）×100%，本部门出勤率每降低 1% 扣 3 分，≤ 85% 时本项得分为 0 分	10%	100 分	企管部	月度	每出现一次培训未进行扣 3 分，培训计划执行率≤85%，本项得分为 0 分；出勤率每降低 1% 扣 3 分，≤ 85% 时本项得分为 0 分	

4．质检员考核标准

序号	指标	指标定义 / 公式	权重	配分	信息来源	考核周期	评分准则	备注
1	检验及时率	及时检验批次 ÷ 检验总批次 ×100%	25%		生产部	月度	实际检验及时率等于目标检验及时率时，该项指标得分为 100 分；实际检验及时率高于目标检验及时率时，每增加 1%，该项指标得分增加 10 分；该项指标最高得分为 120 分；实际检验及时率低于目标检验及时率时，每减少 1%，该项指标得分扣 10 分；实际检验及时率低于目标检验及时率 5% 时，该项指标得分为 0 分	
2	检验准确率	准确检验批次 ÷ 检验总批次 ×100%	30%		生产部、仓库	月度	实际检验准确率等于目标检验准确率时，该项指标得分为 100 分；实际检验准确率高于目标检验准确率时，每增加 1%，该项指标得分增加 10 分；该项指标最高得分为 120 分；实际检验准确率低于目标检验准确率时，每减少 1%，该项指标得分扣 10 分；实际检验准确率低于目标检验准确率 5% 时，该项指标得分为 0 分	
3	质量报告报表及时性	以质量信息反馈延迟次数计算	20%		生产部	月度	每出现延迟一次扣 20 分，超过 3 次本项不得分	
4	质量信息反馈及时性	以质量信息反馈延迟次数计算	25%		生产部	月度	每出现延迟一次扣 20 分，超过 3 次本项不得分	

三、采购部员工考核标准

1．采购部部长考核标准

序号	指标	指标定义 / 公式	权重	配分	信息来源	考核周期	评分准则	备注
1	采购计划完成率	采购计划完成率 =（实际完成量 ÷ 计划采购总量）×100%	25%	100 分	采购部	月度	得分 = 采购计划完成率 ×100，计算结果在 90 分以下，该项指标得分为 0 分	
2	物资供应及时率	物资供应及时率 =（供应及时次数 ÷ 供应总次数）×100%	20%	100 分	统计仓库	月度	得分 = 供应及时率 ×100，计算结果在 90 分以下，该项指标得分为 0 分	

续表

序号	指标	指标定义 / 公式	权重	配分	信息来源	考核周期	评分准则	备注
3	采购质量合格率	采购质量合格率 =（经检验合格的批次 ÷ 采购总批次）×100%	25%	100 分	生产品管	月度	得分 = 采购质量合格率 ×100，计算结果在 90 分以下，该项指标得分为 0 分	
4	供应商开发情况	每种关键原辅材料保持三家供应商	10%	100 分	采购部	月度	每少一家扣 20 分	
5	采购成本计划达成率	采购成本计划达成率 =（实际采购成本 ÷ 目标采购成本）×100%	10%	100 分	财务部	月度	每低于目标 1 个百分点扣 10 分	
6	人员管理	培训计划执行情况 出勤率 =（实际出勤人·日 ÷ 应出勤人·日）×100%	10%	100 分	企管部	月度	每出现一次培训未进行扣 3 分，培训计划执行率≤ 85%，本项得分为 0 分； 出勤率每降低 1% 扣 3 分，≤85% 时本项得分为 0 分	

2. 采购部主管考核标准

序号	指标	指标定义 / 公式	权重	配分	信息来源	考核周期	评分准则	备注
1	采购计划完成率	采购计划完成率 =（实际完成量 ÷ 计划采购总量）×100%	25%	100 分	采购部	月度	得分 = 采购计划完成率 ×100，计算结果在 90 分以下，该项指标得分为 0 分	
2	物资供应及时率	物资供应及时率 =（供应及时次数 ÷ 供应总次数）×100%	20%	100 分	统计仓库	月度	得分 = 供应及时率 ×100，计算结果在 90 分以下，该项指标得分为 0 分	
3	采购质量合格率	采购质量合格率 =（经检验合格的批次 ÷ 采购总批次）×100%	25%	100 分	生产品管	月度	得分 = 采购质量合格率 ×100，计算结果在 90 分以下，该项指标得分为 0 分	
4	供应商开发情况	每种关键原辅材料保持三家供应商	10%	100 分	采购部	月度	每少一家扣 20 分	
5	采购成本计划达成率	采购成本计划达成率 =（目标采购成本 ÷ 实际采购成本）×100%	10%	100 分	财务部	月度	每低于目标 1 个百分点扣 10 分	
6	人员管理	培训计划执行情况 出勤率 =（实际出勤人·日 ÷ 应出勤人·日）×100%	10%	100 分	企管部	月度	每出现一次培训未进行扣 3 分，培训计划执行率≤ 85%，本项得分为 0 分； 出勤率每降低 1% 扣 3 分，≤ 85% 时本项得分为 0 分	

3. 采购部采购员考核标准

序号	指标	指标定义 / 公式	权重	配分	信息来源	考核周期	评分准则	备注
1	采购计划完成率	采购计划完成率 =（实际完成量 ÷ 计划采购总量）×100%	25%	100 分	采购部	月度	得分 = 采购计划完成率 ×100，计算结果在 90 分以下，该项指标得分为 0 分	
2	物资供应及时率	物资供应及时率 =（供应及时次数 ÷ 供应总次数）×100%	20%	100 分	统计仓库	月度	得分 = 供应及时率 ×100，计算结果在 90 分以下，该项指标得分为 0 分	
3	采购质量合格率	采购质量合格率 =（经检验合格的批次 ÷ 采购总批次）×100%	25%	100 分	生产品管	月度	得分 = 采购质量合格率 ×100，计算结果在 90 分以下，该项指标得分为 0 分	
4	供应商开发情况	每种关键原辅材料保持三家供应商	10%	100 分	采购部	月度	每少一家扣 20 分	
5	采购成本计划达成率	采购成本计划达成率 =（目标采购成本 ÷ 实际采购成本）×100%	10%	100 分	财务部	月度	每低于目标 1 个百分点扣 10 分	

四、营销部员工考核标准

1. 营销部部长考核标准

序号	指标	指标定义 / 公式	权重	配分	信息来源	考核周期	评分准则	备注
1	销售计划达成率	销售计划达成率 =（实际销售量 ÷ 计划销量）×100%	30%	100 分	财务部	月度	实际销售计划达成率等于目标销售计划达成率时，该项指标得分为 100 分；实际销售计划达成率高于目标销售计划达成率时，每增加 1%，该项指标得分增加 10 分，该项指标最高得分为 120 分；实际销售计划达成率低于目标销售计划达成率时，每减少 1%，该项指标得分扣 10 分；实际销售计划达成率低于目标销售计划达成率 5% 时，该项指标得分为 0 分	
2	货款回收情况	货款回收率 =（实际回收货款 ÷ 应收货款总额 ×100%	20%	100 分	财务部	月度	实际货款回收率等于目标货款回收率时，该项指标得分为 100 分；实际货款回收率高于目标货款回收率时，每增加 1%，该项指标得分增加 10 分；该项指标最高得分为 120 分；实际货款回收率低于目标货款回收率时，每减少 1%，该项指标得分扣 10 分；实际货款回收率低于目标货款回收率 5% 时，该项指标得分为 0 分	

续表

序号	指标	指标定义 / 公式	权重	配分	信息来源	考核周期	评分准则	备注
3	销售利润状况	销售价格与平均价格的比较	10%	100	财务部	年度	根据与平均销售价格的对比及实现利润概况，计算奖金	
4	市场开拓情况	每月开发新客户一家	10%	100 分	营销部	月度	开发一家，分值为满分，没有开发新客户则本项得分为 0 分	如果开发一家以上，也以满分计
5	客户维护及定期走访情况	每月至少对所有客户进行回访一次	7%	100 分	营销部	月度	每抽查发现一次没回访，扣 10 分	
6	发货及时率	发货及时率 = 按交期发货批次 ÷ 总发货批数 ×100%	8%	100 分	成品仓	月度	得分 = 发货及时率 ×100	
7	投诉处理及时性	客户投诉，半个工作日内及时处理	7%	100 分	技术质检部	月度	出现一次不及时，扣 30 分	
8	人员管理	培训计划执行情况 出勤率 =（实际出勤人・日 ÷ 应出勤人・日）×100%	8%	100 分	企管部	月度	每出现一次培训未进行扣 3 分，培训计划执行率 ≤85%，本项得分为 0 分； 本部门出勤率每降低 1% 扣 3 分，≤85% 时本项得分为 0 分	

2. 营销部主管考核标准

序号	指标	指标定义 / 公式	权重	配分	信息来源	考核周期	评分准则	备注
1	销售计划达成率	销售计划达成率 =（实际销售量 ÷ 计划销量）×100%	30%	100 分	财务部	月度	实际销售计划达成率等于目标销售计划达成率时，该项指标得分为 100 分；实际销售计划达成率高于目标销售计划达成率时，每增加 1%，该项指标得分增加 10 分；该项指标最高得分为 120 分；实际销售计划达成率低于目标销售计划达成率时，每减少 1%，该项指标得分扣 10 分；实际销售计划达成率低于目标销售计划达成率 5% 时，该项指标得分为 0 分	

续表

序号	指标	指标定义 / 公式	权重	配分	信息来源	考核周期	评分准则	备注
2	货款回收情况	货款回收率 =（实际回收货款 ÷ 应收货款总额 ×100%	25%	100 分	财务部	月度	实际货款回收率等于目标货款回收率时，该项指标得分为 100 分；实际货款回收率高于目标货款回收率时，每增加 1%，该项指标得分增加 10 分；该项指标最高得分为 120 分；实际货款回收率低于目标货款回收率时，每减少 1%，该项指标得分扣 10 分；实际货款回收率低于目标货款回收率 5% 时，该项指标得分为 0 分	
3	市场开拓情况	每月开发新客户一家	15%	100 分	营销部	月度	开发一家，分值为满分，没有开发新客户则本项得分为 0 分	
4	客户维护及定期走访情况	每月至少对所有客户进行回访一次	10%	100 分	营销部	月度	每抽查发现一次没回访，扣 10 分	
5	发货及时率	发货及时率 = 按交期发货批次 ÷ 总发货批数	8%	100 分	成品仓	月度	得分 = 发货及时率 ×100	
6	投诉处理及时性	客户投诉，半个工作日内及时处理	7%	100 分	技术质检部	月度	出现一次不及时，扣 30 分	
7	人员管理	培训计划执行情况 出勤率 =（实际出勤人・日 ÷ 应出勤人・日）×100%	5%	100 分	企管部	月度	每出现一次培训未进行扣 3 分，培训计划执行率 ≤85%，本项得分为 0 分； 本部门出勤率每降低 1% 扣 3 分，≤85% 时本项得分为 0 分	

3. 营销部业务员考核标准

续表

序号	指标	指标定义 / 公式	权重	配分	信息来源	考核周期	评分准则	备注
1	销售计划达成率	销售计划达成率 =（实际销售量 ÷ 计划销量）×100%	35%	100 分	财务部	月度	实际销售计划达成率等于目标销售计划达成率时，该项指标得分为 100 分；实际销售计划达成率高于目标销售计划达成率时，每增加 1%，该项指标得分增加 10 分；该项指标最高得分为 120 分；实际销售计划达成率低于目标销售计划达成率时，每减少 1%，该项指标得分扣 10 分；实际销售计划达成率低于目标销售计划达成率 5% 时，该项指标得分为 0 分	
2	货款回收情况	货款回收率 =（实际回收货款 ÷ 应收货款总额）×100%	25%	100 分	财务部	月度	实际货款回收率等于目标货款回收率时，该项指标得分为 100 分；实际货款回收率高于目标货款回收率时，每增加 1%，该项指标得分增加 10 分；该项指标最高得分为 120 分；实际货款回收率低于目标货款回收率时，每减少 1%，该项指标得分扣 10 分；实际货款回收率低于目标货款回收率 5% 时，该项指标得分为 0 分	
3	市场开拓情况	每月开发新客户一家	15%	100 分	营销部	月度	开发一家，分值为满分，没有开发新客户则本项得分为 0 分	
4	客户维护及定期走访情况	每月至少对所有客户进行回访一次	10%	100 分	营销部	月度	每抽查发现一次没回访，扣 10 分	
5	发货及时率	发货及时率 = 按交期发货批次 ÷ 总发货批数	8%	100 分	成品仓	月度	得分 = 发货及时率 ×100	
6	投诉处理及时性	客户投诉，半个工作日内及时处理	7%	100 分	技术质检部	月度	出现一次不及时，扣 30 分	

4. 营销部销售内勤考核标准

序号	指标	指标定义 / 公式	权重	配分	信息来源	考核周期	评分准则	备注
1	订单信息传递及时性	以延迟次数计	25%	100 分	生产部	月度	每出现延误一次扣 30 分	

续表

序号	指标	指标定义 / 公式	权重	配分	信息来源	考核周期	评分准则	备注
2	工作准确性	以出现错误次数计	25%	100 分	业务	月度	每出现失误一次扣 30 分	
3	样品处理及时率	样品处理及时率 = 及时处理样品数 ÷ 需处理样品数	20%	100 分	业务	月度	得分 = 样品处理及时率 × 100	
4	发货及时率	发货及时率 =（按交期发货批次 ÷ 总发货批数）× 100%	15%	100 分	营销部	月度	得分 = 发货及时率 × 100	
5	报表准确性	以报表出现错误的次数计	15%	100 分	财务部	月度	每出现错误一次扣 10 分	

五、财务部员工考核标准

1. 财务部部长考核标准

序号	指标	指标定义 / 公式	权重	配分	信息来源	考核周期	评分准则	备注
1	财务分析	及时提交财务分析报告，按照公司要求的财务相关指标进行对比分析，提供决策支持信息	20%	100 分	财务部	年	缺失要求的指标项目，本项为 0 分；分析的指标项目没有充分数据支持，按缺失项扣分	
2	财务报表及时性	是否按时提交相应报表	20%	100 分	总部长	月度	每迟交一次扣 10 分	
3	工作流程及标准的建立及完善	根据财务工作需要，建立和完善财务相关的工作流程及标准，并监督执行	10%	100 分	企管部	年度	根据相关部门的反馈信息及时调整优化流程和标准，出现失误一次扣 10 分	
4	财务管理制度的建立与健全情况	对于出现的管理漏洞有无及时制定或修订相关管理制度	5%	100 分	总部长	年度	每发现失误一次扣 10 分	
5	财务监督执行情况	进行相关账簿、凭证审核，严把财务的审核关	10%	100 分	总部长	月度	出现一次差错扣 20 分	

续表

序号	指标	指标定义 / 公式	权重	配分	信息来源	考核周期	评分准则	备注
6	与工商税务银行等部门的协调	按照公司的生产经营需要，与工商税务银行等部门做好协调，保证公司的资金使用、运营等事项的正常	20%	100 分	企管部	月度	影响正常工作，出现一次扣 20 分	
7	人员管理	培训计划执行情况 出勤率 =（实际出勤人・日 ÷ 应出勤人・日）×100%	10%	100 分	企管部	月度	每出现一次培训未进行扣 3 分，培训计划执行率≤85%，本项得分为 0 分； 本部门出勤率每降低 1% 扣 3 分，≤85% 时本项得分为 0 分	
8	5S 管理	以 5S 评比检查得分计	5%	100 分	企管部	月度	依据公司 5S 管理制度规定进行评分	

2. 财务部主管会计考核标准

序号	指标	指标定义 / 公式	权重	配分	信息来源	考核周期	评分准则	备注
1	财务相关报表的及时性、准确性	对内报表每月 日提交； 成本报表每月 日提交； 对外报表按相关部门的要求提交； 账证、账账、账表相符	15%	100 分	财务部	月度	每出现延迟一次扣 10 分	
2	财务管理制度的执行情况	以出现未按制度执行的情况计	15%	100 分	财务部	月度	每出现失误一次扣 20 分	
3	成本核算与控制情况	及时进行成本核算，进行成本分析，提交分析报告	15%	100 分	财务部	月度	每出现失误一次扣 10 分	
4	往来账的核对	关键客户一月核对一次；其他客户一年一次	10%	100 分	总部长，财务部	月度	每出现失误一次扣 5 分	
5	发票管理与核销及时性	以延迟次数计	20%	100 分	生产	月度	每延误一次扣 10 分	

续表

序号	指标	指标定义 / 公式	权重	配分	信息来源	考核周期	评分准则	备注
6	固定资产的管理	及时进行固定资产的入账、折旧、清理，确保及时准确	10%	100 分	设备企管部门	月度	每延误一次扣 10 分	
7	人员管理	培训计划执行情况 出勤率 =（实际出勤人・日 ÷ 应出勤人・日）×100%	10%	100 分	财务部	月度	每出现失误一次扣 10 分	
8	5S 管理	以 5S 评比检查得分计	5%	100	企管部	月度	依据公司 5S 管理制度规定进行评分	

3．财务部出纳员考核标准

序号	指标	指标定义 / 公式	权重	配分	信息来源	考核周期	评分准则	备注
1	现金日记账、银行日记账、现金报表、现金凭证登记的及时性、准确性	当天及时登记账簿、制作凭证，每月按规定时间提交现金报表。账簿、凭证、报表严格与原始凭证核对，保证准确	20%	100 分	财务部	月度	每出现一次迟交或失误扣 10 分	
2	重要票据的保管安全性、结算的及时性	保证重要票据的安全、及时进行结算	30%	100 分	财务部	月度	每出现不及时一次扣 10 分；出现安全性问题本项为 0 分	
3	财务管理制度的执行情况	以出现未按制度执行的情况计	20%	100 分	财务部	月度	每出现失误一次扣 10 分	
4	付款业务的及时性及准确性、及时对应收款项进行查询	按照规定的要求进行付款，对要求查询的应收款项，查询后半小时进行汇报查询结果	30%	100 分	财务部	月度	出现付款不准确，本项为 0 分；每出现不及时一次扣 10 分	

4. 财务部仓管员考核标准

序号	指标	指标定义 / 公式	权重	配分	信息来源	考核周期	评分准则	备注
1	出入库手续执行情况	以出现不执行的次数计	25%	100 分	财务部	月度	每出现一次扣 5 分	
2	财物卡相符性	以出现错误的次数计	20%	100 分	财务部	月度	每出现一次扣 5 分	
3	库存品的定置存放与标识	按 5S 管理要求进行	25%	100 分	企管部	月度	每出现一次不符合规定扣 5 分	
4	账簿登记及时性	以延迟次数计	10%	100 分	财务部	月度	每出现一次扣 5 分	
5	定期盘点情况	每月至少组织一次全面盘点	10%	100 分	财务部	月度	如未进行则为 0 分，如进行了则为满分	
6	库存报表的及时准确性	以出现不准确的次数计	10%	100 分	财务部	月度	每出现一次不准确扣 5 分	

5. 财务部统计员考核标准

序号	指标	指标定义 / 公式	权重	配分	信息来源	考核周期	评分准则	备注
1	统计数据准确性	生产统计提报的数据应与实际相符	30%	100 分	生产部 财务部	月度	每出现一次不相符扣 10 分	
2	统计报表的及时性	需要提交的生产报表、报告于每月 26 日提交；工资报表于 28 日提交	25%	100 分	生产部 财务部	月度	每不及时一次扣 10 分	
3	生产记录资料的完整性	生产记录资料完整，无缺失	5%	100 分	生产部 财务部	月度	未按要求归类或丢失，每出现一次扣 20 分；重要数据及资料丢失本项为 0 分	
4	产量统计准确率	统计产品合格数量 ÷ 实际入库合格数量	25%	100 分	生产部 财务部	月度	该项指标得分为：产量统计准确率 ×100；计算结果在 90 分以下，该项指标得分为 0 分；该项指标最高得分为 100 分	

续表

序号	指标	指标定义 / 公式	权重	配分	信息来源	考核周期	评分准则	备注
5	员工工资核算及时准确性	每日定时将工作量核算完毕，数目准确；于 26 日提交考勤给企管部	15%	100	生产部 财务部 企管部	月度	每不及时核算完毕一次扣 10 分； 每查出一处错误扣 20 分	

六、企管部员工考核标准

1. 企管部部长考核标准

序号	指标	指标定义 / 公式	权重	配分	信息来源	考核周期	评分准则	备注
1	公司管理制度的建立健全及执行情况	工作流程及各类操作标准的监督执行，及时收集各部门的改进建议进行完善，并作工作记录	15%	100 分	总部长	月度	每超过规定目标出现一次失误扣 10 分，当月超过 2 次本项为 0 分	
2	绩效考核计划完成情况	每月制订公司绩效考核计划，并监督组织实施。及时提交考核汇总报告	20%	100 分	企管部	月度	没有制订考核计划、没有组织推动，本项为 0 分。每不及时一次扣 20 分	
3	培训计划完成情况	培训计划完成率 =（实际完成培训次数 ÷ 计划培训次数）× 100%	15%	100 分	企管部	月度	培训计划没有落实，本项为 0 分。 得分 = 培训计划完成率 × 100；实际完成率等于目标值时，得分 100，高 1 个百分点加 5 分；低 1 个百分点减 5 分；低于 60% 计为 0 分；最高分 120 分	
4	档案资料的完整性	以相关资料在使用过程中出现的漏洞计	10%	100 分	企管部	月度	每超过规定目标出现失误一次扣 5 分，当月超过 5 次本项为 0 分	
5	员工考勤管理	以员工考勤资料的准确性计	10%	100 分	企管部	月度	每超过规定目标出现一次不准确扣 20 分，当月超过 3 次本项为 0 分	

续表

序号	指标	指标定义 / 公式	权重	配分	信息来源	考核周期	评分准则	备注
6	信息及各类报表传递及时性	以各类报表的递交时间计	10%	100 分	总部长	月度	每超过规定目标出现一次不及时扣 5 分，当月超过 3 次本项为 0 分	
7	人员管理	培训计划执行情况 出勤率 =（实际出勤人・日 ÷ 应出勤人・日）×100%	10%	100 分	企管部	月度	每出现一次培训未进行扣 3 分，当月超过 3 次本项为 0 分； 本部门出勤率每降低 1% 扣 3 分，当月超过 3 次本项为 0 分	
8	5S 管理	及时参与 5S 检查，并及时提交检查报告	10%	100 分	企管部	月度	每不及时一次扣 20 分	

2. 企管部主管考核标准

序号	指标	指标定义 / 公式	权重	配分	信息来源	考核周期	评分准则	备注
1	公司管理制度的建立健全及执行情况	工作流程及各类操作标准的监督执行，及时收集各部门的改进建议进行完善，并作工作记录	15%	100 分	总部长	月度	每超过规定目标出现一次失误扣 10 分，当月超过 2 次本项为 0 分	
2	绩效考核计划完成情况	每月制订公司绩效考核计划，并监督组织实施。及时提交考核汇总报告	20%	100 分	企管部	月度	没有制订考核计划、没有组织推动，本项为 0 分。每不及时一次扣 20 分	
3	培训计划完成情况	培训计划完成率 =（实际完成培训次数 ÷ 计划培训次数）×100%	15%	100 分	企管部	月度	培训计划没有落实，本项为 0 分。 得分 = 培训计划完成率 ×100；实际完成率等于目标值时，得分 100，高 1 个百分点加 5 分；低 1 个百分点减 5 分；低于 60% 计为 0 分，最高分 120 分	
4	档案资料的完整性	以相关资料在使用过程中出现的漏洞计	10%	100 分	企管部	月度	每超过规定目标出现失误一次扣 5 分，当月超过 5 次本项为 0 分	

续表

序号	指标	指标定义 / 公式	权重	配分	信息来源	考核周期	评分准则	备注
5	员工考勤管理	以员工考勤资料的准确性计	10%	100 分	企管部	月度	每超过规定目标出现一次不准确扣 20 分，当月超过 3 次本项为 0 分	
6	信息及各类报表传递及时性	以各类报表的递交时间计	10%	100 分	总部长	月度	每超过规定目标出现一次不及时扣 5 分，当月超过 3 次本项为 0 分	
7	人员管理	培训计划执行情况 出勤率 =（实际出勤人・日 ÷ 应出勤人・日）×100%	10%	100 分	企管部	月度	每出现一次培训未进行扣 3 分，当月超过 3 次本项为 0 分； 本部门出勤率每降低 1% 扣 3 分，当月超过 3 次本项为 0 分	
8	5S 管理	及时参与 5S 检查，并及时提交检查报告	10%	100 分	企管部	月度	每不及时一次扣 20 分	

3．企管部管理员考核标准

序号	指标	指标定义 / 公式	权重	配分	信息来源	考核周期	评分准则	备注
1	公司管理制度的执行情况	工作流程及工作标准的监督执行，及时收集各部门的改进建议进行完善，并作工作记录	20%	100 分	总部长	月度	每超过规定目标出现一次失误扣 10 分，当月超过 2 次本项为 0 分	
2	绩效考核计划完成情况	每月制订公司绩效考核计划，并监督组织实施。及时提交考核汇总报告	20%	100 分	企管部	月度	没有制定考核计划、没有组织推动，本项为 0 分。每不及时一次扣 20 分	
3	培训计划完成情况	培训计划完成率 =（实际完成培训次数 ÷ 计划培训次数）×100%	15%	100 分	企管部	月度	培训计划没有落实，本项为 0 分 得分 = 培训计划完成率 ×100；实际完成率等于目标值时，得分 100，高 1 个百分点加 5 分；低 1 个百分点减 5 分；低于 60% 计为 0 分，最高分 120 分	

续表

序号	指标	指标定义 / 公式	权重	配分	信息来源	考核周期	评分准则	备注
4	档案资料的完整性	以相关资料在使用过程中出现的漏洞计	10%	100 分	企管部	月度	每超过规定目标出现失误一次扣 5 分，当月超过 5 次本项为 0 分	
5	员工考勤管理	以员工考勤资料的准确性计	10%	100 分	企管部	月度	每超过规定目标出现一次不准确扣 20 分，当月超过 3 次本项为 0 分	
6	信息及各类报表传递及时性	以各类报表的递交时间计	10%	100 分	总部长	月度	每超过规定目标出现一次不及时扣 5 分，当月超过 3 次本项为 0 分	
7	5S 管理	及时参与 5S 检查，并及时提交检查报告	15%	100 分	企管部	月度	每不及时一次扣 20 分	

七、高层管理人员考核标准

1. 副总经理考核标准

序号	指标	指标定义 / 公式	权重	配分	信息来源	考核周期	评分准则	备注
1	公司管理制度的建立健全及执行情况	工作流程及各类操作标准的监督执行，及时收集各部门的改进建议进行完善，并作工作记录	15%	100 分	总经理	月度	每超过规定目标出现一次失误扣 10 分，当月超过 2 次本项为 0 分	
2	分管部门工作目标完成情况	所有分管部门的工作目标达成率	15%	100 分	相关部门	月度	所有分管部门负责人月考核得分的平均值	
3	质量管理	质量目标达成率 =（实际质量合格率 ÷ 目标合格率）×100%	15%	100 分	技术质检部	月度	依据每月清线数量计算，每超出目标存量 1 个百分点扣 5 分，超出 5 个百分点为 0 分	
4	成本控制	物耗控制指标达成率 =（实际消耗量 ÷ 标准消耗量）×100%	15%	100 分	财务部	月度	每高于目标值 1 个百分点扣 10 分	

续表

序号	指标	指标定义 / 公式	权重	配分	信息来源	考核周期	评分准则	备注
5	新产品开发	新产品工艺完整性	15%	100 分	技术质检部	月度	新产品工艺文件在运用过程中每出现一次漏洞扣 5 分，低于 80 分，本项得分为 0 分	
6	安全生产	生产安全事故发生的次数	10%	100 分	企管部	月度	当月发生一起及以上重大安全事故，该项指标得分为 0 分；发生一起小安全事故，该项指标扣 50 分。隐瞒事故不报，一经查出，本项得分为 0 分	
7	人员管理	分管部门的培训计划执行情况 出勤率 =（实际出勤人 • 日 ÷ 应出勤人 • 日）×100%	5%	100 分	企管部	月度	每出现一次培训未进行扣 3 分，当月超过 3 次本项为 0 分； 本部门出勤率每降低 1% 扣 3 分，当月超过 3 次本项为 0 分	
8	5S 管理	及时组织并参与 5S 检查	10%	100 分	企管部	月度	分管部门的月度 5S 检查评比得分的平均值	

2．总经理助理考核标准

序号	指标	指标定义 / 公式	权重	配分	信息来源	考核周期	评分准则	备注
1	公司管理制度的建立健全及执行情况	工作流程及工作标准的监督执行，及时收集各部门的改进建议进行完善，并作工作记录	20%	100 分	总经理	月度	每超过规定目标出现一次失误扣 10 分，当月超过 2 次本项为 0 分	
2	重要任务完成情况	公司下达的重大活动，期初确定里程碑（包括截止时间、阶段性成果、质量标准），期末检查是否按期完成	30%	100 分	总经理	月度		
3	预算控制情况	控制费用，降低成本，是否按预算制度来使用资金，是否有超预算的情况	20%	100 分	总经理	月度	所负责的工作任务 / 项目的情况，每出现一次扣 30 分，出现 2 次本项得分为 0	

续表

序号	指标	指标定义 / 公式	权重	配分	信息来源	考核周期	评分准则	备注
4	部门合作满意度	促进部门配合，保证公司业务正常运行	20%	100 分	总经理	月度	相关部门评价	
5	人员管理	培训计划执行情况 出勤率 =（实际出勤人·日 ÷ 应出勤人·日）×100%	10%	100 分	企管部	月度	每出现一次培训未进行扣 3 分，当月超过 3 次本项为 0 分； 所管辖人员出勤率每降低 1% 扣 3 分，当月超过 3 次本项为 0 分	

3. 总经理考核标准

序号	指标	指标定义 / 公式	权重	配分	信息来源	考核周期	评分准则	备注
1	财务指标	公司经营利润（与本年度计划比较）	15%	100 分	董事长 财务部 企管部	年度	公司经营利润的评分标准：公司销售净利增长率达到计划增长率评分为 100 分，每增（减）0.1%，评分增（减）1 分	
2	公司销售额		15%	100 分	财务部	年度	公司销售额评分标准：每增（减）1%，评分增（减）1 分	
3	年度经营计划及执行情况	公司发展规划及年度经营计划的制定和执行的合理性、及时性	10%	100 分	企管部 财务部	年度	实际利润与目标利润之比；目标产值与实际产值之比；高层人员评议综合得分	
4	制度建设和落实情况	公司工作流程及各项规章制度的完善与执行情况	10%	100 分	董事长	月度 年度	制度执行情况，企管部部长的制度执行分累积为其得分；高层人员评议	
5	人员管理 / 管理能力	各高管的重大成绩 / 失误	10%	100 分	董事长	月度 年度	见具体事例	
6	月度业绩	月度目标计划达成率，按实际达成率换算：（实际完成项数 / 计划工作项数）	10%	100 分	企管部	月度	每下降（上升）1 个百分点，扣（加）10 分	

续表

序号	指标	指标定义 / 公式	权重	配分	信息来源	考核周期	评分准则	备注
7	质量	质量指标完成情况	10%	100 分	董事长	月度 年度	算出综合比率，每下降（上升）1 个百分点，扣（加）10 分	
8	成本	采购成本目标	10%	100 分	董事长	月度 年度	算出综合比率，每下降（上升）1 个百分点，扣（加）10 分	
9	管理费用	管理费用控制	10%	100 分	企管部	月度 年度	算出综合比率，每下降（上升）1 个百分点，扣（加）10 分	

企业如何留住人才

人才流失背后的故事！

员工凭什么留下来？

该留住什么样的人才？

留住人才的核心是什么？

如何通过离职员工修正企业不良之处？

企业如何留人？

1. 反面案例

人才流失背后的故事！

目前各印刷企业普遍存在的问题是每天都有不同数量的员工流失，内含技术岗位和非技术岗位。员工离职的原因更是五花八门，有因为工作时间太长的、有因为工资过低的，也有因为适应不了管理人员的管理方式的，还有因为看不到发展前途的……老员工不断地流失，机台的技术人员不断地缺少，取而代之的是几乎不了解技术的新员工，于是乎便有了质量事故不断频出、客户投诉不断增多、公司信誉度不断下降的情况发生，恶性循环就从此下去，公司的利润不断下滑，直至企业生命的终结。回头看看，引起可悲结果的原因是什么，追溯根源是因为人员的流失。员工的不断流失成为了印刷企业的家常便饭，似乎已经成为改变不了的事实，但即使如此，我们人力资源的管理者们能否利用人力资源的知识和技能让我们的员工少流失一些呢？这一章节让我们一同探讨。

问题的引出

- 员工凭什么留下来？
- 该留住什么样的人才？
- 留住人才的核心是什么？
- 如何通过离职员工修正企业不良之处？

因为

- 公司能够成就千百员工的梦想。
- 人才值得留，人手、人渣不要留。
- 我们并不了解留住人身留不住人心的道理。
- 我们并不了解离职员工离职的真正原因。
- 我们并不了解离职的不断发生会带来哪些影响。
- 我们并不了解、80 后、90 后甚至 00 后的需求。

2. 问题解答

员工凭什么留下来？

如何留住优秀员工，是每一个企业人力资源管理所面对的挑战。问题在于，员工为什么离开企业？为什么跳槽？这其中的原因很复杂，最一般的解释是员工的需要和期望没有得到满足，他们希望在新的企业里实现他们的期望和价值。而员工的需要和期望又是什么呢？近几十年来许多心理学家和社会学家们对此进行了大量研究，从埃尔顿·梅奥领导的霍桑研究到亚伯拉罕·马斯洛提出的需要层次模型，从道格拉斯·麦格雷格的X理论和Y理论假设到维克多·弗鲁姆的期望理论，都给出了不同的解释。而企业的人力资源管理实践呢？我认为无非归结为以下几点：

（1）工资收入奖金福利达到或超过期望值。

（2）职业晋升通道好，职业生涯有希望。

（3）在公司能学到东西，个人成长快。

（4）领导关心和在意，心里温暖。

（5）企业文化好，团队和谐，人际关系良好。

（6）公司所从事的行业正是员工感兴趣的。

（7）企业愿景和战略吸引人。

【案例】某印刷企业员工流失一直非常严重，公司总经理责成人力资源部门经理调查原因，于是人力资源部经理翻阅了大量的离职谈话记录，发现大部分员工离职的原因均是“回家有事”或者“个人原因”，于是便向总经理汇报，总经理闻此回复并未做出反应，而是要求人力资源部经理亲自与递交离职报告的员工面谈，经深入彻谈发现，员工离职竟然大都因为薪酬不满而离职，于是人力资源部经理便评估现有薪酬的计算方法。经研究发现，此薪酬计算方法已经是几年前使用的办法，根本无法应对目前生产的实际。于是他与生产部共同研究，制定了新的计件方法，员工薪资确实体现了公平，多劳者的薪酬较以前有很大的提升。又过了半年，人力资源部经理发现，离职率虽有减少，但依然很高，尤其是新入职的员工。于是，人力资源部经理要求与入职一个月的员工进行访谈，访谈后发现，车间很多岗位存在老员工欺负新员工，管理者管理方式极其粗暴等行为。于是人力资源部开始了对管理者和老员工进行管理培训和素质培训的新征程。

也许经过培训之后，依然还会有新的导致员工离职的原因，但是不可否认的是，离职率会越来越低。但是只要我们做好上述所提到的七点，相信我们一定可以留住人才。

一、工资收入

在辞职的时候，即将离开的员工对雇主最常说的理由是他们离开是为了“更好的发展机会”，这通常被理解为“更多的钱”。实际上这确实意味着他们接到的工资报价高于他们现在的工资，但通常还是有更深层的动机。另外，员工看不到工作表现和工资的联系。这出现在优秀的员工身上，他们比别的员工更努力取得更好的成绩，但得到的却是同样比例的加薪或奖金。这样就不可能起到激励的作用，相反地，可能会产生心理的不平衡，其后果是优秀的员工离职。因此在企业中，首先做到薪资要不患寡而患不均；其次要做到多劳多得奖惩分明。

1．在对员工量化考核基础上，实行收入分配“双挂钩”

一是员工的收入水平与企业的经济效益和发展状况挂钩，根据企业的科技创新，经济发展速度以及资金运转情况来核定员工的水平、绩效工资基数；二是员工的收入水平与个人承担工作任务的大小，个人工作的表现和对企业贡献大小直接挂钩。通过“双挂钩”加大员工活性收入的构成比例。

2．实行宽带薪酬，拓宽员工职业生涯发展空间

目前企业薪酬制度普通存在的问题是，如果员工想要提薪就只能走晋升一条路，这样即使能力达到了较高的水平，但是在企业中没有出现职位的空缺，员工仍无法获得较高的薪酬。随着宽带薪酬的出现，有效地解决了这一问题。所谓宽带薪酬，指的是企业将原来较多的工资级别合并压缩为几个大的等级，同时拉大每一个工资等级的工资浮动范围。这种新型的薪酬制度更为注重员工专业能力的差异，避免了岗位工资制提薪必须走职位提升路线的不足。如果员工的能力提高了薪酬也会相应得到提升，使员工感到自己的付出有了回报，有效地激励了员工。

3．对于核心员工要制定具有竞争力的薪酬

企业 80% 的效益来自于 20% 的员工，所以最主要的是吸引这 20% 的员工，防止他们流失。这些核心员工主要是企业的中高层管理人员、专业技术人员及难以替代的人员，给予他们的薪资要高于市场平均水平和同行业对比要有竞争性。

二、职业晋升

清华同方对全球辞职的中高层管理人员做了一个调查，只有 25% 的人主要是因为工资而离职的，多达 50% 的人是因为对前途和上司不满意，对在企业的职业生涯没有一个很清楚的目标。既然职业生涯计划是留住人才的一项重要的砝码，那么，为什么我们不在选聘人员的时候，在应聘者进入企业大门时就根据其个性特点，岗位改选为其量身定制职业生涯设计呢？

传统观念认为，职业生涯设计是员工个人的事，把它归为个人奋斗行为。而实际上加强组织中个人职业生涯的管理，与组织目标是一致的，而且还是实现组织目标的有效手段。对一个理性的人来说，大都有自己比较明确的人生理想、价值追求、奋斗目标作为企业组织应对员工个人的个性特长、心理素质、综合能力、发展潜力、人生追求等有比较全面的了解，并建立相应的员工个人档案。在此基础上结合企业自身发展的要求，制定出符合员工个人发展需要又符合企业发展需要的个人职业发展计划，包括提供培训机会、岗位晋升机会等。这样，通过职业生涯管理，可以有效地引导员工个人的学习、工作热情，使员工的奋斗行动与企业总的目标和发展计划一致。同时，通过有计划地培养后备人才，最终达到员工自我发展、自我实现与企业长远发展的双赢效果。 微软，这样一个有着四五万人的企业，而员工流失率始终低于 5%。其主要原因就在于员工职业生涯设计得有条有理。在应聘者进入企业时，就让其有了职业生涯设计，让他对未来有了一份憧憬，他可以自己斟酌是走还是留。若选择留下来，他会为自己的职业生涯而努力，为企业的发展和自己的发展坚定地留下来。

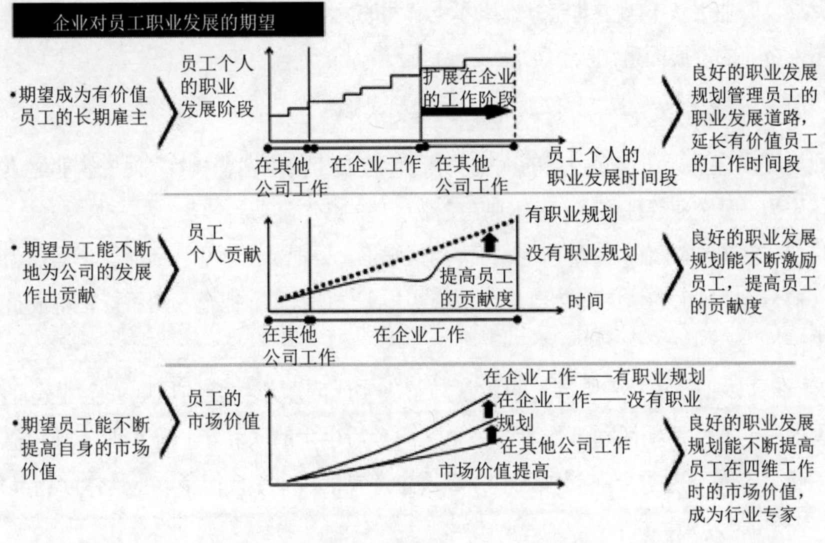

图 9-1

三、个人成长

首先，公司在自身发展中为员工职业生涯提供良好的规划平台。

员工的职业生涯规划早已成为企业人力资源管理的重要职能之一，其含义是指如何让员工个人的发展计划与企业的发展进行有效结合，并在组织中得以实现。若一个企业出现员工频繁跳槽，从职业生涯角度来看，一方面可能是员工个人职业定位出了问题，找不到适合自己的岗位。另一方面也可能是企业提供不了个人职业发展机会，员工从而不断寻找适合发展的土壤。

其次，公司发展的要求促使员工不断向更高的职业目标挑战。

职业生涯由一系列不断上升的目标组成，企业发展的要求促使员工必须不断向更高的职业目标挑战，否则，“不进则退”。

所以，作为员工个人必须要做到以下几点。

(1) 不断提升自己的业务能力。未来唯一可以确定的东西就是外在环境的不确定性。如此，不管是个人，还是用人单位，为了确保自己的市场竞争地位，都应努力“投资”建设一种学习型的组织。

(2) 保持健康、积极的心理品质。人生的成长过程，就是一个人的人格不断完善的过程。翻开名人传记，你会明白一个永恒的人生真理：心态就是一切。积极健康的心态，会引导你迈向卓越；消极颓丧的心态，会令你一蹶不振。

(3) 未来的世界属于不断创新的人。人生最为可怕的一件事，就是“把错事做得很正确”。在特定的环境条件下，你做对了一件事，并不意味着你永远都可以沿袭这一做法。请记住：变则通，通则达。

（4）认可组织文化、价值追求，高度忠诚组织发展目标。当然也有不少人没有及时调整自己的目标，职业准备不够主动充分，跟不上公司的发展，职业生涯只能停留在原地踏步，最终因跟不上企业的发展而遭淘汰。

四、人文关怀

企业要发展应重视和加强企业的人文关怀，激发员工的内在积极性，促进企业健康发展。人文关怀作为一种企业管理方式，应体现在企业管理的各个环节。

（1）在企业管理工作中，要尊重职工，相信职工。要把员工所思、所想、所需作为管理决策的第一信号，把员工的情绪和热情作为是否实施工作的标准，把企业的目标化解成员工主动承担的责任。

（2）在具体工作中，要坚持思想教育与解决实际问题相结合的原则。企业管理工作的对象，是在一定条件下生活和工作着的一个又一个活生生的人和事。他们具有理性思维，又有七情六欲，这就决定了企业管理工作，必须注意灵活机动，量体裁衣，具体问题具体分析对待。

（3）搞好人文关怀要求提升人文素养。修己才能安人，人文素养是企业管理者必须具有的一种素质，是有效管理企业的基石，不仅决定着管理者言谈举止、思维方法、沟通模式与管理风格，更影响着企业人文关怀的内涵和效果。大力开展企业文化建设，不断提升员工的人文素养。

（4）人文关怀要根据不同层次员工的特点给予激励和关怀。第一个层次新入公司的员工，以年轻大学生居多，他们对提升工作技巧和业务能力的渴求胜过对物质条件的追求。因此公司要给他们提要求、作指导、压担子，创造良好的工作平台，为员工提供成长和锻炼所必需的工作机会。第二个层次是进入公司三到五年的员工，此时，员工已经具备一定的业绩和工作能力，公司根据实际情况以满足他们的不同需要。第三个层次是进入公司五年以上的员工，公司给员工提供争先创优塑造典型实现自我提升层级的机会。以实现人文关怀的普遍性和个性化的良好统一。

（5）人文关怀贯彻的途径。一是加强心理健康教育；二是关注人们多方面的感受和需求；三是完善人文关怀和心理疏导机制。更新观念是我们学习和研究现代人力资源管理的先导，其核心问题就是重视激励。加强培训是为了让我们保持源源不断的动力，其最终目的就是为了把优秀的职工留下来发挥效力。只有关心员工，思想工作才有成效，只有理解员工，思想才能深入人心。俗话说“口服千句不算服，不如心里应一声”。做好思想工作应以平等为前提，要以理服人。现在检验我们管理干部是要长期保持良好的心态、提高修养，正确对待问题，加强学习，杜绝因自己的心情变化而影响整个团队氛围。只有团队全体成员意识到思想稳定工作是一项长效工作，百益而无一害。

五、企业文化

所谓企业文化留人，就是通过加强企业文化建设，充分发挥企业文化的导向功能、凝聚功能、激励功能及约束功能，使员工个人价值的实现与企业发展目标相一致，最大限度地释放蕴藏在员工心中对事业追求和个人价值实现的能量，增强企业对人才的吸引力，增强人才对企业的归属感。

组织行为学研究表明，人才对个人前途的预期越好，对组织的归属感也就越强。人才对个人前途的预期取决于两方面：一是企业本身的发展前景，发展着的企业能够为人才的成长和其自我价值的实现提供最理想的平台；二是人才自身的发展潜质，通常情况下，一个人的潜能能够发挥到卓越境界的大概只有 50%，或充其量有 70%。问题的关键是，企业如何帮助人才把他对个人前途的预期一步步变为现实，使想干事的人有机会，能干事的人有舞台，干成事的人有地位。国外一些大公司指导员工进行个人职业生涯设计的做法值得借鉴。通过进行职业生涯设计，使员工感到在这里个人职业的发展前途可观。中国人深受“官本位”思想的影响当不了官就感到没有前途。这就需要一方面做好人才的观念转变工作，一方面必须解放思想拓宽思路。切实为人才成长搭建发展的平台。企业要在竞争中取胜。首先要团结协作，求新求变，拒绝僵化。换一个角度说就是：自由精神、创新精神、团队精神。文化特色与管理特色相符合。把背景不同，自身经历不同，甚至追求不同的人组织“团结”起来，大家共同认同企业共有的文化和价值观，以企业文化激发感召力，凝聚力、这种力量是企业发展的一个内部驱动力。也是留住员工的首要条件。大部分员工在对“从感觉上，您觉得企业更像是一个？”的问题回答中都会将“家”摆在第一位，或者说员工希望企业是一种“家”文化。某公司调查示意如图 9-2 所示。

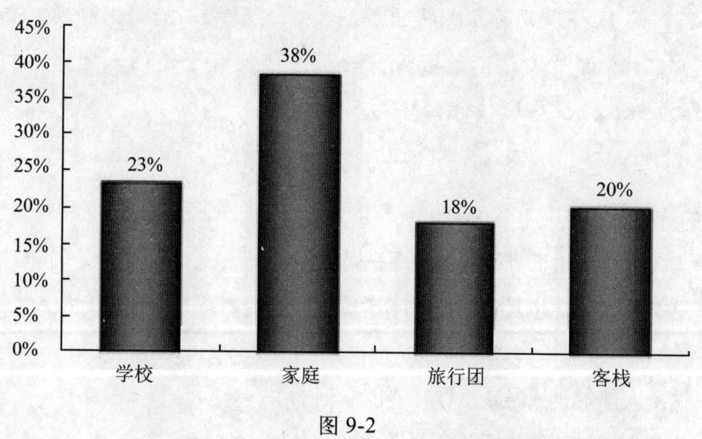

图 9-2

六、职业兴趣和公平的环境

只有喜欢自己的工作才能时刻保持积极乐观的情绪，这种态度可以传染给你的下属，只有大家都充满激情与活力，有助于提高工作效率，面对困难时员工也能努力与你一起奋斗。处理利益分配和工作安排分清责任与人情，明白管理的二人法则。做领导的错误必须承担 80%，成果只能分享 20%。

七、企业愿景和战略

企业的愿景可以集中企业资源、统一企业意志、振奋企业精神，从而指引、激励企业取得出色的业绩。战略家的任务就在于认定和表现企业的愿景。企业发展愿景好似企业的“眼睛”，是企业未来发展的美好向往；企业发展愿景也是新员工的“启明星”，是新员工工作的动力与希望。一个没有发展愿景、没有未来发展蓝图的企业，是一个没有希望的企业，是员工不能长期依存的场所，反之，员工将站在企业“巨人”的肩膀上展望自己的美好未来。因此，人力资源部在组织新员工培训时，应讲清道明企业文化、企业发展目标，让新员工看到企业发展愿景，而部门领导在与新员工交谈时，也应首先客观评价企业发展现状和发展愿景，帮助新员工正确、全面、客观地看待企业发展，愿意留下为企业服务，帮助新员工顺利度过试用期。

该留住什么样的人才？

【案例】某印刷生产企业印刷车间有两个带班，其中A带班兢兢业业，认真负责，竭心尽力，但因为家中有急事，父亲突然生病，长期卧床，不得不辞职。而B带班，平日工作只是敷衍领导，车间主任亲自交办的事情，会即可去办，但如果不是车间主任交办的但是车间急需解决的事情，他却视而不见，对此员工私下反响极大。因为A带班辞职，而B带班此时立刻提出加薪要求，如果不加薪则辞职。如果你是车间主任，这样的领导或者员工该不该留呢？如果目前没有合适的人选，车间主任又该怎么办呢？而作为企业，应该留住什么样的人才呢？

一、人才

1. 人才的分类

在企业里人才大致可由低到高分为如下三类：

人材——这类人想干，也具备一些基本素质，但需要雕琢，企业要有投入，其本人也有要成材的愿望。

人才——这类人能够迅速融入工作、能够立刻上手。

人财——这类人通过其努力能为企业带来巨大财富。

对企业来说，好用的人就是“人才”。“人才”的雏形，应该是“人材”。这是“人才”的毛坯，是“原材料”，需要企业花费时间去雕琢。“人才”的发展是“人财”。“人才”是好用的，但是好用的人不等于就能为企业带来财富；作为最起码的素质，“人才”认同企业文化，但有了企业文化不一定立刻就能为企业创造价值。光有企业文化还不行，还要能为企业创造财富，这样的人方能称为“人财”。 无论是经过雕琢、可用的“人材”，还是立刻就能上手的、好用的“人才”都不是企业的最终目的；我们要寻求的是能为企业创造财富和价值的“人财”！

只有“人财”才是顶尖级人才！来了就可以为企业创造财富、创造价值！我们企业要想兴旺发达，就要充分发现、使用“人财”。

2. 人才四象限

做事先做人，根据对进入企业的员工能力与德行的评价有一个模型（如图 9-3 所示），将员工分为四类，分别列在四个象限内。

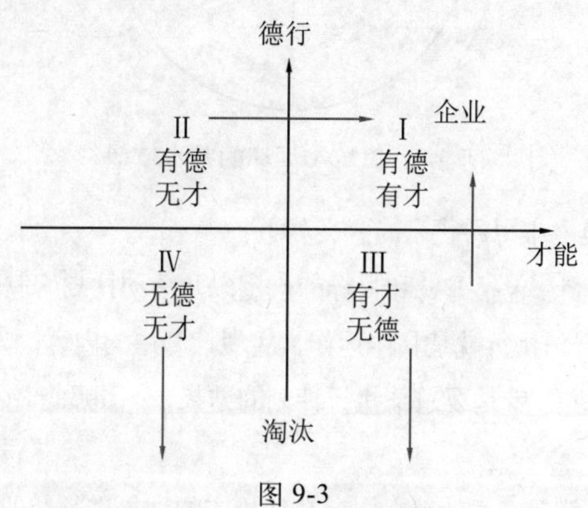

图 9-3

对企业来讲，希望所有的员工都成为有德有才的人，企业也通过培训来提高员工的能力，通过企业文化来提高企业的凝聚力，使员工成为既有才能又能与企业同心同德的人，即列在第一象限的人。

作为第二象限的人，企业通过有针对性的培训不断提高其技能，使其进入第一象限。

作为第三象限的人，他很有能力，若能朝着企业的目标努力，就能为企业创造财富与价值，但其与企业价值观不同，不能与企业同心同德，若留在企业，他不仅不能为企业的发展贡献力量，还会阻碍企业的发展，对此类人员企业只能用企业文化来影响这类人，使其改变自己对企业的观点，与企业同心同德，否则企业将淘汰此类人员。

作为第四象限的人，企业也将进行淘汰。

二、企业要留住具有以下特质的人才

（1）敬业精神。

（2）专注度——把事情做到位，要做就做最好。

（3）注重细节。

（4）高效执行力。

（5）积极主动地工作习惯，自动自发地进行工作。

（6）保持较高的工作效率。

（7）勇于发现问题，解决问题。

（8）科学的工作方法（如：PDCA 工作法如图 9-4 所示）。

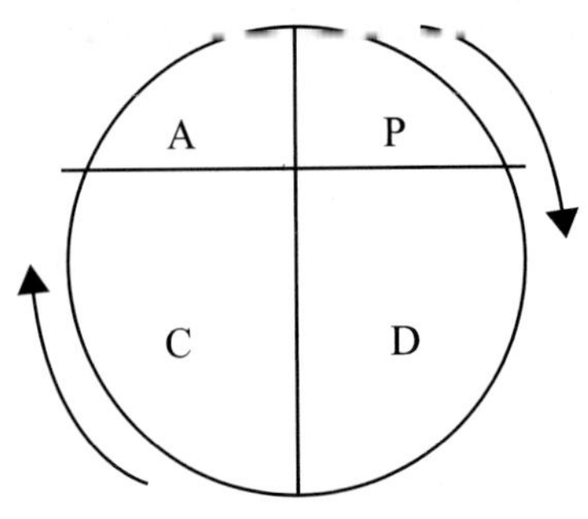

图 9-4　PDCA 循环的基本模型

P、D、C、A 四个英文字母所代表的意义如下：

① P（Plan）——计划。包括方针和目标的确定以及活动计划的制定。

② D（Do）——执行。执行就是具体运作，实现计划中的内容。

③ C（Check）——检查。就是要总结执行计划的结果，分清哪些对了，哪些错了，明确效果，找出问题。

④ A（Action）——行动（或处理）。对总结检查的结果进行处理，成功的经验加以肯定，并予以标准化，或制定作业指导书，便于以后工作时遵循；对于失败的教训也要总结，以免重现。对于没有解决的问题，应提给下一个 PDCA 循环中去解决。

PDCA 是英语单词 Plan(计划)、Do(执行)、Check(检查) 和 Action(行动) 的第一个字母，PDCA 循环就是按照这样的顺序进行质量管理，并且循环不止地进行下去的科学程序。

换言之，就是：（1）明确岗位职责。（2）制定正确的操作规程（怎么做？）。（3）具体落地的方法，有计划的工作。

三、人才的素质六个层面

1. 知识

它指个人在某一特定领域拥有的事实型与经验型信息。

2. 技能

它指结构化地运用知识完成某项具体工作的能力，即对某一特定领域所需技术与知识的掌握情况。

3. 社会角色

它指一个人基于态度和价值观的行为方式与风格。

4. 自我概念

它指一个人的态度、价值观和自我印象。

5. 特质（性格）

它指个性、身体特征对环境和各种信息所表现出来的持续反应。品质与动机可以预测个人在长期无人监督下的工作状态。

6. 动机

它指在一个特定领域的自然而持续的想法和偏好（如成就、亲和、影响力），它们将驱动，引导和决定一个人的外在行动。

留住人才的核心是什么?

【案例】某印刷企业几年来，公司业务一直发展很好，销售量逐年上升，但由于行业竞争激烈，导致销售人员不断跳槽，就这件事，公司销售经理曾给总经理提过几次意见，而总经理却说：人才市场中有的是人，只要我们工资待遇高，还怕招不到人吗？他一直抱着这样的思想，除了钱以外，几乎没有任何包括文化的因素存在，对于员工的离职，总经理认为这是正常的，哪个公司都如此，无所谓。直到去年，在公司销售旺季时，跟总经理多年的销售经理和公司大部分销售人员集体辞职，致使公司销售工作一时近乎瘫痪。这时，总经理才感到问题有些严重，因为人才市场上可以招到一般的销售人员，但不一定总能招到优秀的销售人才和管理人才。在这种情势下，他亲自到销售经理家中，开出极具诱惑力的年薪，希望他和一些销售骨干能重回公司。然而，这不菲的年薪，依然没能召回这批曾经与他多年浴血奋战的老部下。直到此时，总经理才有些后悔，为什么以前没有下功夫去留住这些人才呢？同时，他也陷入了困惑，如此高的薪金，他们为什么也会拒绝，到底靠什么留住人才呢？

一、留住人才的关键

留住人才是每个企业都会面临的一个非常现实的问题，老板们经常会担心自己公司的业务骨干被挖走，而使自己公司的业务受到负面影响。

留住人才的关键我们上述已经谈过有七个方面，在此不再重述。那么，七个因素中，留住人才的核心是什么呢?

我认为应该是两部分：（1）物质层面——薪酬；（2）精神层面——企业文化。

1. 物质层面——薪酬

东方人的报酬观念自古是“不患寡而患不均”，西方心理学家也告诉我们，员工更加在意的是报酬的“相对高低”，因此，“公平”就成为衡量薪酬福利体系的最重要标准。薪酬具体要求和设计方式请参见本书第 9 章“薪酬管理”。

2. 精神层面——企业文化

一个企业创造与培养一个好的企业文化环境非常重要。很多人离开一个企业，是感觉自己难以融入这个企业。所以，开放的用人制度与工作气氛对一个新入职的员工来说很重要；科学的管理制度与和谐的工作环境也是员工愿意在企业长久工作的一个重要原因。公司在企业文化上不利于留人的问题一般有：

（1）企业文化不统一不均等。没有经过长久沉淀与持续宣传的企业文化。各部门工作作风受部门负责人影响大，而不是整个公司有一个统一的良好风气。

（2）部门之间、员工之间的沟通与协调存在问题，工作交流少，合作少，一些有助于工作的信息未能很好共享，“集体优势”尚待发掘。

（3）忙闲不匀产生不平衡。有的部门工作很紧张，部分部门、部分工作人员工作很轻闲。

解决办法：

（1）企业文化是自上而下的，好的文化（比如“如何指导不会工作的员工”这个问题），通过日常的工作交流与刻意的培训，层层向下加强，久而久之成为每一名主管与员工的工作习惯与内心的准则。另一种方法是将企业文化融合在制度中，让员工在遵守制度的同时，也感觉到了企业的文化。

（2）可为部门之间、员工之间的正式与非正式交流搭建起桥梁，比如市场人员与物流人员的自由交流会、节日联欢等。这也是行政工作的重点内容之一。

（3）定岗定编，工作内容丰富化。部门的工作分解到岗位，各级领导要充分了解下属的专业特长，让其做善于做的事，并对其工作能力做到心中有谱，以便给其分配合适的工作量，使其能力得到充分发挥。对工作成就感比较强的员工，要善于压担子，给其提供锻炼与发展的机会，以挖掘其潜力，创造更大的成绩。对于这类员工，领导者越是信任，越是压担子，他们的工作热情就越高，工作成就也将越大，这样他们也就越不可能离开企业。根据工作量及工作难度确定所需人数，如工作量不足，可以一人兼多职，不仅可以节约人力成本，也可使个人工作内容丰富，对工作充满热情与信心。避免因人设岗，如有闲职存在，应下决心取消，因为这不仅是人力成本付出的问题，更是影响其他员工情绪的问题。

二、领导人的能力与风格问题

对于个人在公司的去留，有一个非常关键的影响因素，就是部门及部门内各级主管的能力与领导风格。员工对上司的满足程度与员工流动存在着一定的关系。当雇员对其上司不满时，其流动倾向会有所增加。主要表现在：

（1）管理者能力不足或品德恶劣，难以令员工信服，则员工不愿久留。

（2）如果管理者不讲究工作方法，对于不会工作的员工不加以指导，却只在其犯错误的时候加以指责，或者批评员工不是就事论事，而涉及员工的性格及其他问题，就会引起员工的紧张心情与反感情绪，当压力过大，将工作当作一种负累时，则会考虑离开公司。

解决办法：

（1）对中高层管理者，建议由总裁与人事行政中心定期进行专业能力与管理技能分析。

有不足但有培养价值的管理人员，加强培训；专业不精不进，难以挑起岗位责任者，降职、调职或辞退；管理不讲究方法，已严重影响大部分下属工作积极性者，将其管理不足造成的影响纳入绩效考核，或做其他处理。

(2) 对领导人加强管理能力及综合素养方面（如：如何形成领导者的人格魅力，并与企业文化有机结合；容才的胸怀和用才的艺术等）培训，尤其是如何指导下属工作、如何看待下属的不足，如何采取恰当的方式纠正下属的错误这些方面，要加强培训。

(3) 人事行政部门在与员工的交流中，也应该让员工学会适应领导，不要将领导的态度放在第一位，而要更多关注工作本身。

三、薪金与福利保障问题

薪资与福利方面的主要问题有：

(1) 薪资水平与外部同行业、专业相比较，是否具有竞争力。

(2) 待遇的内部公平性，是否付出与得到相平衡。

(3) 员工期望除了基本的薪资待遇外，能有更多方面的生活保障。

解决办法：

(1) 目前公司的整体薪资水平在本市同规模、同类型、同行相比应处在中等偏上水平，此原因对流失影响不大。报酬是防止员工流失的必要条件，但还不是充分条件，所以，最主要的控制员工流失的手段应是树立以人为本的管理思想。在严格管理的同时，关心员工的工作发展、生活情况等，这就要求每一层级的管理者为共同营造健康良好的氛围而做出努力。

(2) 制订科学的考核方案，以使每一个人的工作付出与其所得到的回报尽可能平衡。

四、公司愿景问题

企业应该有一个清晰明确的发展目标。因为经营的短期性会使员工看不到企业的未来，从而缺乏安全感。而即使企业有清晰的愿景，如果不能使员工明白自己与企业的愿景的关系，自己在企业实现这愿景中将起到的作用，也无法给员工以满足感。

解决办法：

(1)明确公司前景，制定公司的五年、十年规划，通过各种手段和渠道（如文件、企业文化报、员工会议、面对面交流等方式），让每一名员工都知道企业的前景，不仅仅局限于高层。

(2) 为员工尤其是骨干员工进行职业生涯规划，将员工的个人进步融入企业的长远规划之中，让员工在企业有自己明确的奋斗目标，感到自己在企业里“有奔头”、有价值，愿意在企业长期干下去。

(3) 制订合理化建议制度，使每一名员工都能将自己在工作中的发现与创新提出来，为企业创造价值的同时，也发挥个人的才能。

五、社会与个人的综合因素

（1）个人的性格。

员工的流动与其自身所追求的生活方式有关。有些人喜欢较为稳定的生活方式，有些人讨厌单调而稳定的生活方式，喜欢多变，此外，对生活方式的偏好很可能造成员工对他所在的城市或社区不满，从而选择流动。

（2）家庭因素。

主要是由于照顾父母的生活、子女的学习或配偶的工作而造成的流动。

解决办法：

（1）从招聘时进行控制。根据岗位性质、替换成本的高低，判断此岗位人员稳定性需求标准，尽量选择稳定性较高的人员。

（2）人事行政部除了关心员工的工作之外，也应该关心员工的家庭与生活，以减少此方面的不稳定因素。

如何通过离职员工修正企业不良之处？

【案例】员工流失

1. 员工流失率

员工流失率就是辞职员工占单位时间内员工总数平均值的比例。

月员工流失率＝（月员工流失人数 / 总员工数）×100%

年度员工流失率＝年度各月员工流失率之和

年度员工平均流失率＝年度各月员工流失率之和 /12 个月

分析表明，员工流失率不高于 18% 较好，但也不是越低越好，最低一般不低于 8%。

2. 员工流失率分析

员工流失率分析的目的在于掌握员工流失的数量，分析员工流失的原因，以便及时采取措施。

在利用员工流失率进行分析时，既要从公司角度计算总的员工流失率，又要按部门、专业、职务、岗位级别等分别计算流失率，这样才有助于了解员工流失的真正情况，分析员工流失原因。

一、Z 公司薪酬设定原则

1. 外部公平

核心员工是企业保持核心竞争力的关键因素，而导致核心员工流失的关键原因，往往是企业薪酬水平与市场上其他企业薪酬相比偏低。为了保证 Z 公司薪酬水平的竞争力，我们通过正规的薪酬调研机构，采用规范的薪酬调研手段与方法，采集了与 Z 公司特性相似的企业的薪酬数据，通过比较分析的方式拟订了 Z 公司的薪酬水平。目前拟订的 Z 公司薪酬水平，处于市场75分位（假设有100个薪酬数据，从低往高排序，排在第75位的薪酬数据即为75分位）与50分位之间，比其母公司H相应岗位的薪酬略高。这样的薪酬定位，一方面赋予了一定的市场竞争力，另一方面符合Z公司近几年的生产规模与企业预期效益，同时利于吸引和稳定原H公司员工在Z公司安心工作。

2. 内部公平

被激励者心目中的内部公平包括两个方面，其一是影响更大、要求更高的岗位的薪酬水平相对更高；其二是付出多、贡献大的员工比贡献少的员工的薪酬更高。

为了取得第一个方面的内部公平，我们应用了“岗位价值评估”的方法来衡量不同岗位价值水平及其相应的薪酬水平。“岗位价值评估”借鉴国际先进的岗位价值评估系统，从“教育背景”“工作经验”“知识技能”“沟通难度”“工作难度”“管理难度”“责任范围”“影响程度”“工作安全性与稳定性”等方面，全面系统地对所有岗位进行了评价和排序，排序结果最后经过Z公司高管的综合考虑与宏观调整，具备了很强的公平性和说服力。

为了体现“效率优先，兼顾公平”的分配原则，激励员工多劳多得，我们在薪酬体系中设计了“绩效工资”部分，并针对不同层级员工的特点设计了不同的“绩效工资比例”，比如职级较高、对最终结果控制力较强的岗位的绩效工资额度更大，反之较小，从而使员工的绩效工资真正与其绩效水平相匹配；同时，为了使日方管理人员理解中方员工的激励特点，项目组还列举了××网2005年中国企业绩效考核现状调查数据说明了进行绩效考核与设置绩效工资的必要性。

3. 自我公平

自我公平一方面是指当员工能力和绩效水平提升时，其薪酬水平应该相应提高，为此我们设计了Z公司的薪等薪级体系和简单易行的人岗匹配系统，使得员工在其岗位上，随着能力的不同具有不同的薪酬水平。

自我公平的另一个方面，是在某一个岗位上工作的员工，随着其岗位技能的提升，其薪酬应该能够随之持续提升，甚至达到更高职级岗位的薪酬水平（例如，一个非常熟练的职能人员，其薪酬水平应能达到科级、副科级岗位的薪酬），只有这样，才不会因为职数的限制，而导致员工的发展受阻而流失（如果在企业中，只有随着职级的提高，薪酬水平才能大幅增加，同时由于随着职级的提高其数量逐渐减少，就会使很多的员工看不到晋升和涨薪的明朗前景，而离开企业）。为了解决这个问题，我们在Z公司的薪等薪级表设计中，使每个薪等的薪酬，与更高薪等的薪酬具有一定的重合度，从而使得员工在本岗位上，只要安心工作、不断提升，同样可以获得高水平的薪酬。目前，很多管理水平先进的大型企业如中国电信、上汽集团、东风日产、西门子、三星都是采用这样的薪酬结构。

二、Z公司薪酬福利方案的细节特点

联想集团董事长柳传志说，企业管理好比做菜，厨师水平的高低往往体现在细节的处理上。

Z公司薪酬福利方案借鉴了很多优秀企业的做法，借助双方项目组丰厚的项目经验，在细节处理上具有明显的特点。

1. 薪酬方案细节特点

（1）在薪等薪级的设计中，根据Z公司员工晋升频率和发展特点，来设计薪等和薪级的数量，使得薪等薪级的设置简单易行，同时又给予员工较大的发展空间。

（2）根据人岗匹配的原则与方法确定员工的最初薪级；在员工岗位变化导致薪酬提升时，设定“就近更高”的原则，即晋升到上一薪等中，比目前薪酬高，同时离目前薪酬最近的薪级。

（3）年功工资的设计，在员工进入公司14年后实行封顶，一方面更有利于控制薪酬成本，另一方面避免了由于老员工年功工资过高，而降低了绩效工资对他们的激励作用。

（4）设置总经理特别奖，凸现了薪酬规范性和灵活性的平衡。

（5）将年终奖与绩效考核成绩挂钩，增强了年终奖的激励效应。

（6）设置了可选福利，一方面使员工的福利激励更有针对性，另一方面“福利弹性支出账户”的设置，使得员工的未来福利收益“目前可见，将来可得”，更有利于保留员工。

2. 结构工资模式

（1）结构：基础工资＋技能工资＋（岗位工资＋业绩工资）＋（各种津贴＋福利）

比例：20%＋10%＋60%＋10%

状态：固定＋固定＋固定＋变动＋固定

支付：月＋月＋月＋季＋月

其中基础工资、岗位工资、技能工资三部分组合为基本工资。

（2）说明

基础工资——维持员工基本生活的工资。其功能是保证劳动力的简单再生产，通行做法是依据公司所在当地的法定最低工资标准制定，各岗位一致。

岗位工资——按照岗位的责任大小、岗位任职条件、努力程度等薪酬因素决定的工资，是本结构薪酬的主要组成部分。其主要功能是促进员工的工作责任和上进心。岗位工资由职位等级决定，它是一个人工资高低的主要决定因素。岗位工资是一个区间，而不是一个点。公司可以从薪酬调查中选择一些数据作为这个区间的中点，然后根据这个中点确定每一岗位等级的上限和下限。例如，在某一岗位等级中，上限可以高于中点20%，下限可以低于中点20%。

技能工资——按照员工的综合能力而决定的工资，其本身在薪酬中占有一定比例。其主要目的是鼓励员工钻研业务、提高技能，也是对员工智力投资的一种补偿。

业绩工资——业绩工资是对员工完成业务目标而进行的奖励，即薪酬必须与员工为企业所创造的经济价值相联系。业绩工资可以是销售佣金、项目提成、年度奖励。此部分薪酬的确定与公司的绩效评估制度密切相关。

计算公式：员工实际业绩工资 = 员工业绩工资标准 × 部门考核系数 × 员工个人考核系数

综合起来说，确定基础工资，需要对当地最低工资标准进行确认；确定岗位工资，需要对岗位作评估；确定技能工资，需要对人员资历作评估；确定业绩工资，需要对工作表现作评估。

各种津贴——主要指工龄津贴、学历津贴等，是对员工的工作经验、劳动贡献等的积累所给予的补偿，促使员工安心于本公司的工作。其中工龄津贴考虑到员工所积累的价值贡献随年龄的增长呈抛物线形，因此采取递减方式进行。

福利——福利项目主要包括养老保险、失业保险、医疗保险、工伤保险、住房公积金、带薪休假等。是公司人力资源系统是否健全的一个重要标志。福利项目设计得好，不仅能给员工带来方便，解除后顾之忧，增加对公司的忠诚，而且可以节省在个人所得税上的支出，同时提高了公司的社会声望。

企业如何留人？

企业要适应人才流动的新形势，吸引和留住人才，解决对人才的需求，要有针对性地从几个方面着手。

一、企业留人的几点着手点

1．建立与业绩挂钩并随市场调整的有竞争力的薪酬制度，以待遇留人

要使人的才能得到充分体现，贯彻按劳分配与按生产要素分配相结合的原则，提高工资待遇，加大奖励力度。要加快制定和完善社会保障制度，为流入企业的人才解除后顾之忧。使他们获得稳定感与安全感。

2．给人才安排富有挑战性的工作，提供晋升和发展机会，以事业留人

要创造一个公平竞争的环境，充分调动广大专业技术人才的积极性和创造性，让各类优秀人才能够脱颖而出。

3．给人才一个良好的工作和生活环境，以环境留人

要积极改善人才的工作和生活环境，提高其工作条件。以增强企业对人才的吸引力和凝聚力。

4．关心人才，加强上下级之间的信息交流和沟通，以感情留人

要做到政治上爱护人才，工作上支持人才，生活上关心人才，人格上尊重人才，心理上满足人才。要善于用情感的纽带把各类人才的心连接在一起，让他们充分感受到组织的温馨。

二、员工满意度调查

员工满意度调查是一种科学的人力资源管理工具，它通常以问卷调查等形式，收集员工对企业管理各个方面满意程度的信息，然后通过后续专业、科学的数据统计和分析，真实地反映公司经营管理现状，为企业管理者决策提供客观的参考依据。员工满意度调查还有助于培养员工对企业的认同感、归属感，不断增强员工对企业的向心力和凝聚力。员工满意度调查活动使员工在民主管理的基础上树立以企业为中心的群体意识，从而潜意识地对组织集体产生强大的向心力。

1．调查理念

现代企业管理有一个重要的理念：把员工当“客户”。员工是企业利润的创造者，是企业生产力最重要和最活跃的要素，同时也是企业核心竞争力的首要因素。企业的获利能力主要是由客户忠诚度决定的，客户忠诚度是由客户满意度决定，客户满意度是由所获得的价值大小决定的，而价值大小最终要靠富有工作效率、对公司忠诚的员工来创造，而员工对公司的忠诚取决于其对公司是否满意。所以，欲提高客户满意度，需要先提高员工满意度，没有员工的满意度，客户满意度也就无从谈起。

2．调查意义

企业所有的管理活动和管理制度都是服务于企业的利润和绩效，管理的出发点和归宿点是人，员工也是企业管理当中唯一活的和能动的因素，组织的活性和组织活动能力强弱由企业全体员工决定。

员工的满意度调查，既可了解和理解员工的详细情况，也向员工传达了企业的文化管理理念和先进现代管理思想，起到传播的作用，另一方面通过调查活动起到上下沟通的作用。同时，通过员工满意度调查，从另外一个角度来审视企业的经营、管理、管理制度、组织状况和管理者情况等企业经营管理方面的状况，帮助企业了解现状，发现问题，进而为解决问题提供量化数据支撑。

从员工的角度来审视企业可以收到非常好的效果，因为企业的全体员工是企业建设的直接参与者和行使者，同时也是企业管理和经营活动的直接感受者，因为他们直接在做，在直接做的过程中，直接感知和体验来的信息是第一手的，因而更为真实可靠。同时全体员工也是企业经营的主体和管理的受众。所以开展员工满意度调查为企业管理提供了真实可靠的量化数据基础，是企业管理的一项基础性工具，是企业战略管理的基础。

3．调查内容

企业进行员工满意度调查可以对公司管理进行全面审核，保证企业工作效率和最佳经济效益，减少和纠正低生产率、高损耗率、高人员流动率等紧迫问题。员工满意度调查主要有以下几个方面：

（1）薪酬。薪酬是决定员工工作满意的重要因素，它不仅能满足员工生活和工作的基本需求，而且还是公司对员工所作贡献的尊重。

（2）工作。工作本身的内容在决定员工的工作满意度中也起着很重要的作用，其中影响满意度的两个最重要的方面是工作的多样化和职业培训。

（3）晋升。工作中的晋升机会对工作满意度有一定程度的影响，它会带来管理权力、工作内容和薪酬方面的变化。

(4) 管理。员工满意度调查在管理方面一是考察公司是否做到了以员工为中心，管理者与员工的关系是否和谐；二是考察公司的民主管理机制，也就是说员工参与和影响决策的程度如何。

(5) 环境。好的工作条件和工作环境，如温度、湿度、通风、光线、噪声、工作安排、清洁状况以及员工使用的工具和设施，极大地影响着员工满意度。

4. 任务与方案

(1) 确定调查任务。双方讨论决定调查的主要内容，之后以内容决定任务，再以任务决定方法、技术手段和测量目标。

(2) 制定调查方案。设计调查提纲，确定调查指标，列出调查问题，确定调查范围，选取调查对象，提出调查方法。

(3) 调查流程。

决定是否需要实施一个员工满意度调查的项目；

向管理层推销调查；

决定员工满意度调查中该问什么问题；

选择员工满意度调查方法；

在员工满意度调查中该注意的问题；

确认最终问卷并且测试；

向公司内部宣传员工满意度调查；

邀请员工参加调查；

解释调查的结果；

分享你的调查结果；

根据调查结果采取改进行动；

什么时候需要重复员工满意度调查。

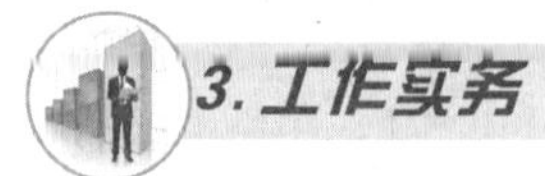

一、员工离职面谈表

姓名＿＿＿＿＿＿＿＿＿＿

工号＿＿＿＿＿＿＿＿＿＿

部门＿＿＿＿＿＿＿＿＿＿

职位＿＿＿＿＿＿＿＿＿＿

入职日期＿＿＿＿＿＿＿＿＿＿

离职日期＿＿＿＿＿＿＿＿＿＿

是否会重新聘用　□是　□否

离职类别　□自愿　□非自愿

离职的原因（请在相关选项前打✓）：

公司原因：□薪金低　□福利不够　□工作环境　□不满公司的政策和措施

□没有事业发展机会　□缺少培训和机会　□工作量太少和太枯燥

□工作量大　□组长分工不公正　□同事关系不融洽　□与上司关系不融洽

外部原因：□找到更好的工作　□自己经营生意　□家庭原因　□回校深造

□健康原因　□转换行业

其他原因：

1. 您认为您在公司工作的情况如何？

2. 您认为本职工作有什么需要改进的？

3. 您认为公司的管理体制有哪些缺点？应如何改进？

4. 您离职的主要原因是什么？

5. 您对公司其他方面的看法或有什么建议？

离职原因（面谈人员填写）：＿＿＿＿＿＿＿＿＿＿＿＿＿＿

签名：　　　　　　　　　　　　　　年　　月　　日

处理措施：＿＿＿＿＿＿＿＿＿＿＿＿＿＿＿＿＿＿

签名：　　　　　　　　　　　　　　年　　月　　日

落实情况：＿＿＿＿＿＿＿＿＿＿＿＿＿＿＿＿＿＿

签名：　　　　　　　　　　　　　　年　　月　　日

二、员工满意度调查问卷

此问卷调查是为了充分了解员工对公司的认识，倾听员工的心声，广纳员工的建议，以此作为改善管理水平，制定各项人事制度的依据，此次问卷作为员工与公司一次全面的沟通，请客观、公正地回答此次问卷。

1．你的年龄阶段：(　　)

A．18 ~ 25 岁　　B．25 ~ 30 岁

C．30 ~ 40 岁　　D．40 岁以上

2．你的文化水平：(　　)

A．小学　　B．初中

C．高中、中专　　D．大学

3．工作类别：(　　)

A．管理人员　　B．职员　　C．普工

4．工作年限：(　　)

A．1 年以下　　B．1 ~ 2 年

C．3 ~ 4 年　　D．5 年以上

5．你对公司总体满意程度：(　　)

A．满意　　B．非常满意

C．一般、有部分不满意　　D．非常不满意

6．你清楚自己的工作职责吗？(　　)

A．清楚　　B．基本清楚　　C．不清楚

7．食堂饭菜符合你的口味吗？(　　)

A．符合　　B．一般　　C．不符合

8．你对公司后勤满意度：(　　)

A 满意　　B 一般　　C 不满意

9．你对公司目前住宿条件满意度：(　　)

A．满意　　B．一般　　C．不满意

10．你对公司作息时间是否满意：(　　)

A．满意　　B．一般　　C．不满意

11．你对目前的薪酬满意吗？(　　)

A．满意　　B．一般　　C．不满意，你的薪资要求……

12．你对公司目前福利待遇（保险、旅游等）满意度：(　　)

A．满意　　B．一般　　C．不满意

13．你觉得现场管理制度合理吗？(　　)

A．合理　　B．一般　　C．不合理

14．你觉得管理人员的态度怎么样？(　　)

A．友善讲道理　　B．态度蛮横　　C．不讲情理　　D．客观公平

15．你是否已经适应工作环境和生活环境？（ ）

A．已经适应　　B．还没有，因为……

16．你认为你目前的工作效率：（ ）

A．高　　B．一般　　C．低，低的因素……

17．你认为公司的激励奖励制度完善吗？（ ）

A．很完善，能够激励员工　　B．基本公平，满足管理需要

C．惩罚多过奖励　　D．公司激励制度形同虚设

18．你最希望得到什么形式的奖励？（ ）

A．现金　　B．假期

C．学习机会　　D．其他

19．你与同事相处关系：（ ）

A．愉快　　B．一般　　C．不好

20．目前你对公司的娱乐设施满意度：（ ）

A．满意　　B．一般　　C．不满意，你的建议……

21．你对公司建议：